VOLTAIRE MUSICIEN

Concerts, Intermèdes (Mozart a Ferney). — Lullisme, Ramisme, Gluckisme. — Prophétie pour 1886. — L'Opéra, l'Opéra-Comique. — Organographie, Acoustique. — Biographie. — Locutions, Anecdotes.

PAR

EDMOND VANDER STRAETEN

PARIS,

E. BAUR, LIBRAIRE-ÉDITEUR,

VOLTAIRE MUSICIEN

TIRÉ A PETIT NOMBRE.

VOLTAIRE

MUSICIEN

—

Concerts, Intermèdes (Mozart a Ferney). —
Lullisme, Ramisme, Gluckisme. — Prophétie pour 1886. — L'Opéra, l'Opéra-Comique.
— Organographie, Acoustique. — Biogra-
phies. — Illocutions, Anecdotes.

—

PAR

EDMOND VANDER STRAETEN

PARIS,

J. BAUR, LIBRAIRE-ÉDITEUR,

11, rue des Saints-Pères.

—

1878.

ANVERS. — IMP. J. PLASKY.

A Monsieur FÉLIX DELHASSE.

L'hommage de cette modeste publication vous revenait. J'ai reçu de vous tant de conseils et tant de lumières, à l'occasion d'autres écrits, que je me fais un bonheur particulier de cette dédicace.

Muni de votre aimable approbation pour ce nouvel essai de ma plume, je me suis naturellement demandé si le lecteur, dit bénévole, aurait votre indulgence, et ne se poserait, dès l'abord, ces questions : Est-ce une mystification, est-ce un défi? Ni l'un ni l'autre.

On pourra, si l'on veut, appeler mon livre une revendication. Ce titre se fonde sur l'immixtion de Voltaire dans presque toutes les branches de l'art musical : présidant ici des concerts intimes; organisant là des représentations lyriques pour la belle société ; passant ailleurs par toutes les phases de conviction d'un esprit lumineux qui apprends qui observe, qui prévoit; participant, avec une ardeur fiévreuse, à l'une des plus curieuses révolutions du drame musical français ; se livrant, en même temps, aux pro-

blêmes ardus de l'acoustique expérimentale ; créant, dans son langage souple et ingénieux, une foule de locutions pittoresques relatives à la musique ; annotant, jour par jour, ses impressions sur les hommes et les choses d'un art capricieux, le tout émaillé d'anecdotes et de légendes....

Il nous semblait qu'il y avait là matière à un ouvrage de curiosité rétrospective et même actuelle. Me suis-je trompé ? Le lecteur, toujours juge en dernier ressort, décidera.

Prévenons-le que cette monographie n'a de commun avec le Molière musicien que l'intitulé. Castil-Blaze a bâti deux gros volumes sur un « musicien d'instinct. » J'ai coordonné simplement quelques chapitres tirés des musicalia d'un homme extraordinaire, menant de front pour ainsi dire tous les beaux-arts, et que l'exact Gerber a qualifié, un peu hyperboliquement, je crois, de berümte Tonlehrer und Tonkünstler. Voltaire se défend de n'être point un savant en C sol ut. Voilà tout.

C'est lui d'ailleurs qui aura presque constamment la parole. Qui pourrait s'en servir plus adroitement, plus éloquemment ?

Agréez, mon cher ami, l'expression de ma vive sympathie.

E. V.

Turin, le 30 septembre 1876.

ORDRE DES CHAPITRES

I. — Concerts intimes.

« J'aime passionément la musique ! » En s'exprimant ainsi, Voltaire disait une chose vraie de tous points. Il s'était muni d'un clavecin. Cet instrument formait, comme l'est aujourd'hui le piano, l'interprête le plus indispensable des œuvres lyriques en vogue, en même temps qu'il servait de guide et d'appui aux caprices de la virtuosité brillante. La flûte et la guitare, si à la mode alors, ne retentissaient toutefois qu'incidemment dans les salons du philosophe. Pour le violon, il vibrait surtout dans les orchestres de ses petits théâtres.

Voltaire s'était épris du clavecin au point de le préférer au piano, qu'il qualifiait, à son apparition, de chaudron parfaitement anti-musical [1]. Il s'entourait d'une épinette comme d'un ami, d'un confident. Il en fait, dans ses écrits, cent applications : une, par exemple, pour l'*e* muet final des vers, qui résonne, dit-il, comme les cordes d'un clave-

---

[1] Voyez le chapitre : *Instruments de musique.*

jamais elle n'a mieux chanté à souper, jamais tant mangé ni plus veillé. »

A en croire pourtant le même Voltaire, elle préférait à tout « les opéras et Newton ». En 1737, un favori de la cour de Prusse, nommé Césarion, aliàs *Keiserling*, avait apporté, au château de Cirey, des fragments de compositions musicales du prince royal. Chanter les paroles et jouer en même temps les accompagnements, fut la chose la plus aisée du monde pour la savante diva. Voltaire et Frédéric en étaient alors à se renvoyer mutuellement des flots de compliments hyperboliques. « Ah ! que Cirey est loin du Rémusberg ! » faisait le poëte. « Que n'ai-je des aîles pour voler vers votre paradis terrestre ! » répondait le futur roi de Prusse. La musique princière alla aux nues, du moins en apparence : « Vous avez tellement réussi dans la musique, que votre difficulté à présent sera d'avoir auprès de vous un musicien qui vous surpasse. Nous venons d'exécuter ici de votre musique. Votre portrait était au-dessus du clavecin. Vous êtes donc fait, grand prince, pour enchanter tous les sens [1] ».

Aussi Voltaire ne songea-t-il, dans ses moments libres, qu'à se rendre « moins indigne » des bontés de son auguste ami, « en étudiant de plus en plus les arts » qu'il daignait cultiver lui-même. Au fond, Frédéric possédait un certain talent musical. Il fit, entre autres, avec le secours de Quantz et de Nichelman, bien entendu, la partition du *Roi Pasteur,* qu'on dit curieuse, au point de vue de l'art [2]. Avait-il un sentiment exagéré de son mérite ? Il craignait, en tout cas, d'être incompris à Cirey, et, tout en affectant de la modestie, il exprimait ses méfiances et marquait ses doutes. Keiserling avait-il surpris, dans le

---

[1] Octobre 1737.
[2] Voy. aux *Notes biographiques.*

regard ou dans la conversation des hôtes de Cirey, quelque signe désapprobateur dont il avait fait part à son maître?

« Il n'y a que Césarion qui puisse vous avoir communiqué les pièces de ma musique, mande le prince à Voltaire. Je crains fort que des oreilles françaises n'aient guère été flattées par des sons italiques, et qu'un art qui ne touche que les sens puisse plaire à des personnes qui trouvent tant de charmes dans des plaisirs intellectuels. Si cependant il se pouvait que ma musique eût eu votre approbation, je m'engagerais volontiers à chatouiller vos oreilles, pourvu que vous ne me lassiez pas de m'instruire [1]. »

Est-il possible qu'après avoir dit aussi crûment son fait à Voltaire, Frédéric ose ajouter, en guise, de post-scriptum : « Je vous prie de saluer de ma part la divine Émilie, et de l'assurer de mon admiration ? » Avec sa finesse habituelle, Voltaire reprend ses adulations outrées, non sans y mêler une pointe de dépit nettement accusée. Sa déesse ignorante en musique italienne ? Fi donc! Aime-t-elle la musique de prince ? Voilà la question.

« Ne vous lassez point, monseigneur, d'enrichir Cirey de vos présents. Les oreilles de Mme du Châtelet sont de tous les pays, aussi bien que votre âme et la sienne. Elle se connaît très-bien en musique italienne ; ce n'est pas qu'en général elle aime la musique de prince. Feu M. le duc d'Orléans fit un opéra détestable nommé *Panthée*. Mais, monseigneur, vous n'êtes pour nous ni prince ni roi ; vous êtes un grand homme [2]. »

Frédéric enverrait à Voltaire « la Lecouvreur en cantate ; » mais il craint de réveiller en lui « le souvenir d'un bonheur qui n'est plus. » Aussi, ne lui fera-t-il tenir que

---

[1] Le 19 novembre 1737.

[2] Le 20 décembre 1737. L'opéra de Philippe d'Orléans fut fait avec La Fare.

de la musique joyeuse [1]. Le poëte, sans partager ses scrupules, de s'écrier : « Votre altesse daigne me promettre la cantate de la Lecouvreur. Ah ! monseigneur, honorez donc Cirey de ce présent ; il faut qu'une partie de nos plaisirs nous vienne de Rémusberg. Je serai en paradis quand mes oreilles entendront vos vers embellis par votre musique, et chantés par Émilie [2]. »

Jusque là tout allait bien, et Frédéric, qui avait déjà fait indirectement la leçon à la diva, eût dû s'en tenir à ses méticuleuses recommandations et à ses indélicates réserves. Mais, non ! il dépasse, cette fois, les bornes permises :

« On copie, suivant que vous le souhaitez, la cantate de la Lecouvreur. Je l'enverrai achever à Cirey [3]. Des oreilles françaises, accoutumées à des vaudevilles et à des antiennes, ne seront guère favorables aux airs méthodiques et expressifs des Italiens. Il faudrait des musiciens en état d'exécuter cette pièce dans le goût où elle doit être jouée, sans quoi elle vous paraîtra tout aussi touchante que le rôle de Brutus récité par un acteur suisse ou autrichien [4]. »

Que répondre à une pareille extravagance ? Le silence était d'or. Je doute qu'il y ait eu des explications, même par la voie d'intermédiaires officieux. Il est possible encore que le prince impitoyable retint dans ses cartons la fameuse cantate, ou que, l'essai en ayant été fait à Cirey, elle fut jugée détestable. Le plus probable est que la marquise se sentit blessée au vif, dans sa susceptibilité, et comme femme et comme musicienne. Les « vaudevilles » et les « antiennes » signifient évidemment, sous la plume princière,

---

[1] Le 26 janvier 1738.
[2] Février 1738.
[3] L'édition de Berlin porte : « Je l'enverrai échouer à Cirey. »
[4] Le 28 mars 1738.

les comédies à ariettes françaises et les opéras psalmodiques de Lulli. Passons !

Peu avant son départ pour Berlin, Voltaire avait installé chez lui sa nièce, Mme Denis. Femme aimable, spirituelle, très entendue en affaires de finances et de ménage, elle tenait la maison de son illustre oncle sur le pied le plus convenable, avait la place d'honneur au coin de la cheminée, et réunissait autour d'elle la meilleure société. Sa sœur, Mme de Fontaine, excellait dans le dessin, et faisait des pastels superbes. Toutes deux se distinguaient par la finesse et la solidité de leurs goûts artistiques. Mme Denis avait non-seulement un talent très-sérieux de claveciniste, mais elle chantait d'une façon très habile, en s'accompagnant de son instrument de prédilection, et, dans toutes les fêtes intimes organisées sous ses auspices, elle parvenait à récolter les succès du meilleur aloi, au grand contentement de son oncle, qui l'envisageait comme un oracle en musique.

Grâce à une lettre de lui, nous savons qu'elle avait été formée par l'auteur de *Castor et Pollux*: « Il y a là une nièce aînée, manda-t-il à son ami Thieriot, qui est une élève de Rameau et qui a l'esprit aimable. Je voudrais bien l'avoir auprès de moi, aussi bien que sa sœur. Vous pourriez lui en inspirer l'envie ; elles ne se repentiraient pas de leur voyage. » Il tint parole, et sa correspondance volumineuse atteste l'affection particulière qu'il voua, durant toute sa vie, à celle qui partagea si courageusement son orageuse destinée. C'est Mme Denis qui jugeait, en dernier ressort, les partitions nouvelles applaudies à Paris. Elle parlait modulations, comme en parlait Rousseau, commentateur de la fameuse enharmonie d'*Orphée*. Son verdict favorable, quant aux ouvrages de Gluck, ne contribua pas médiocrement à gagner la voix du philosophe,

dans la querelle qui surgit après la première d'*Iphigénie* [1].
On s'éclairait mutuellement au clavecîn. Puis, quand il fallait émettre une opinion décisive et motivée, Voltaire, baissant pavillon devant l'expérience autoritaire de sa nièce, s'en remettait volontiers à elle pour cette besogne délicate. Aussi, retranché invariablement derrière elle, quand il prenait la plume, formule-t-il ses appréciations par des phrases restrictives de ce genre : « Mme Denis, qui est bonne musicienne..... Mme Denis, qui se connaît parfaitement en musique. »

Au fait, la plupart des lettres de Voltaire étaient lues et commentées à Paris, voire même dans l'Europe entière. Livré à vingt occupations d'un genre bien différent, le poëte craignait sans cesse de commettre une balourdise : galanterie d'abord, prudence ensuite. Car, quoiqu'en ait pu dire Castil-Blaze, et quoiqu'il en ait pu dire lui-même, il possédait un flair très fin en musique. Quand il se nomme plaisamment « un barbouilleur de papier, » « une machine griffonnante, » « un vieux radoteur en prose et en vers, » convient-il, en vérité, de le prendre au mot ? De même, lorsqu'il se considère comme « peu musicien » ou « pas musicien, » faut-il le croire sur parole ? Cent faits démontrent le contraire, et l'on verra que, comme Diderot, il se défendait tout simplement d'être un « savant en doubles croches. »

Mme Denis témoigna même de l'aptitude pour l'enseignement, en apprenant le clavecin et le chant à une descendante de l'auteur du *Cid*, que Voltaire accueillit chez lui et qu'il maria à un officier nommé Dupuits. Il est vrai que l'élève, privée des dispositions nécessaires pour ce double art, répondit peu à ces soins intelligents [2] ; mais, une de ses filles, instruite

[1] Voir le chapitre : *Gluckisme.*
[2] Voir le chapitre : *Intermèdes de Société.*

par le même professeur, acquit, en moins d'un an, une grande habilité sur le clavier. Quelques mois après avoir annoncé, avec une joie bien visible, à Mme la marquise Dudeffan, que Mme Denis « montrait la musique à l'arrière-petite nièce de Corneille, » Voltaire manda, non sans ressentir une satisfaction autrement grande, au chevalier de Florian : « Le nez de Mlle Dupuits ne se réforme point encore, mais ses doigts acquièrent une souplesse merveilleuse au clavecin [1]. » La petite virtuose avait à peine dix ans.

Le patriarche était à la fois si heureux au milieu de la famille qu'il élevait, et si fier du splendide domaine qu'il avait contribué à défricher et à embellir [2], qu'il ne pouvait s'empêcher de communiquer cette double impression à tous ses correspondants : « Vous vous promènerez, dit-il, entre autres, à de Chenevières, dans de grands et beaux jardins, d'où on voit le lac et le Rhône ; vous aurez de la musique, et vous verrez qu'il ne me manque que de la santé.» Aussi, le monde intelligent et lettré, poëtes, philosophes, savants de tous genres, — et le monde artistique — peintres, sculpteurs et musiciens, briguaient-ils l'honneur d'être admis dans son intimité, en prenant la précaution de se faire inscrire plusieurs mois à l'avance.

Mlle Fel, de l'Opéra, vient, en juin 1759, charmer « le vieux solitaire, » et « adoucir ses maux, » à l'aide de son « joli gosier. » Il y avait 27 ans que la célèbre musicienne chantait — elle débuta en 1732 au concert spirituel, — et Voltaire en est encore enthousiaste au plus haut point. Un écho de ce vrai fanatisme se répercute dans une tendre et spirituelle missive, qui, à défaut de détails bien intéressants

[1] 22 Janvier 1775.

On en verra quelques lignes descriptives au chapitre suivant.

sur le « rossignol, » renferme un madrigal élégamment tourné
en son honneur :

« Très aimable rossignol, l'oncle et la nièce, ou plutôt la
nièce, ou plutôt la nièce de l'oncle, avaient besoin de votre
souvenir. Les gens qui n'ont que des oreilles vous admirent ;
ceux qui, avec des oreilles, ont du sentiment, vous aiment.
Nous nous flattons d'avoir de tout cela. Et sachez, malgré
toute votre modestie, que vous êtes aussi séduisante quand
vous parlez que quand vous chantez. La société est le premier
des concerts, et vous y faites la première partie. Nous savons
bien que nous ne jouirons plus de votre commerce, dont
nous avons senti tout le prix : les habitants des bords de
notre lac ne sont pas faits pour être si heureux que ceux
des bords de la Seine. Voici ce que notre petit coin des
Alpes dit de nous :

> De rossignol pourquoi porter le nom ?
> Il est bien vrai qu'ils ont été ses maîtres ;
> Mais tous les ans, dans la belle saison,
> L'amour les guide en nos réduits champêtres.
> Elle n'a pas tant de fidélité,
> Elle nous fuit, peut-être nous oublie.
> C'est le phénix à jamais regretté :
> On ne le voit qu'une fois dans sa vie.

« C'est ainsi qu'on vous traite, mademoiselle ; et, quand
vous reviendriez, vous n'y gagneriez rien : on vous traiterait
seulement de phénix qu'on aurait vu deux fois. Pour moi,
quelque forte envie que j'aie de venir vous rendre mes hommages, il n'y a pas d'apparence que j'aille à Paris. Le rôle
d'un homme de lettres y est trop ridicule, et celui de philosophe trop dangereux. Je m'en tiens à achever mon château, et ne veux plus en bâtir en Espagne.

« Vraiment, vous faites à merveille de me parler de M. De la Borde [1]. Je sais que c'est un homme d'un vrai mérite et nécessaire à l'État : *sono pochissimi i signori* de cette espèce.

« Adieu, mademoiselle ; recevez sans cérémonie les assurances de l'attachement très véritable de l'oncle et de la nièce. Nos compliments à monsieur votre frère. »

Ce frère de Mlle Fel, qui avait accompagné la diva aux Délices, possédait un talent de chanteur très estimable. C'est le tour de Mlle Camille, « grande fille, bien faite, belle voix, de l'esprit, de l'âme ». Elle entre, depuis, à la Comédie Italienne, et elle y réussit. Voltaire juge qu'elle pourra remplacer Mlle Dumesnil, « dès qu'elle sera tout à fait déprovincialisée. »

Voici Mme de Scallier, « femme d'un officier de grand mérite, » et qui à son habileté comme violoniste, joignait un talent de chanteuse qui égalait, prétendait le patriarche, celui de Mlle Lemaure :

« Vous souvenez-vous, écrit-il à de Chabanon, que vous m'avez parlé de Mme de Scallier ? Il y a quelques jours qu'une dame vint dans mon ermitage avec son mari ; elle me dit qu'elle jouait un peu du violon, et qu'elle en avait un dans son carrosse ; elle en joua à vous rendre jaloux, si vous pouviez l'être ; ensuite, elle se mit à chanter, et chanta comme Mlle Lemaure, et tout cela avec une bonté, avec un air si aisé et si simple, que j'étais transporté. C'était Mme de Scallier elle-même avec son mari, qui me paraît un officier d'un grand mérite. Je fus désespéré de ne les avoir tenus qu'un jour chez moi. Si vous les voyez, je vous supplie de leur dire que je ne perdrai jamais le souvenir d'une si belle journée. »

---

[1] Voyez le chapitre : *de Charybde en Scylla.*

A son tour, Mme de Scallier dut être ravie. Un octain à sa louange suivit de bien près la lettre où elle est célébrée en grande artiste :

A Mme SCALLIER,
qui jouait parfaitement le violon.

Sous tes doigts l'archet d'Apollon
Étonne mon âme et l'enchante ;
J'entends bientôt ta voix touchante,
J'oublie alors ton violon ;
Tu parles, et mon cœur plus tendre
De tes chants ne se souvient plus ;
Mais tes regards sont au-dessus
De tout ce que je viens d'entendre.

On se figure aisément Voltaire, au milieu de ces auditions musicales, l'œil rayonnant, l'esprit au bord des lèvres. Que de jeunes « gosiers » sont venus lui demander sa puissante consécration ! Que de célébrités musicales, déjà faites, ont tenu à rapporter de la résidence du patriarche un mot sympathique, un compliment flatteur ! Les plaisirs de l'esprit ont dû se confondre là avec ceux de l'art, bien que l'on ne puisse dire que les salons de Voltaire aient eu, comme certains salons-clubs mémorables dans l'histoire, une influence directe sur les grands problêmes de l'époque. La véritable force de Voltaire est dans ses écrits : ils ont défrayé le travail de vingt salons politiques. Au tour des musiciens maintenant.

Maupertuis, le « cher aplatisseur de notre globe [1], » vient, armé de son sistre ou de sa guitare, qui le suit jusqu'en Laponie, divertir la solitude du vieillard, et « échanger la lyre d'Apollon contre le compas du géomètre. »

[1] Allusion à un ouvrage de ce célèbre géomètre relatif à l'aplatissement de la terre.

De Chabanon, poëte et compositeur [1], apporte, en même temps que son flageolet et son violon — dont il jouait supérieurement, — le bagage de ses connaissances musicologiques. S'il reçoit des conseils de l'illustre auteur tragique, au sujet de sa *Virginie* et de son *Éponine*, en revanche, il en donne au parolier de *Pandore*, pour la coupe et l'agencement des morceaux de cet opéra. Évidemment, un musicien de profession a présidé à l'ordonnance du beau monologue métaphysique, qui précéda le *Pygmalion* de Rousseau, et que, de nos jours, on a si maladroitement et si mesquinement tourné en opéra-comique. Pandore, s'éveillant à la vie, chante ce qui suit :

> Où suis-je ? Et qu'est-ce que je voi ?
> Je n'ai jamais été ; quel pouvoir m'a fait naître ?
> J'ai passé du néant à l'être,
> Quels objets ravissants semblent nés avec moi ?
>
> *(On entend une symphonie).*

> Ces sons harmonieux enchantent mes oreilles ;
> Mes yeux sont éblouis de l'amas des merveilles
> Que l'auteur de mes jours prodigue sur mes pas.
> Ah ! d'où vient qu'il ne paraît pas ?
> De moment en moment je pense et je m'éclaire.
> Terre, qui me portez, vous n'êtes point ma mère ;
> Un Dieu sans doute est mon auteur.
> Je le sens, il me parle, il respire en mon cœur.

De la Borde, le compositeur valet de chambre, transformé, *horresco referens !* en Orphée d'un jour, arrive, muni de la partition qu'il a édifiée sur ce pittoresque libretto de

[1] Voyez les *Notes biographiques.*

Pandore. Aux yeux de Voltaire, *Pandore* est « de tous les opéras sans exception, le plus susceptible d'un grand fracas. » Audition faite de la partition presqu'entière, tant pour les voix que pour les instruments [1], l'enchantement de « l'oncle et de la nièce » est au comble. Le poëte « croyait que M. De la Borde faisait de la musique comme un premier valet de chambre en doit faire, de la petite musique de cour et de ruelle ; il l'a fait exécuter. Il a entendu des choses dignes de Rameau. Sa nièce Denis est tout aussi étonnée que lui, et son jugement est bien plus important que le sien, car elle est excellente musicienne. [1] »

Il mande ces exagérations à une dame fort influente à Paris. Il les répète, quatre ans après, à son « héros, » le maréchal de Richelieu, en invoquant de rechef le témoignage autorisé de Mme Denis : « Il faut que mon héros ait le diable au corps d'imaginer que je parle de la musique de *Pandore* sans l'avoir entendue. J'en ai entendu trois actes dans mon ermitage ; Mme Denis, qui s'y connaît parfaitement, en a été très-contente. »

Ce n'est pas tout. A une deuxième visite, l'amateur musicien exécute lui-même, au clavecin, de nouveaux fragments de la *Pandore* modifiée, que Mme Denis sanctionne par des éloges réitérés, et que le librettiste juge être d'un caractère « doux et agréable : « Si tout le reste est aussi bon que ce que j'ai entendu, ajoute-t-il, cet ouvrage aura un très-grand succès. Le sujet n'est pas si funeste, puisque l'amour reste au genre humain ; et, d'ailleurs, qu'importe le sujet, pourvu que la pièce plaise ? » Illusion d'auteur, qui devait s'évanouir devant la triste réalité !

[1] Voyez, plus loin la lettre d'invitation écrite à De la Borde, le 1^r juillet 1767.

[2] 24 septembre 1766. Voyez, pour les vicissitudes diverses de cet ouvrage : *De Charybde en Scylla.*

Voici une séance d'un genre bien différent. De l'Écluse , ancien acteur de l'opéra-comique, lui chante, d'une façon inimitable, la chanson du *Remouleur*, celles de *la Fileuse* et du *Postillon* ; il lui joue la querelle des *Écosseuses avec Vadé*, où, selon Voltaire, il était « la vérité même. » Voltaire, à son tour, contrefaisait étonnamment le *Remouleur* [1]. Une fois lancé, le malin vieillard débitait le couplet satirique avec une verve étourdissante. C'est ainsi qu'il entonnait sa « pompignade , » ou sa chanson concernant une fête donnée par Le Franc de Pompignan dans son village, chanson qu'il fit distribuer, paroles et musique, *urbi et orbi :*

> Nous avons vu ce beau village
>> De Pompignan,
> Et ce marquis brillant et sage ,
>> Modeste et grand ,
> De ses vertus premier garant :
>> Et vive le roi et Simon Le Franc,
>>> Son favori ,
>>> Son favori !....

« L'hymne est assez plaisante à chanter avec des accompagnements, » mande-t-il à Damilaville. Il revient, sur ce chapitre, dans une autre lettre : « Si frère Thieriot ne sait pas l'air de Béchamel, je vais vous l'envoyer noté ; car il faut avoir le plaisir de chanter :

> Vive le roi et Simon Le Franc [2] ! »

[1] Voyez , aux *Notes Biographiques*, verbo *De l'Écluse.*
[2] Consultez la *Correspondance de d'Alembert* et le 1ᵉʳ volume de *Facéties.*

Enfin, il en parle avec une jubilation marquée à d'Argental : « L'accompagnement de l'hymne à M. de Pompignan est fort bon, et le refrain, quand on est dix ou douze, est très plaisant à chanter ». On aura ri, à Ferney, à gorges chaudes. L'hilarité n'aura pas été moins grande, quand Voltaire se sera mis à dire la complainte en cinquante-sept couplets sur les amours de Saint-Preux et de Julie, le tout dirigé, on le devine, contre « l'âpre roman » de Jean-Jacques, la *Nouvelle Héloïse*. La musique qui a servi, en cette circonstance, à Voltaire, a été conservée, prétend M. de Crousaz [1].

Il ne faut pas que j'oublie de citer un artiste célèbre de l'Opéra, Le Gros, venu à Ferney, pour initier les mélomanes de cette résidence à l'interprétation officielle d'*Iphigénie* et d'*Orphée*, qui faisaient accourir tout Paris. On verra plus loin [2] les conséquences importantes de cette attrayante audition.

Au milieu de ses plus vives préoccupations pour *Pandore*, Voltaire reçoit une visite bien inattendue : Grétry, le futur auteur du *Tableau parlant*, qui vient lui demander sa protection sympathique. Le jeune artiste avait eu soin de se faire devancer par une lettre agréablement tournée. « Je lui fus présenté, le dimanche suivant, par Mme Cramer [3], son amie, dit-il dans ses *Mémoires*. Que je fus flatté de l'accueil grâcieux qu'il me fit ! Je voulus m'excuser sur la liberté que j'avais prise de lui écrire. « Comment donc, monsieur,

---

[1] *Histoires de la vie privée d'autrefois*. Paris, 1853, p. 3 et 152. La chanson de Voltaire : « Moïse, Aaron, etc., » contre Le Franc de Pompignan et son frère, évêque de Puy, se chantait sur l'air de la musette : « Suivez les lois,» des *Talents lyriques* de Rameau.

[2] Au chapitre : *Gluckisme*.

[3] La femme de l'imprimeur des œuvres de Voltaire, personne aussi instruite que distinguée.

» me dit-il, en me serrant la main (et c'était mon cœur qu'il
» serrait), j'ai été enchanté de votre lettre ; l'on m'avait
» parlé de vous plusieurs fois ; je désirais vous voir. Vous
» êtes musicien, et vous avez de l'esprit ! Cela est trop rare,
» monsieur, pour que je ne prenne pas à vous le plus vif
» intérêt. »

Grétry fit entendre des fragments de ses compositions,
encouragé par les bontés prévenantes du vieillard ; il poursuit ainsi sa narration : « A la vérité , il avait marqué,
ainsi que Mme Denis, sa nièce, beaucoup d'indulgence pour
les morceaux que j'avais exécutés devant lui à Ferney ;
mais, quelques airs détachés que j'avais refaits sur l'opéra
d'*Isabelle et Gertrude* de Favart [1], me paraissaient des titres
insuffisants pour exciter l'attention d'un homme tel que
Voltaire , et pour mériter ses encouragements...»

Donc, le fait est buriné dans l'histoire. Voltaire et Mme
Denis reçurent et applaudirent l'artiste liégeois qui s'immor-
talisa depuis par tant de gracieux et spirituels ouvrages.
Quelle amabilité généreuse et touchante ! Et quelle excellente aubaine pour le jeune musicien, au début d'une carrière si parsemée d'écueils, et où le découragement succède
si rapidement aux illusions premières ! Grétry retourna
plusieurs fois à Ferney, et, vraisemblablement, les séances
musicales se seront renouvelées à chaque visite. Avec le
goût raffiné et le bon sens incomparable dont Voltaire était
doué , il dut trouver entre le mélodiste frais et coquet de la
nature et l'harmoniste aussi plat qu'ennuyeux de l'anti-
chambre, un abîme pour ainsi dire infranchissable. Mais
l'illusion, où le tenait bercé sa chère *Pandore* , aura mi-

---

[1] Dans la suite, Favart adressa au patriarche, à propos d'*Isabelle et Gertrude*,
quelques vers charmants qui ont été insérés dans les œuvres de l'abbé de
Voisenon. La conversation qui est reproduite ici , est empruntée aux *Mémoires*
de GRÉTRY.

tigé, du moins pour le moment, des dissemblances trop choquantes.

« Le petit blond liégeois, » comme il se plaisait à l'appeler, avait du cœur. Il fit, en échange des politesses reçues, un éloge enthousiaste du célèbre philosophe et de sa résidence toute princière : « L'opulence d'un grand seigneur, dit-il, peut nous humilier, exciter notre envie ; mais celle d'un grand homme contente notre âme. Chacun doit se dire : « C'est par des travaux immenses, c'est en » m'éclairant, c'est en charmant mes ennuis, en me sau- » vant du désespoir peut-être, qu'il est parvenu à la fortune ; » il m'a donc payé son bien par un bien plus précieux encore, » pourquoi le lui envierais-je ? » Grétry avait non seulement du génie, mais une belle âme.

Moins heureux que Grétry, le savant musicographe anglais Burney ne fit qu'entrevoir la résidence de Ferney, pour laquelle il avait interverti pourtant son itinéraire. Il lui eût été agréable de causer d'art avec l'illustre propriétaire du domaine. Mais, au moment opportun, sa timidité discrète se refusa à une visite qui devait se faire *ex abrupto*. Il manquait de recommandations, et la singulière aventure arrivée, peu de temps auparavant, à quelques-uns de ses compatriotes, l'avait fait réfléchir.

Parvenu au seuil du château, il put y pénétrer subrepticement, à l'aide d'un domestique complaisant. Il vit d'abord le cabinet où le philosophe venait d'écrire. Il passa de là dans sa bibliothèque, ornée de son buste, du portrait de sa mère et de celui de sa nièce. Entre la chapelle et le manoir, se trouvait, dit-il, « un théâtre que Voltaire avait fait bâtir, il y a quelques années, et où il fit entendre ses tragédies à un groupe d'amis. Il ne s'en servait plus que pour y mettre du bois, car on n'y avait pas joué depuis quatre ans…»

Dès que Voltaire parut à la cour, l'enfant d'Albion tres-
saillit. Il s'approcha, entraîné par un mouvement irrésistible. La flamme qui brillait dans les yeux de ce vrai
spectre, le fascina surtout. Un court entretien eut lieu.
On parla de l'Angleterre et des disputes politiques qui y
avaient usurpé la place des querelles littéraires. Voltaire
s'informa des nouveaux poëtes anglais, parmi lesquels
Burney nomma Mason et Gray. Il montra au touriste ses
fermes et ses manufactures. Après quoi, on se sépara.
Burney prit l'initiative du départ, ne voulant « rien dérober
au public des moments précieux qui restaient de ce génie
si universel [1] ».

Le jeune Mozart eut moins de chance encore. Il trouva,
en arrivant au château de Ferney, un mur d'airain impé-
nétrable. C'était à la fin d'octobre 1766. Recommandé par
le correspondant intime de Voltaire, Damilaville, dont il avait
reçu, en quittant Paris, une lettre gracieuse, le bambino
comptait apparemment sur un accueil sinon cordial, du
moins profitable pour ses excursions ultérieures. Hélas !
Mme Denis était souffrante et le philosophe gardait le lit
depuis plusieurs semaines :

« Comment vouliez-vous, mandait-il le 7 novembre suivant, que je visse votre jeune joueur de clavecin ? Mme Denis
était malade ; il y a plus de six semaines que je suis au lit.
Ah ! nous sommes loin des fêtes [2] ? »

Voltaire avait l'habitude de se dire indisposé, pour échapper aux importunités incessantes des visiteurs. Cette fois,

---

[1] *De l'état présent de la musique*, etc. Traduction de BRACK, t. I, p. 45 à 50.

[2] C'est la première fois que ce curieux passage de la *Correspondance générale*
de Voltaire est mis en évidence et utilisé au profit de l'histoire. Aucun biographe
de Mozart ne s'en est douté. La découverte date de longtemps. Je l'avais réservée
pour ce chapitre, où elle a sa place légtime.

il était bien réellement malade. Depuis deux ans , en effet , il n'était sorti qu'une demi douzaine de fois de sa chambre , à la bonne saison, pour se rendre en son jardin. Le mois de novembre lui était particulièrement fatal. Il dut, en cette circonstance, renoncer du même coup à aller entendre son *Olympie* à Genève, et se résoudre à soigner, de son « pupître de vieillard , » — c'est ainsi qu'il désigne pittoresquement son lit — le procès de Sirven , sa « bergerie » des *Scythes* en pleine composition , et la propagande active dirigée contre Jean-Jacques, qui avait mis la république genévoise « en combustion. »

Mieux portant, il n'eût rien refusé, sans doute, à son « cher » Damilaville , lié non-seulement avec *Platon*-Diderot , *Archimède*-d'Alembert, le baron d'Holbach, etc., mais mis en relations continuelles avec le « prophète » Grimm, le protecteur le plus dévoué et le plus chaleureux de Mozart à Paris. « Damilaville, premier commis du vingtième, est, dit Voltaire, la meilleure âme du monde ; c'est mon correspondant, c'est l'intime ami de tous les philosophes [1]. »

Le patriarche était « loin des fêtes ! » Si j'interprète bien ces derniers mots , il ne s'agissait de rien moins que d'un concert à donner au manoir de Ferney, par l'enfant-prodige, assisté naturellement de son père et de sa sœur.

On sait, d'une manière positive, que la famille salzbourgeoise débarqua à la rade de Calais, au mois de juillet 1765, en venant de Londres. Delà elle se rendit en Hollande, par Courtrai, Gand et Anvers. Avant de regagner son domicile

---

[1] Dans un moment de terreur folle, Voltaire a détruit une grande partie de sa correspondance. Il faut donc renoncer à l'espoir de retrouver quelque jour la lettre de Damilaville.

fixe, elle désirait voir Paris, Lyon, la Suisse et Munich. Léopold Mozart, ébloui de l'éclat que l'astre voltairien projetait sur l'Europe entière, aura cherché, on le conçoit, à obtenir, pour son petit phénomène, une consécration illustre susceptible d'exercer une influence très salutaire sur sa destinée. Il marque, en novembre 1766, à son ami Haguenauer : « Nous sommes restés quatre semaines à Lyon. Nous ne sommes pas entrés à Genève, qui était en grande agitation. »

En tournant Genève, du côté de l'est, on arrive, au bout d'une heure de marche, à la résidence de l'auteur de *Tancrède*. C'est la route que l'intéressant trio artistique aura suivie incontestablement.

Voltaire debout, quelle entrevue mémorable en serait résultée ! Le malin vieillard aurait eu beau se défendre, comme le fit Fontenelle, d'aimer la sonate, il n'aurait pu, en l'entendant formuler par les doigts liliputiens d'un enfant extraordinairement doué, se soustraire à une vive et enthousiaste admiration. Il aurait dès lors peut-être suivi, avec un intérêt des plus soutenus, l'épanouissement rapide de cette intelligence merveilleuse ; et qui sait ? Si quelque *Pandore* ou quelque *Samson*, dégagé des banalités de commande et élevé à un lyrisme vrai et humain, comme c'était son rêve, n'eût pas servi de canevas aux délicieuses inspirations du futur auteur de *Don Juan* ? La métaphysique *Pandore*, poëme de Voltaire, musique de Mozart, quelle magnifique alliance !

A ne considérer que le petit tour de jonglerie auquel recourait le bambin de dix ans, et qui émerveilla tout Paris, — à savoir la serviette tendue sur le clavier que maniait Mozart avec une incomparable précision et une stupéfiante agilité, — Voltaire, toujours Parisien au fond de l'âme, malgré ses velléités suisses, n'eût pu croire vraiment, comme ses compatriotes, à ce qu'il voyait de ses yeux et entendait de ses oreilles.

Il avait prédit la gloire de Grétry ; que n'eût-il prophétisé au sujet de Mozart ? Un génie à son apogée applaudissant un génie à son aurore ! Sa surprise se serait traduite, *stante pede*, en un morceau de littérature d'une incalculable portée. Pour le coup, nous aurions eu une *Ode à Orphée*, valant en éloquence et la dépassant peut-être en inspiration, la célèbre *Épître à Uranie*, d'un jet si remarquable pourtant.

Les deux artistes se trouvèrent à Paris, à la même époque, sans se rencontrer de nouveau : Voltaire en plein triomphe, Mozart hélas! en plein découragement. C'était au commencement de l'année 1778.

II. — **Intermèdes de société**.

Quand Voltaire déclare parfois que, si l'on joue ou l'on ne joue pas ses pièces de théâtre, cela lui est bien égal, il ne faut guère le croire sur parole. Jamais, en effet, écrivain dramatique ne remua ciel et terre, pour la représentation de ses ouvrages, comme l'auteur de *Zaïre*, de *Mérope* et de *Tancrède*.

Partout où le brillant écrivain résidait, il créait de petites scènes, pour y essayer ses pièces, y affronter la critique à huis clos, et y dresser des acteurs que Paris acclimatera un jour. La plupart de ses tragédies et de ses comédies ont reçu ce premier baptême expérimental. Les Parisiens étaient, dans l'intervalle, affriandés par des promesses habiles. On leur disait malignement : « Si vous êtes bien sages, ô Welches, vous aurez des nouveautés de ma façon pour le tripot. »

Ces exercices privés servaient d'amusement à notre laborieux philosophe et lui procuraient un utile dérivatif pour ses préoccupations multiples. En même temps, ils constituaient une réponse *ad vivum* aux paradoxales déclamations de Jean-Jacques Rousseau contre les spectacles : « Vous avez daigné accabler ce fou de Jean-Jacques par des raisons, écrit-il à d'Alembert, et moi je fais comme celui qui, pour toute réponse à des arguments contre le mouvement, se mit à marcher. Jean-Jacques démontre qu'un théâtre ne peut convenir à Genève, et moi j'en bâtis [1]. » N'affirme-t-il pas, quelque part, ce grand moqueur, qu'il aimerait mieux » avoir affaire à des filles de chœur d'opéra qu'à des philo- » sophes ; » « qu'elles entendraient mieux raison ? »

En des moments d'abattement, où tout lui était antipathique, il exceptait de la liste de ses aversions le théâtre « le repos et la campagne. » En d'autres instants, où le souvenir de ses nombreuses pérégrinations se présentait à lui, il se comparaît pittoresquement à un ancien troubadour « bâtissant des théâtres partout où il se trouvait, » C'est ainsi que Sceaux, Lunéville, Bruxelles, Enghien, Potsdam, Berlin, Gotha, Baireuth et d'autres résidences temporaires, le virent jouer, sur des scènes permanentes ou improvisées, une série de pièces, la plupart de son crû.

La scénologie spéciale dont j'aurai à m'occuper, se concentre là où Voltaire, en pleine jouissance du repos, de la fortune et de la gloire, se livra corps et âme à sa passion théâtrale, et où il se prodiguait à la fois comme auteur, comme acteur et comme régisseur, le tout dans des ouvrages où la musique remplissait un certain rôle. Pour conjurer l'ennui inhérent à cinq actes de tragédies bourrés d'alexandrins d'une solennelle monotonie, le poëte sut faire l'agréable diversion d'intermèdes de musique, la plupart de gracieux opéras comiques ou des comédies à couplets envisagées comme telles.

Les informations concernant les représentations données

[1] 15 octobre 1760.

au « Paradis terrestre de Cirey, » sont assez minces. On sait simplement qu'on y joua la comédie, pour faire diversion aux études de physique. On y interpréta, un jour, « trente-cinq actes en quatre heures de temps. » Parfois des séances de lanterne magique eurent lieu « avec des propos à faire mourir de rire. » Doit-on s'en tenir là, et convient-il de supposer que la « divine » Émilie, qui joua, avec un double talent d'actrice et de cantatrice, *Zirphé*, à Sceaux [1], ornée de « mille diamants, » se soit contentée de n'aborder à Cirey que des rôles purement dramatiques ? Faut-il croire que ses succès à Lunéville, dans les opéras d'*Issé*, de *Zélindor* et des *Éléments*, n'aient pas été préparés soigneu-

[1] Voltaire ne dit qu'un mot de ces représentations, qui comprenaient encore l'opéra d'*Issé*, entr'autres : « Il est bien vrai que nous avons joué à Sceaux des opéras, des comédies, des farces, et qu'ensuite, m'élevant par degrés au comble des honneurs, j'ai été admis au théâtre des petits cabinets, entre Moncrif et d'Arboulin. » A Cideville, 2 janvier 1748. Au mutisme de ses lettres, il supplée par des versiculets madrigalesques, dont j'aime à citer le spécimen suivant, composé le jour même où son amie interpréta l'opéra d'*Issé* à Sceaux :

> Être Phébus aujourd'hui je désire,
> Non pour régner sur la prose et les vers,
> Car à Dumaine il remet cet empire ;
> Non pour courir autour de l'univers,
> Car vivre à Sceaux est le but où j'aspire ;
> Non pour tirer des accords de sa lyre,
> De plus doux chants font retentir ces lieux ;
> Mais seulement pour voir et pour entendre
> La belle Issé, qui pour lui fut si tendre
> Et qui le fit le plus heureux des dieux.

Voici d'autres vers, improvisés à la même occasion :

> Charmante Issé, vous nous faites entendre
> Dans ces beaux lieux, les sons les plus flatteurs ;
> Ils vont droit à nos cœurs ;
> Leibnitz n'a point de monade plus tendre,
> Newton n'a point d'x plus enchanteurs.

sement, au château de Cirey, sous les yeux de son intime ami, qui vante, dans vingt lettres datées de cette délicieuse retraite, l'habileté extrême de la marquise en tout genre de beaux-arts ? « *Tullia nostra, Æmilia du Châtelet, in omni genere artium instructa* [1]. » Lui-même s'écrie, comme subjugué par le charme : « J'ai la passion des beaux-arts ; j'en suis fou [2] ! »

A défaut d'un talent qui fût à la hauteur de l'éloge qu'on en faisait, la diva avait le don de l'assurance, car, en parlant de l'acte *le Feu*, qui, dans *les Éléments,* est désigné par le naufrage des Vestales, et, étrange coïncidence ! le « péril d'Émilie, » elle déclare, avec un rare aplomb, que ce fragment a été exécuté véritablement « comme à l'Opéra [3]. » Quelques jours auparavant, Voltaire avait écrit : « Mme du Châtelet joue ou l'opéra, ou la comédie, ou la comète [4]. »

Il y avait d'ailleurs à Cirey un théâtre charmant, que Mme de Graffigny décrit ainsi : « Le théâtre est fort joli, mais la salle est petite ; ce théâtre est une salle de marionnettes. Oh ! c'est drôle ! Mais qu'y a-t-il d'étonnant ? Voltaire est aussi aimable enfant que sage philosophe. Le fond de la salle n'est qu'une loge peinte, garnie comme un sofa, et le bord sur lequel on s'appuie, est garni aussi. Les décorations sont en colonnades avec des pots d'orangers entre les colonnes [5]. »

La petite scène de Cirey revêt une physionomie différente sous la plume de Longchamps et de Wagnière : « Ce théâtre

[1] Au mois de mars 1740.
[2] 14 avril 1739.
[3] 30 novembre 1748.
[4] 4 octobre 1748.
[5] *Vie privée de Voltaire et de Mme du Châtelet*, etc.

se trouvait au fond d'une galerie. Des tonneaux vides, sur lesquels on avait établi un plancher, des coulisses de chaque côté, revêtues de vieilles tapisseries, un lustre, quelques violons, jouant dans les entr'actes, faisaient en réalité tous les frais de ces soirées charmantes et d'une si franche gaieté [1]. »

Cirey est situé aux confins de la Lorraine et de la Champagne. Voici le poëte établi aux Délices, près de Genève, et à Monrion, près de Lausanne, deux résidences magnifiques : « La pointe du sérail de Constantinople, dit-il, n'a pas de plus belle vue.... Je ne peux me lasser de vingt lieues de ce beau lac, de cent jardins, des campagnes de la Savoie, et des Alpes, qui les couronnent dans le lointain. » Les Délices l'attiraient surtout en été ; en hiver, il préférait Lausanne. Il y avait bâti un *palazzo nel gusto italiano*, ayant quinze croisées de face en cintre et une terrasse qui dominait un immense amphithéâtre de jardins pittoresques. Ici, il histrionnait, pour employer son expression favorite ; là, il plantait, il faisait le jardinier. C'était le temps d'être à soi, et d'achever paisiblement sa carrière. Oh ! la belle chose que la tranquillité ! Mais, l'ennui est de sa connaissance et de sa famille. Pour chasser ce vilain parent, il a établi un théâtre à Monrion, où l'on exhibe les pièces anciennes et nouvelles.

Mme Denis possédait un talent très sérieux d'actrice. Passionnée pour les ouvrages dramatiques de son oncle, elle le stimulait sans cesse pour en donner la représentation en petit comité. Elle avait, outre cela, quelques prétentions littéraires qui la portèrent à écrire une comédie : *la Coquette punie*, dont le succès fut médiocre. Écoutez comme l'oncle

---

[1] *Mémoires sur Voltaire.* Paris, 1826, etc.

la vante , à la fois comme ménagère et comme artiste amateur : « Mme Denis a le talent de meubler des maisons et d'y faire bonne chère ; ce qui joint à ses talents de la musique et de la déclamation, compose une nièce qui fait le bonheur de ma vie.» Il n'a pu la réduire « au rôle de Cérès, de Pomone, de Flore. » Elle eût préféré « être Thalie à Paris. »

On joua d'abord *Zaïre*, sur un « joli théâtre. » Les habits, confectionnés à Paris , étaient magnifiques. Voltaire représentait le « bonhomme Lusignan. » Orosman était confié à « un fils du général Constant. » Mme Denis, « sans avoir les beaux yeux de la Gaussin , faisait Zaïre » bien mieux que cette comédienne. Après, eut lieu l'exécution de l'immortel opéra-bouffe *la Serva Padrona*, de Pergolèse. Deux cents spectateurs, qui valaient bien le parterre de Paris, étaient accourus à trente lieues à la ronde. Beaucoup d'esprit , beaucoup de raison, point de cabale. Décidément, s'écrie Voltaire, mon beau pays roman , mes beaux rivages du lac Léman, sont devenus « l'asile des arts, des plaisirs et du goût. »

Puis , c'étaient le tour de l'*Enfant prodigue*, également suivi d'un opéra bouffe, et de *Fanime*, accompagnée de danses et entremêlée d'un délicieux intermède : *les Troqueurs*. Après chacune de ces soirées dramatiques et musicales, on faisait « meilleure chère que Phyrrus , » car « ce n'était point une *fermière qui ordonnait* les soupers, » comme à la campagne chantée par Boileau. On comptait parfois cinquante personnes à table. C'est ainsi que Voltaire oubliait « les querelles des rois et celles des gens de lettres, les unes affreuses, les autres ridicules. » Est-ce tout ?

Les plus jolies dames de Paris , non pas les caillettes dont il fuyait la société avec soin, regardaient comme une très grande faveur d'être admises à ces spectacles intéressants : Mmes de Montferrat, d'Épinai, de Muy, de Fontaines, sa nièce , furent de la fête. J'allais oublier les « plus beaux yeux qui soient actuellement à Turin : ceux de Mme de Chauvelin, l'ambassadrice dont Voltaire et Mme Denis se vantaient « d'avoir tiré des larmes. » Et Mme Duboccage, la récente auteur de la *Fille d'Aristide*, pour laquelle on donna une représentation spéciale de la *Femme qui a raison*, comédie jouée jadis à Lunéville, et arrangée depuis en trois actes. « Elle en fut si contente , qu'elle voulut absolument l'emporter à Paris. »

La correspondance du patriarche est assez sobre, à l'endroit des *Troqueurs*, de Vadé et de Dauvergne : « Nous eûmes, après *Fanime*, des rafraîchissements pour toute la salle ; ensuite le joli opéra des *Troqueurs*, et puis un grand souper.» *Fanime*, entremêlée de danses, est l'objet de quelques lignes plus explicites et certes d'une piquante originalité : « Nous jouâmes, hier [1], et avec un nouveau succès. Je jouais Mohador ; nous étions tous habillés comme les maîtres de l'univers. Je vous avertis que je jouai le bonhomme de père mieux que Sarrazin : ce n'est point vanité, c'est vérité. Quand je dis mieux, j'entends si bien que je ne voudrais pas de Sarrazin pour mon sacristain. J'avais de la colère et des larmes, et une voix tantôt forte , tantôt tremblante ; et des attitudes ! et un bonnet ! non, jamais il n'y eut un si beau bonnet. Mais je veux encore donner quelques coups de rabot à mon loisir, si Dieu me prête vie. » Ailleurs , il prétend « qu'il histrionne pour son plaisir, » sans avoir ni cabale à craindre, ni caprices à essuyer. Entre ces deux extrêmes, se trouve, je crois, la vérité. Voltaire avait appris la déclamation scénique au collége d'Henri-le-Grand, sous d'habiles

---

[1] 24 février 1758.

maîtres. Il y avait interprété, avec son confident d'Argental, mainte tragédie et comédie. Son contact avec les artistes de profession, renforcé des lumières de sa vaste intelligence, auront fait le reste.

On peut regretter qu'il n'ait point dépeint, comme il l'a fait pour *Fanime*, le rôle de *la Serva Padrona*, qu'il joua et chanta peut-être. Quant à *la Femme qui a raison*, les parties instrumentales dont elle était munie, auront été confiées, comme d'ordinaire, à un orchestre « savoyard, » formé de violons, et selon, toute apparence, soutenu par un clavecin.

Le « jardin d'Éden, » où Voltaire se prélassait ainsi, avait pris, en peu de temps, une extension considérable : « J'ai quatre pattes, au lieu de deux, écrit-il à Thiriot ; un pied à Lausanne, dans une très belle maison pour l'hiver ; un pied aux Délices près de Genève, où la bonne compagnie vient me voir ; voilà pour mes pieds de devant. Ceux de derrière sont à Ferney et dans le comté de Tourney, que j'ai acheté, par bail emphytéotique, du président Des Brosses. » Ici, il avait élevé un autre théâtre « vert et or, » et « grand comme la main. » Il l'appelait son théâtre de marionnettes et de polichinelle. Il y donna d'abord *Mérope*, puis la *Chevalerie*, devenue *Tancrède*, un de ses chefs-d'œuvre. Comme il y avait énormément de fracas, dans cette tragédie, la musique ne pouvait que lui prêter un éclat éblouissant de plus. Aussi, s'aida-t-il, cette fois, aux entr'actes et aux cortèges, d'une troupe d'orchestre saxonne, que la guerre avait pourchassée jusqu'en Suisse. Elle se composait d'instruments à archet et à vent.

« Flexible comme une anguille, vif comme un lézard, et laborieux comme un écureuil, » Voltaire avait pourvu à tout : « à la pièce, au théâtre, aux acteurs. » Ceux-ci « moitié Suisses, moitié Français, » furent jugés excellents.

Lui-même faisait « parfaitement le bonhomme ; » c'était « un assez singulier vieillard. » Mme Denis jouait comme la Dumesnil..... dans son bon temps. Cent personnes, tant allobroges que suisses, l'ont attesté par leurs larmes. On devine si « les plus beaux yeux qui soient à présent dans les Alpes [1], » ont versé des pleurs, sans compter les yeux de son mari, moins beaux, en vérité, dit-il, mais appartenant à une tête pleine d'esprit et de goût. « Philémon et Baucis » ont-ils fait de leur mieux, à son tour, la dame au fascinant regard les a payés « comme les sirènes , en chantant d'une manière charmante, et en les ensorcelant. »

Deux tragédies en deux jours , en pleines vallées du mont Jura, quel dithyrambe pour ses correspondants intimes ! Empruntons-en un adressé à d'Argental : « Le théâtre de Polichinelle est bien petit, je l'avoue ; mais, mon divin ange, nous y tînmes, hier, neuf en demi-cercle assez à l'aise ; encore avait-on des lances, des boucliers, et on attachait des écus, et l'armet de Mambrin à nos bâtons vert et clinquant, qui passeront, si l'on veut, pour pilastres vert et or. Une troupe de racleurs et de sonneurs de cor saxons, chassés de leur pays par Luc [2], composaient mon orchestre. Que nous étions bien vêtus ! Que même Denis a joué supérieurement les trois quarts de son rôle ! Je souhaite, en tout, que la pièce soit jouée à Paris, comme elle l'a été dans ma masure de Tourney. » Les femmes s'attiraient *ad libitum*, sans beaucoup de dépenses. Surtout, point de cornettes. « Un diadème de perles fausses, quelques rubans, des boucles, ou un petit bonnet. Une femme, quand elle est jolie, est mieux coiffée pour un écu, qu'une laide pour

---

[1] Ceux de Mme l'ambassadrice de Chauvelin , comme on a vu.
[2] Frédéric II.

mille pistoles. » Mme la marquise de Gentil faisait partie de cette vaillante petite troupe.

La scène va-t-elle changer encore ? « Nous allons jouer sur notre théâtre de Ferney, mais je ne peux plus faire les pères ; j'ai cédé mes rôles ; je suis spectateur bénévole. » Voltaire disait cela en avril 1760. Le fait est qu'il ne céda rien du tout. L'été s'écoula, sans comédie. On en projeta une, mais sans y donner suite, avec le duc de Villars, Marmontel et Gaulard, receveur-général. Lekain fut mandé aussi. Les chaleurs excessives dérangèrent tous les plans. On joua donc, comme Thespis, au temps des vendanges. La scène était toujours « au castel de Tourney. » *Alzire* et *Tancrède, Mahomet* et *l'Orphelin* firent, entre autres, les frais de ces exhibitions. Le duc de Villars, grand dilettante, y participa simplement en qualité de spectateur [1], avec le marquis d'Argence, qui « vaut un peu mieux que le d'Argens des *Lettres juives*. » Il y eut à *Tancrède* une douzaine de Parisiens. Mme Denis joua, à peu près, comme la Clairon [2]. Quant à Voltaire, si Brizard est « un cheval de carosse, » il n'est, lui, « qu'un fiacre ; » mais, il fait pleurer. Plus de mentions d'orchestre saxon. Le clavecin, aidé des violons, en auront fait l'office.

On donne, pour le célèbre Turgot, *Fanime*, avec le charmant opéra *les Ensorcelés* comme intermède, le tout interprété par une troupe, qui, à en croire le radieux imprésario,

---

[1] Le duc de Villars se contenta de jouer, à huis clos, Gengiskan, dans l'*Orphelin*, ce même rôle que remplit depuis Voltaire avec un « geste tout à fait tartare. »

[2] Voltaire, tout en se défendant de népotisme, poussa même l'hyperbole jusqu'à égaler Mme Denis à la Clairon. Celle-ci, prenant la chose trop à la lettre, en marqua son mécontentement au poëte, qui lui répondit de la façon la plus adroite et la plus courtoise.

« gagnerait fort bien sa vie. » Il y avait encore, parmi les spectateurs, le duc de Villars, les intendants de Bourgogne et de Languedoc. On était « cinquante-deux à table. »

La « cabane de Philémon et Baucis, » à Ferney, « n'est pas encore changée en temple, mais elle l'est en théâtre. » Ce théâtre, à ce que Voltaire prétend, est « un des plus jolis qui soient en France. » Pendant qu'il « rebrouillonne son brouillon » de *Cassandre*, c'est-à-dire d'*Olympie*, il organise quelque petite drôlerie susceptible d'intéresser non seulement, mais de faire rire. Il en attend la représentation à Paris, pour la donner sur sa petite scène. Les répétitions promettent une série de soirées agréables.

Un des principaux attraits de la nouveauté annoncée, est Mlle Cornélie-Chiffon : c'est ainsi que Voltaire, qui aimait sa laideron comme un vrai père, nomme la descendante de l'auteur du *Cid*. Elle est « bonne enfant, naturelle, gaie et vraie. » Voilà pour le moral. « Son nez ressemble à celui de Mme de Ruffec ; elle en a le minois de doguin, de plus beaux yeux, une plus belle peau, une grande bouche assez appétissante, avec deux rangs de perles. » Tel est son physique. « Si celle-là fait jamais une tragédie, je serai bien attrappé ; elle fait, du moins, de la tapisserie. Je crois que c'est un des beaux-arts ; car Minerve, comme vous savez, était la première tapissière du monde. » A quoi bon pourtant en faire une savante ? « Elle a lu le *Cid* ; c'est déjà bien assez. » Non pas ! Elle dit à ravir le récit d'Isménie, dans *Mérope*, elle va jouer Chimène, et, ô prodige, elle vient de s'essayer dans le rôle de Colette du *Droit du Seigneur* — la petite drôlerie promise, — « à faire mourir de rire. » Sa voix est flexible, harmonieuse et tendre. Bref, « c'est une vraie Dangeville. »

Lisez, je vous prie, le récit de la représentation même, et

vous y verrez ce talent, déjà si remarquable, grandir encore, du moins sous la plume de son protecteur, en bien des points. Ce récit, en deux versions, est le plus joli courrier théâtral que l'on puisse écrire. D'abord à Damilaville, le 8 mars 1762 :

« On joua, samedi dernier, *le Droit du Seigneur*, sur un théâtre un peu mieux entendu et mieux décoré que celui de la comédie française. Tous les gens qui se piquent d'avoir de l'esprit, depuis Dijon jusqu'à Turin, vinrent à cette fête. La pièce fut très bien jouée. Nous avions un excellent Mathurin ; Mlle Corneille était Colette elle-même ; c'était la nature pure. Je doute que Mlle Dangeville ait plus de talent : elle ne peut avoir plus d'art.

« Tout ce qu'on a ridiculement retranché à la police de Paris, a été rétabli à la nôtre ; aussi n'a-t-on jamais tant ri ; et Acanthe, de son côté, n'a jamais tant intéressé. Le bailli conduisait la noce sur le théâtre ; six femmes jolies, habillées en bergères, six jeunes gens très galants, précédés de violons, se présentaient avec les acteurs devant monseigneur : c'était un tableau de Teniers. »

Maintenant à d'Argental, le même jour :

« Je n'en peux plus ; je sors du bal, ma tête n'est point à moi. — Un bal, vieux fou ? un bal dans les montagnes ? et à qui l'as-tu donné ? aux blaireaux ? — Non, s'il vous plaît, à très bonne compagnie ; car voici le fait : nous jouâmes hier *le Droit du Seigneur*, et cela sur un théâtre qui est plus brillant que le vôtre assurément. Notre théâtre est favorable aux cinquièmes actes, la fin du quatrième fut reçue très froidement, comme elle mérite de l'être ; mais, à ces vers : *Je vais partir... Je ne partirai plus ; Avouez donc la gageure perdue... J'aime... Eh bien donc régnez ;* à ces vers si vrais, si naturels, si indignement retranchés,

il partait des applaudissements des mains et du cœur.
J'avoue que la pièce est bien arrondie ; mais enfin c'est
notre cinquième acte qui a plu. A des Allobroges, direz-
vous ; non, à des gens d'un goût très sûr, et dont l'esprit
n'est ni frelaté ni jaloux, qui ne cherchent que leur plaisir,
qui ne connaissent pas celui de critiquer à tort et à travers,
comme il arrive toujours à Paris à une première représentation...

« Oui, *le Droit du Seigneur* a enchanté trois cents
personnes de tout état et de tout âge, seigneurs et fer-
miers, dévotes et galantes. On y est venu de Lyon, de
Dijon, de Turin. Croiriez-vous que Mlle Corneille a enlevé
tous les suffrages ? Comme elle était naturelle, vive, gaie !
Comme elle était maîtresse du théâtre, tapant du pied
quand on la sifflait mal à propos ! Il y a un endroit où le
public l'a forcée de répéter. J'ai fait le bailli, et, ne vous
déplaise, à faire pouffer de rire. Mais que faire de trois
cents personnes au milieu des neiges, à minuit que le
spectacle a fini ? Il a fallu leur donner à souper à toutes ;
ensuite il a fallu les faire danser : c'était une fête assez
troussée. Je ne comptais que sur cinquante personnes ;
mais passons, c'est trop me vanter.... »

« Il faut bien s'amuser sur la fin de sa vie ! » Certainement ; mais, le « bon diable de bailli » le prenait un peu
haut, ce me semble, avec le simple succès d'estime qu'on
fit, à Paris, au *Droit du Seigneur*. N'allait-il pas jusqu'à
dire : « Nous avons beaucoup d'esprit et de jugement, et
Paris n'a pas le sens d'une oie ? » Ne prétendait-il pas que
Ferney était le vrai public, le public juste ? « Jouez une
pièce en société ; vous n'avez que des flatteurs. Jouez-la
devant quatre cents personnes, vous avez des critiques : et
quatre cents personnes assemblées sont comme quatre

mille. » Je doute pourtant que le duc de Richelieu eût reçu Mme Denis et son oncle « dans la troupe de Sa Majesté. » Ce qu'il insinue à Albergati Capacelli, au sujet des pièces de Goldoni, susceptibles d'être jouées sur le théâtre de Polichinelle, est plus vrai, plus sincère : « Je pourrais tout au plus faire le vieux Pantalon Bisognosi. » Voltaire et Mme Denis étaient parfois très outrés dans leur déclamation.

Les violons de la noce villageoise auront fonctionné dans les entr'actes, et, très probablement, il y aura eu des couplets chantés dans la comédie où la jeune Corneille était si simillante.

Après, défile immédiatement « l'œuvre des six jours, » à savoir *Olympie*, où Mlle Corneille, « née actrice comique, tragique, » déploya un naturel étonnant. » Mme Denis joue Statira supérieurement. « Elle déclame de cœur ; à Paris on déclame de bouche. » Comment se fait-il alors que Mlle Clairon et Mme Duchapt (marchande de modes) soutiennent seules la gloire de la France ? » Mais Voltaire attend la Clairon chez lui. La rectification n'a que cette portée. On a « une assez bonne Olympie, un bon Cassandre, un bon hiérophante (Voltaire), un bon Antigone. » Cette représentation, bien qu'émaillée de scènes dont s'accomode la musique, est étrangère à notre plan. Elle fournit à Voltaire l'occasion de décrire son théâtre, que nous ne connaissons pas encore :

« Notre salle est sur le modèle de celle de Lyon [1] ; le

---

[1] Laquelle fut élevée en 1756, d'après une lettre de Voltaire adressée à Mme de Fontaine, le 17 mars de la même année: « Nous comptions aller faire un petit tour à Lyon pour la dédicace du beau temple dédié à la comédie, que la ville a fait bâtir moyennant cent mille écus. C'est un bel exemple que Lyon donne à Paris, et qui ne sera pas suivi ; mais l'autel ne sera pas prêt, et on ne pourra y officier qu'à la fin de juin. » Il revient ailleurs sur l'insuffisance de la principale salle de spectacle de Paris. Voy. le chapitre : *l'Opéra*.

même peintre a fait nos décorations ; la perspective en est étonnante. On n'imagine pas d'abord qu'on puisse entendre les acteurs qui sont au milieu du théâtre : ils paraissent éloignés de cinq cents toises. Ce milieu était occupé par un autel ; un péristyle règnait jusqu'aux portes du temple. La scène s'est toujours passée dans ce péristyle ; mais, quand les portes de l'intérieur étaient ouvertes, alors les personnages paraissaient être dans le temple, qui, par son ordre d'architecture, se confondait avec la vestibule ; de sorte que, sans aucun embarras, cette différence essentielle de position a toujours été très bien marquée. »

Peu après l'arrivée de Le Kain, qui joue entre autres *Zamore*, le châtelain de Ferney demande au comte de Choiseul un passeport pour un virtuose anglais qui désire retourner dans son pays : « C'est un jeune homme, marque-t-il, qui aime tous les arts, et qui joue parfaitement du violon dans notre orchestre. » Point de doute, conséquemment, il y a une phalange d'instrumentistes, attachés, d'une manière permanente, au petit théâtre des Allobroges.

Au comble du bonheur, le patriarche ne connaît plus « que littérature et agriculture. Cela donne de la santé au corps et à l'âme, et Dieu sait alors comme on rit de ses folies passées et de toutes celles de nos confrères les humains. » Ajoutez-y un bout de cour fait au duc de Richelieu, venu à Ferney pour voir *Olympie*, et, ce qui vaut mieux encore, pour contempler un beau mari et une bonne dot donnés à Cornélie-Chiffon. C'est, en quelque sorte, la réalisation du rôle du bailli, dans *le Droit du Seigneur*. « Je suis fort claqué, » à Ferney, s'écrie-t-il, à propos de la reprise de sa comédie favorite. Il aura été applaudi universellement pour l'acte de sublime générosité posé en faveur d'une pauvre parente du grand Corneille. Le bonheur de

cette enfant lui tenait infiniment au cœur. Bien certainement « il y a une providence pour les filles. » Les faibles
aptitudes de la petite espiègle pour la musique et pour la
danse, étaient, à l'heure actuelle, le moindre de ses soucis :
« Le demi-philosophe n'est point effarouché que la future
ait fait peu de progrès dans la musique et dans la danse,
et autres beaux-arts ; il ne danse, ni ne chante, ni ne joue ;
il est pour la conversation, et il veut penser. » Cela vaut
mieux en somme, que de « faire des contes de ma mère
l'Oie. »

Précisément, Jean-Jacques Rousseau lui avait écrit :
« Vous corrompez par votre théâtre, les mœurs de ma république.» N'est-ce point une excellente occasion de renoncer
à l'œuvre de Satan ? Il finit par se le persuader, après
s'être réjoui, tant de fois, d'avoir contrecarré les folles
prétentions de l'auteur de la *Lettre sur les spectacles*. Il s'agissait d'ailleurs d'être prudent... Sa jolie scène va retentir,
une dernière fois, selon lui, des accents de Melpomène,
rehaussés de ceux d'Orphée, par l'arrivée des ducs de
Randan et de La Tremouille. Puis, elle servira de local à
repasser le linge ! Les tracasseries de Genève devenant de
plus en plus « insipides, » il compte se défaire de ses
Délices, et « n'être plus qu'une plante du pays de Gex. »

Entretemps, arrive à Ferney un jeune marquis de Villette, joyeux comme un pinson et entièrement fait pour
égayer la décrépitude du poëte : « J'ai actuellement pour
me regaillardir, un jeune M. de Villette qui sait tous les
vers qu'on ait jamais faits, et qui en fait lui-même, qui
chante, qui contrefait son prochain fort plaisamment, qui
fait des contes, qui est pantomime, qui réjouissait jusqu'aux
habitants de la triste Genève. » Les projets sont changeants.
La « virtuose Clairon, » placée, à Paris, entre le For

l'Évêque et l'Excommunication, et d'ailleurs atteinte d'une affection des amygdales, vient faire visite au patriarche. La Harpe la rejoint bientôt après. Bah ! « il vaut encore mieux être en linge sale et jouer la comédie. » Clairon dit, à note basse, Aménaïde et Électre. « Elle est unique, s'écrie Voltaire ; il est juste qu'elle soit persécutée à Paris! » La poëte est tellement « enquinaudé, » qu'il se met à la célébrer. Les versiculets, improvisés en plein enthousiasme, sont, dit-il, « des chansons de table, qu'il ne faut chanter qu'en pointe de vin. » Il s'agit ici, entre autres, des *Couplets d'un jeune homme*, « chantés à Ferney, le 11 Auguste 1765, veille de Saint-Claire, à Mlle Clairon, sur l'air : *Annette à l'âge de quinze ans*. » C'était, à en croire Voltaire, un tel baume qu'il fallait « sur les blessures qu'elle avait reçues. »

La plaisante comédie que ce monde-ci ! Des Russes donnent *Mérope*, près du lac de Genève : « Je vous écris en sortant de *Mérope*, mande-t-il à d'Argental, qu'on a exécutée sur mon petit théâtre de marionnettes, au grand étonnement des Allobroges. Figurez-vous qu'il n'y avait rien chez nous de si brillant, car Mme Schouvaloff avait prêté à Mme Denis pour deux cent mille écus de diamants, et à peu près autant à Mme de Florian, pour jouer la baronne dans *Nanine*. Ce qui est encore plus étonnant, c'est que M. de Schouvaloff [1] jouait Égiste dans *Mérope*. » Cela vaut bien mieux à voir et à entendre, que d'être « plante, » et de se traîner avec un bâton, au coin du feu. » *Nanine ou le Préjugé vaincu*, dont le sujet est tiré du roman de *Pamela*, était entremêlé de musique instrumentale.

---

[1] Chambellan à la cour de Catherine. Voltaire l'avait appelé, peu avant, « empereur de Russie. »

Et les opéras, me direz-vous? En voici cinq, dûment comptés : *Henri IV*, *le Roi Fermier*, *Rose et Colas*, *Annette et Lubin*. Le parti des spectacles l'avait décidément emporté à Genève. Une excellente troupe d'opéra-comique s'y était établie, à la grande joie de Voltaire, qui voulut non seulement l'entendre et l'encourager, par ses applaudissements, mais la sanctionner en quelque sorte par un accueil sympathique à son château de Ferney. Elle s'y produisit, au mois de septembre 1766, avec un franc succès. Elle joua « supérieurement, » d'après le maître de céans. Une des actrices de la compagnie eût fait « les délices de Paris. » Dans *Annette et Lubin*, Voltaire n'eut pas de peine à reconnaître la main de l'abbé de Voisenon : « Il n'y a que lui qui puisse avoir tant de grâces. » En somme, la meilleure pièce du répertoire entendu. Pour *Henri IV*, « ce seul nom émeut, et fait la moitié du succès. » Aussi, « tout le monde pleura, quand la famille du meunier se mit à genoux devant *Henri IV*; il est adoré dans nos déserts, comme à Paris. » La nation entière connaît par cœur *Rose et Colas*; malheureusement « elle ne lit guère le *De Naturâ Deorum*. » Allusion moqueuse à la décadence des lettres en France, et à ce que le sarcastique esprit appelait « la rouille de la barbarie. » On trouve, en France, cent chasseurs, pour un homme qui lit ; « c'est en quoi les Anglais et même les Allemands l'emportent prodigieusement sur nous. »

Tout entier à son émerveillement, il mande à son ange gardien « aux yeux clignotants et à la perruque à nid de pie, » on a reconnu, d'Argental : « J'étais dans une si horrible mélancolie, que, pour me guérir, j'ai fait venir toute la troupe de Genève, au nombre de quarante-neuf, en comptant les violons. J'ai vu ce que je n'avais jamais vu : des opéras-comiques [1] ; j'en ai eu quatre. Il y a une actrice très supérieure, à mon gré, à Mlle Dangeville ; mais ce n'est pas en beauté : elle est pourtant très bien sur le théâtre. Elle a, par dessus Mlle Dangeville, le talent d'être aussi comique en chantant qu'en parlant. Il y a deux acteurs excellents ; mais rien pour le tragique ni pour le chant comique, en aucun lieu du monde. Cela prouve évidemment que le cothurne est à tous les diables, et que la nation est entièrement tournée aux tracasseries parlementaires, aux horreurs abbévilliennes[2], et à la farce. J'ai vu jouer aussi *Henri IV* ; vous croyez bien que cela n'a pas déplu à l'auteur de *La Henriade*. »

Une « bergerie, » la tragédie *des Scythes*, est sortie de son cerveau bouillonnant. Plusieurs scènes se prêtaient beaucoup à la musique, particulièrement celles des jeunes villageoises qui viennent, vêtues de blanc, attacher des guirlandes aux arbres qui ombragent l'autel. « J'enverrai au bout des aîles de mes anges les paroles et la musique, dès que les comédiens (de Paris) auront pris une résolution. » De qui vient cette musique ? Sont-ce simplement les tons de la déclamation [3] ? La bergerie est rendue, à Ferney, par M. et Mme La Harpe, M. et Mme Dupuits, de Chabanon, Cramer (Gabriel) et Voltaire, qui avoue ne s'être pas mal tiré du rôle du vieillard Sozame, joué « d'après nature. » Il avait soixante-

---

[1] Il condamna donc longtemps ce genre de spectacles sans le connaître. Voyez le chapitre : *l'Opéra comique*.

[2] La condamnation inhumaine du chevalier De la Barre.

[3] Il dit, quelque part : « Quand je traduis quelques morceaux de poésies étrangères, je note imparfaitement leur musique. » Prenons acte toutefois de ce que GRIMM dit, en 1767, des deux dernières tragédies de Voltaire : les *Scythes* et *Olympie*. A son avis, ces ouvrages « ne sont que des opéras dans le genre de Métastasio, et, avec très peu de changements, on en ferait des drames lyriques. » Cela est significatif. L'*Œdipe* de Voltaire est entremêlé de chœurs.

quatorze ans ! « Il y a là de l'amour, comme dans l'opéra-comique, et c'est ce qu'il faut aux belles dames de Paris. »

Il y eut, comme intermède, *la Partie de chasse d'Henri IV*, de Collé. Le sujet étant en vogue, pourquoi ne pas l'exploiter aussi ? En cinq jours, *Charlot ou la Comtesse de Givri* est debout, et bientôt cette « bagatelle » est interprétée supérieurement par Mme Denis, qui organise des fêtes magnifiques pour les officiers des régiments de Flandre et de Conti, que les troubles de Genève amènent devant Ferney. Aux *Scythes* succède *Sémiramis*, donnée au son des tambours ; c'est tout ce qu'il y a de tragique parmi nous, observe, à ce sujet, très plaisamment Voltaire. Puis, souper de quatre-vingts couverts, bal et fusées. « Quel souverain pourrait donner des fêtes plus ingénieuses ? » A coup sûr, « notre théâtre a mieux valu que celui du faubourg Saint-Germain. »

Voilà, en somme, l'apogée de la vie lyrico-dramatique de Ferney. Le manoir si animé, si joyeux, va devenir un vrai cloître, dirigé, s'il vous plaît, par « Frère-François, capucin indigne. » Toujours la comédie, au fond :

> Nos mœurs changent, Brutus ; il faut changer nos lois.

Bref, après avoir été, pendant quatorze ans, l'aubergiste de l'Europe, « Voltaire s'était lassé de cette profession. » Son grand âge, ses infirmités continuelles, l'avaient forcément condamné au régime et à la retraite. Cette existence ne pouvant convenir à Mme Denis, il se dépouilla d'une partie de son bien pour la rendre heureuse à Paris. N'était-il pas réduit à ne plus pouvoir interpréter que les « rôles de Tirésias ? » *Solve senescentem*. Sa petite bonbonnière est transformée en atelier ; on fond de l'or, on polit des

rouages de montres, là où on célébrait Melpomène et
Orphée. Simple impression du moment! Le cadran des
montres marque bientôt un retour vers les dieux favoris.
Ce sera le dernier. Avec la réinstallation de la nièce fugi-
tive, reparaît une troupe de comédiens genévois, interprètes
des opéras-comiques d'*Henri IV* et d'*Annette et Lubin*. La
principale actrice « joue un peu mieux que Mlle Dangeville,
quoiqu'elle ne soit pas si jolie. » On construit, dans le domaine de Ferney, une nouvelle salle de spectacle, « très
ornée, très bien entendue et très commode. » Saint-Géran,
sous les auspices de Papillon-Philosophe, en est le directeur.

« Vous savez peut-être, marque-t-il à d'Argental, qu'un
troubadour ambulant, nommé Saint-Géran, protégé par
Mme de Saint-Julien, s'étant aperçu que, dans ma drôle de
ville à peine bâtie [1], il y avait un grand magasin dont on
pouvait faire une salle de comédie à laquelle il ferait venir
tout Genève et toute la Suisse, a vite établi un théâtre (à
mes dépens), et a fait son marché avec Le Kain pour venir
enchanter treize cantons.... Le Kain est venu et a rendu
Ferney célèbre. Il a joué supérieurement, tantôt à Ferney,
tantôt à deux lieues delà, sur un autre théâtre appartenant
encore au troubadour Saint-Géran. Les treize cantons ont
accouru et ont été ravis. Pour moi, misérable, à peine ai-
je été témoin, une fois témoin de ces fêtes [2]. »

Le malingre de quatre-vingt-trois ans renonce même « à
voir les opéras-comiques qu'on joue sur le théâtre de la
colonie de Ferney. » Il lui reste pourtant assez de force,
assez de courage, pour aller organiser sa dernière tragédie,
Irène, à Paris. Équipée fatale, s'il en fut !

[1] Voltaire aimait à baptiser du nom de ville la petite colonie dont il était le fondateur.

[2] 5 août 1776.

La jeunesse de Voltaire fut bercée aux sons de la musique de Lulli. Ses écrits reflètent vivement l'impression qu'il en reçut. Une lettre au musicologue de Chabanon donne, en raccourci, son opinion au sujet de la musique vocale et instrumentale du temps. D'abord pour celle-ci :

« Votre lettre sur la langue et sur la musique, mon cher ami, est bien précieuse. Elle est pleine de vues fines et d'idées ingénieuses. Je ne connais guère la musique de Corelli. J'entendis autrefois une de ses sonates, et je m'enfuis, parce que cela ne disait rien au cœur ni à l'esprit, ni à mon oreille. J'aimais mieux mille fois les Noëls de Mouton et de Roland Lassé. »

Voltaire, on l'a vu, se trouvait dans le cas de Fontenelle, dont l'exclamation, devenue proverbiale : — Sonate, que me veux-tu? — ne prouve qu'une chose, à savoir que l'auteur de la *Pluralité des Mondes* n'aimait guère la musique instrumentale ou symphonique, qui ne lui disait « rien au cœur, ni à l'esprit, ni à l'oreille. » Combien de dilettanti distingués sont encore aujourd'hui dans ce cas, et préfèrent les futiles compositions dictées par la fantaisie, aux œuvres que l'art pur a inspirées ?

« Au commencement de ce siècle, rapporte Corette, dans la préface de sa *Méthode d'accompagnement* publiée à Paris vers 1750, la musique était fort triste et fort lente.... Lorsque les sonates de Corelli arrivèrent de Rome (vers 1715), personne à Paris ne put les exécuter. Le duc d'Orléans, régent, grand amateur de musique, voulant les entendre, fut obligé de les faire chanter par trois voix. Les joueurs de violon se mirent à les étudier, et, au bout de quelques années seulement, il s'en trouva trois qui furent en état de les jouer. »

Étonnez-vous, après cela, de la répulsion que Voltaire éprouvait pour les pièces instrumentales de Corelli, de celles surtout à développements scientifiques. Il est avéré que Louis XIV avait en horreur la musique brillante et leste. Le petit Baptiste (Anet), qui eut Corelli pour maître, lui ayant fait entendre des morceaux italiens d'un caractère vif et enjoué, le monarque manda aussitôt un râcleur de sa chapelle, lequel reçut l'ordre de jouer un air lourd et traînant du *Cadmus* de Lulli ; après quoi Louis XIV, enchanté, s'écria : « Voilà mon goût à moi ! » Pourtant, on rapporte, d'autre part, que le cardinal d'Estrées étant à Rome, et louant Corelli sur la belle composition de ses sonates, le célèbre violoniste italien répondit : « C'est, monseigneur, que j'ai bien étudié Lulli. »

Voltaire épousait en partie ces préventions, moins par courtisannerie, que par genre, car tout était genre ou mode alors. Il affectionnait le récitatif déclamatoire de Lulli, autant qu'il détestait les ariettes banales du maître. Cette sorte de profession de foi se rattachait, du reste, à un système général de musique dramatique dont j'aurai à apprécier la portée. Il allait, dans ses antipathies orchestrales,

jusqu'à jeter l'interdit sur le plus mélodieux, le plus imposant des instruments à cordes en vogue alors : la harpe. « Il
faut que chacun suive sa vocation, écrit-il au cardinal Bernis.
Je n'en ai aucune pour jouer de la harpe dont vous m'avez
parlé ; cet instrument ne me va pas, j'en jouerais trop mal :

Tu nihil invitâ dices faciesve Minervâ. »

On pourrait croire que la harpe est prise ici dans un sens
religieux ou métaphysique. Ce serait, je pense, faire erreur.
Nos modernes seuls, Châteaubriand et Lamartine, entre
autres, l'ont envisagée ainsi.

Chose curieuse ! Comme opposition aux sonates de Corelli,
généralement écrites en style presque libre et à parties
relativement restreintes, le poëte vante deux compositeurs
de musique religieuse, deux contrepointistes du XVIe siècle,
qui mettaient en œuvre les grandes masses chorales, Jean
Mouton, élève de Willaert, et Roland de Lassus, dont on a
dit, avec infiniment de raison, qu'il régénéra le monde, *qui
recreat orbem*. Élevé au collége des Jésuites à Paris, à
partir de 1704, Voltaire y aura entendu, aux cérémonies
religieuses, de belles et majestueuses compositions en style
osservato, et notamment celles de Lassus et de Mouton,
dont les harmonies si larges et si recueillies, auront, après
plus d'un siècle, exercé sur l'imagination si impressionnable
du jeune étudiant, une influence des plus vives et des plus
profondes.

Voltaire ne limite pas là ses goûts, en fait de cantiques
et de motets. Il poursuit ainsi sa lettre à de Chabanon :

« Ce Corelli est bien postérieur à Lulli, puisqu'il mourut
en 1734. Si vous voulez avoir un modèle de récitatif mesuré
italien avant Lulli, absolument dans le goût français, faites-
vous chanter, par quelque basse-taille le *Sunt rosæ mundi*

breves, de Carissimi. Il y a encore quelques vieillards qui connaissent ce morceau de musique singulier. Vous croirez entendre le monologue de Roland au quatrième acte. »

L'écrivain se trompe, quant à la date de la mort de Corelli. L'illustre compositeur cessa de vivre, cela est authentiquement constaté, au commencement de l'année 1713. En relevant la méprise de Voltaire, je tiens uniquement à rectifier la distance qu'elle interjetait entre le décès de Lulli et celui de Corelli, distance qui n'est, en réalité, que d'un quart de siècle, Lulli étant mort en 1687. On a vu, plus haut, que les sonates de Corelli ne parvinrent en France qu'en 1715.

En d'autres endroits des nombreux ouvrages de Voltaire, le *Sunt rosæ mundi breves* est rapporté *con amore*. Il le nomme, quelque part, une « cantate latine, » et en attribue les paroles au cardinal Delphini. C'est toujours Carissimi qui est censé en être le musicien. Une fois pourtant, il cite, comme tel, un obscur compositeur, Alexandre Luigi, à moins qu'il ne se soit encore trompé, sur ce point, et qu'il ait voulu désigner, par le simple nom de *Luigi*, le fameux Luigi Rossi, dont le récitatif, soit dit en passant, ennuyait souverainement Saint-Évremond.

Au fait, il y a d'autant plus lieu de conjecturer qu'il s'agit ici de Carissimi, que, d'après Pitoni [1], les Jésuites de Rome, et, conséquemment ceux de Paris, conservèrent longtemps, avec le plus religieux respect, le portrait du maître italien et la collection complète de ses œuvres. Puis, Voltaire, tout concourt à le faire supposer, invoque encore ici un souvenir de collége. D'ailleurs, s'il est permis de

---

[1] Dont j'ai eu la faveur de pouvoir consulter, en 1874, le précieux manuscrit de *Notices sur les maîtres de l'école romaine*, aux Archives de la chapelle sixtine à Rome.

s'en référer au témoignage de Bourdelot, qui dit assez cavalièrement que Carissimi vint « se décrasser » en France, et s'il faut en croire également Le Cerf de la Vieville de la Freneuse, qui prétend que Carissimi « s'était longtemps formé en faisant chanter ses pièces aux Théatins de Paris [1], » l'attribution de Voltaire nous semble parfaitement exacte, parfaitement acceptable.

La désignation du motet est malheureusement trop vague, trop générale, pour parvenir à le retrouver encore, car, on ne l'ignore pas, les œuvres des grands maîtres d'autrefoîs paraissaient condensées en recueils volumineux, et conséquemment, à moins de connaître le titre et la date de la collection dont le motet italien fait partie, les recherches voulues ont peu de chance d'aboutir.

Bien que privé de cet élément de comparaison, je n'hésite point à avancer, d'accord en cela avec les musicographes les plus autorisés, que Carissimi est envisagé parmi les compositeurs italiens du XVIIe siècle, comme un de ceux qui ont le plus contribué au perfectionement du récitatif mis en vogue par Caccini, Péri et Monteverde.

« Il avait de l'affection, dit un historien bien connu, pour
» cette partie de la musique: c'est à lui que le jésuite
» Kircher doit les renseignements dont il avait besoin pour
» traiter du récitatif dans sa *Musurgia.* »

Le chant de Carissimi est d'ailleurs d'une grâce captivante et d'une expression aussi spirituelle que vraie. Son harmonie, sans être bien profonde, brille par la correction et la pureté. A coup sûr, cette musique là est originale, individuelle, et Voltaire, contraire d'instinct à toute musique

---

[1] Fétis nie le fait. J'attends des raisons plus péremptoires que celles qu'il allègue, pour me prononcer sur la question en litige.

instrumentale sans visée idéale ou poétique, mais très sensible à un doux chant nuancé avec art et approprié intelligemment et pittoresquement au texte choisi, a eu plus que du goût, en vantant le *Sunt rosæ mundi breves ;* il a eu un tact exquis, un flair de vrai connaisseur, en qualifiant ce motet de « singulier, » c'est-à-dire d'extraordinaire, d'étonnant.

La comparaison qu'il établit avec la mélopée de Lulli, vient spontanément sous sa plume. On parle volontiers de ce que l'on aime. Très-probablement les opéras de Lulli auront été interprétés aux séances dramatiques et musicales du Collége des Jésuites. On exécutait, en effet, en cet établissement, comme le constate Bourdelot, non seulement des tragédies et des comédies, mais des oratorios, et ce que Bourdelot appelle « des opéras chrétiens, » sans doute par opposition aux opéras païens de la mythologie. Quelques modifications auront suffi, pour faire l'adaptation voulue [1]. De sorte que, durant les sept ans d'études classiques que subit Voltaire, son goût musical, et particulièrement son oreille, ce « chemin du cœur, » comme il dit dans son *Épître au prince royal de Prusse,* auront pu se former à l'audition de bons modèles, rendus avec des soins délicats et intelligents.

Quoiqu'il en soit, en se livrant, de bonne heure, à la culture passionnée de la poésie, « cette espèce de musique, » comme il la nomme, il la fit marcher presque constamment de front avec la musique même, témoins, entre autres, ces vers adressés, une dizaine d'années après

---

[1] Voy. *la Musique aux Pays-Bas*, t. III, pp. 17 et 18.

l'achèvement de ses études, au duc de Sully, où il fait allusion à la maison de plaisance de ce noble seigneur :

>Dans ce champêtre séjour,
>Je me fais un plaisir extrême
>De parler, sur la fin du jour,
>De vers, de musique et d'amour.

Assidu à l'Opéra, il prenait un vif intérêt aux ouvrages de Campra, de Mouret, de Destouches, etc., ainsi qu'à leurs interprètes les plus applaudies, Mlles Pelletier et Lemaure. Il est curieux de lire ce qu'il écrivait des artistes de la première scène lyrique de Paris, en 1732 :

>De ces appartements qu'anime la peinture,
>Sur les pas du plaisir je vole à l'Opéra,
>J'applaudis tout ce qui me touche :
>La fertilité de Campra,
>La gaîté de Mouret, les grâces de Destouches,
>Pélissier par son art, Le Maure par sa voix,
>L'agile Camargo, Sallé l'enchanteresse,
>Cette austère Sallé faite pour la tendresse,
>Tour à tour ont mes vœux, et suspendent mon choix.

Il a dû savoir par cœur, pour ainsi dire, son premier musicien de prédilection, Lulli, car il en exalte le mérite à cent endroits de ses écrits ; il le désigne non seulement par l'épithète de « grand, » mais il le regarde, à l'instar des fanatiques contemporains du maître, comme le « Dieu » de l'opéra. Certaines scènes vraiment heureuses, où le Florentin a su adapter, avec une extrême intelligence, sa melopée déclamatoire au texte des paroles, et même, à ce que Voltaire veut, au génie de la nation, sont placées, par notre poëte, au-dessus de tout ce que l'antiquité et les temps modernes ont produit de plus beau et de plus parfait. Une bonne part de ces éloges exagérés est attribuée, il est vrai, au poëte Quinault, et aux interprètes, qu'il

disait devoir être plutôt des acteurs que des chanteurs.
Écoutez cette apologie de la musique française, où s'incarne
Lulli :

> La nature féconde , ingénieuse et sage,
> Par ses dons partagés ornant cet univers,
> Parle à tous les humains, mais sur des tons divers.
> Ainsi que son esprit , tout peuple a son langage ,
> Ses sons et ses accents à sa voix ajustés ,
> Des mains de la nature exactement notés :
> L'oreille heureuse et fine en sent la différence.
> Sur le ton des Français il faut chanter en France ;
> Aux lois de notre goût Lulli sut se ranger ,
> Il embellit notre art au lieu de le changer.

Quelques autres citations deviennent nécessaires. J'en
emprunte une d'abord au paragraphe de l'*Opéra* [1], intitulé :
Du récitatif de Lulli : « Il faut savoir que cette mélodie [2]
était alors celle de l'Italie. Les amateurs ont encore quelques motets de Carissimi, qui sont précisément dans ce
goût. Telle est cette espèce de cantate latine qui fut, si
je ne me trompe, composée par le cardinal Delphini :

> Sunt breves mundi rosæ ,
> Sunt fugitivæ flores.....

« Beaumaviel [3] chantait souvent ce motet, et je l'ai entendu plus d'une fois dans la bouche de Thévenard [4] ; rien
ne me semblait plus conforme à certains morceaux de
Lulli. Cette mélodie demande de l'âme ; il faut des acteurs ,

---

[1] Du *Dictionnaire philosophique*, verbo *Art dramatique*.

[2] Le terme de mélopée eût mieux convenu, ce me semble.

[3] Célèbre basse-taille de l'Opéra, que Cambert fit venir de Toulouse, et qui
s'illustra principalement sous Lulli. La véritable ortographe de son nom est Beau-
mavielle. Poisson en parle dans l'*Impromptu de Campagne*.

[4] Basse chantante, admirée surtout dans le récitatif. Elle remplaça Beauma-
vielle à l'Opéra. Le souvenir de Voltaire , à son sujet, est précieux à conserver.

et, aujourd'hui, il ne faut que des chanteurs. Le vrai récitatif est une déclamation notée, mais on ne note pas l'action et le sentiment.

« Si une actrice, en grasseyant un peu, en adoucissant sa voix, chantait :

> Ah ! je le tiens, je tiens son cœur perfide !
> Ah ! je l'immole à ma fureur !

elle ne rendrait ni Quinault ni Lulli, et elle pourrait, en faisant ralentir un peu la mesure, chanter sur les mêmes notes :

> Ah ! je le vois, je vois vos yeux aimables,
> Ah ! je me rends à leurs attraits.

« Pergolèse a exprimé, dans une musique imitatrice, ces beaux vers de l'*Artaserse* de Metastasio :

> Va solcando un mar crudele... [1]

« Je priai une des plus célèbres virtuoses [2] de me chanter ce fameux air de Pergolèse. Je m'attendais à frémir au *mar crudele*, au *freme l'onda*, au *cresce il vento;* je me préparais à toute l'horreur d'une tempête. J'entendis une voix tendre qui fredonnait avec grâce l'haleine imperceptible des doux Zéphirs.

« Dans l'*Encyclopédie*, à l'article *Expression*, qui est d'un assez mauvais auteur de quelques opéras et de quelques comédies [3], on lit ces étranges paroles :

« En général, la musique vocale de Lulli n'est autre,
» on le répète, que le pur récitatif, et n'a par elle-même
» aucune expression du sentiment que les paroles de Qui-

---

[1] Voy. plus loin, le chapitre : *l'Opéra*.

[2] Mlle Fel apparemment.

[3] JEAN-JACQUES ROUSSEAU ? En ce cas, le passage en question a disparu du *Dictionnaire de musique* du même écrivain, ouvrage formé, en grande partie, de ses articles de l'*Encyclopédie*. Il nous revient, en définitive, que le passage a pour auteur DE CAHUSAC.

» nault ont peint. Ce fait est si certain , que, sur le même
» chant qu'on a si longtemps cru plein de la plus forte
» expression, on n'a qu'à mettre des paroles qui forment
» un sens tout contraire, et ce chant pourra être appliqué
» à ces nouvelles paroles, aussi bien , pour le moins, qu'aux
» anciennes. Sans parler ici du premier chœur du prolo-
» gue d'*Amadis*, où Lulli a exprimé *éveillons-nous*, comme
» il aurait fallu exprimer *endormons-nous*, on va prendre
» pour exemple et pour preuve un de ses morceaux de la
» plus grande réputation.

» Qu'on lise d'abord les vers admirables que Quinault
» met dans la bouche de la cruelle, de la barbare Mé-
» duse :

Je porte l'épouvante et la mort en tous lieux ;
Tout se change en rocher à mon aspect horrible ;
Les traits que Jupiter lance du haut des cieux ,
    N'ont rien de si terrible
    Qu'un regard de mes yeux.

» Il n'est personne qui ne sente qu'un chant qui serait
» l'expression véritable de ces paroles, ne saurait servir
» pour d'autres qui présenteraient un sens absolument
» contraire ; or, le chant que Lulli met dans la bouche de
» l'horrible Méduse, dans ce morceau et dans tout cet acte,
» est si agréable, par conséquent si peu convenable au
» sujet, si fort en contre-sens, qu'il irait très bien pour
» exprimer le portrait que l'amour triomphant ferait de
» lui-même. On ne représente ici, pour abréger, que la
» parodie de ces cinq vers, avec leur chant. On peut être
» sûr que la parodie, très aisée à faire, du reste de la
» scène, offrirait partout une démonstration aussi frap-
» pante. »

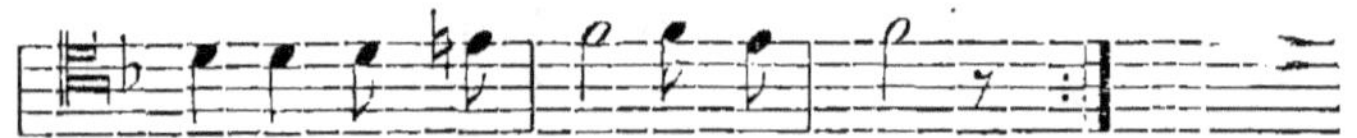

« Pour moi, je suis sûr de connaître la fausseté de ce qu'on avance ; j'ai consulté des oreilles très exercées, et je ne vois point du tout qu'on puisse mettre *l'allégresse et la vie,* au lieu de *je porte l'épouvante et la mort,* à moins qu'on ne ralentisse la mesure, qu'on n'affaiblisse et qu'on ne corrompe cette musique par une expression doucereuse, et qu'une mauvaise actrice ne gâte le chant des musiciens.

« J'en dis autant des mots *éveillons-nous*, auxquels on ne saurait substituer *endormons-nous*, que par un dessein formé de tourner tout en ridicule ; je ne puis adopter la sensation d'un autre contre ma propre sensation.

« J'ajoute qu'on avait le sens commun, du temps de Louis XIV, comme aujourd'hui ; qu'il aurait été impossible que toute la nation n'eût pas senti que Lulli avait exprimé *l'épouvante et la mort* comme *l'allégresse et la vie*, et le réveil comme l'assoupissement.

« On n'a qu'à voir comment Lulli a rendu *dormons, dormons tous*, on sera bientôt convaincu de l'injustice qu'on lui fait. C'est bien ici qu'on peut dire :

Il meglio è l'inimico del bene. »

Je ne puis donner raison « aux oreilles très exercées » de Voltaire, malgré les subtilités qu'il emploie pour contredire l'auteur de *l'Histoire de la Danse*, dans une question en faveur de laquelle le même Voltaire s'est prononcé tant de fois, avec des arguments si concluants [1]. Le « grand » siècle de Louis XIV, invoqué par lui, tolérait bien des ariettes, en pleine situation dramatique !

A l'égard de la cantatrice choisie pour faire l'épreuve de la mélodie en litige, Voltaire y a eu recours uniquement, je crois, parce qu'il s'agissait d'un rôle féminin. Lui-même n'a-t-il pas entonné, plus d'une fois, les récitatifs lulliens ? A preuve, entre autres, ces lignes à de Chabanon :

« La déclamation de Lulli est une mélopée si parfaite, que je déclame tout son récitatif en suivant ses notes, et en adoucissant seulement les intonations ; je fais alors un très grand effet sur les auditeurs, et il n'y a personne qui ne soit

---

[1] Voir *l'Opéra*.

ému. La déclamation de Lulli est donc dans la nature, elle est adaptée à la langue, elle est l'expression du sentiment. Si cet admirable récitatif ne fait plus aujourd'hui le même effet que dans le beau siècle de Louis XIV, c'est que nous n'avons plus d'acteurs, nous en manquons dans tous les genres ; et, de plus, les ariettes de Lulli ont fait tort à sa mélopée, et ont puni son récitatif de la faiblesse de ses symphonies. »

Habemus reum confitentem. A la « mélopée si parfaite » du Florentin francisé, pourquoi Voltaire préfère-t-il celle de l'Italie [1] ? Pourquoi dit-il, dans *Micromégas*[2], « qu'un musicien italien se met à rire de la musique de Lulli, quand il vient en France ? » J'aurai à relever de nombreuses inconséquences de ce genre. Saisissons-en encore une en passant : « Notre quatrième acte de l'opéra de *Roland* (musique de Lulli) est un modèle accompli. Rien n'est si agréable, si heureux que cette fête des bergers qui annoncent à Roland son malheur ; ce contraste naturel d'une joie naïve et d'une douleur affreuse est un morceau admirable en tout temps et tout pays. La musique change, c'est une affaire de goût et de mode ; mais le cœur humain ne change pas. Au reste, la musique de Lulli était alors la vôtre ; et pourrait-il, lui qui était un *valente buggerone di Firenze*, connaître une autre musique que l'italienne [3] ?

Si Voltaire disserte ainsi sur des motets du XVIe siècle et sur la déclamation lyrique du siècle suivant ; s'il chante lui-même, avec toutes les nuances nécessaires, le récitatif de Lulli, et s'il prend De Cahusac à partie sur le sens intime d'un morceau rhythmé et mesuré de l'auteur d'*Atys*, est-

[1] Voir *l'Opéra.*
[2] Chapitre Ier.
[3] Au comte Algarotti, fin de décembre 1759.

on en droit vraiment, toutes contradictions écartées, de souhaiter qu'il eût appris l'art musical à fond, absolument comme un artiste de profession ? Aussi, quelle est sa déclaration la plus explicite et la plus sincère, à ce sujet ? « Mon cher enfant, mon cher ami, marque-t-il encore à de Chabanon, je ne me connais pas trop en *C sol ut* et en *F ut fa* [1]. J'ai l'oreille un peu dure ; je suis un peu sourd. » Il s'est rappelé sans doute, à ce propos, la phrase de Phélonte, dans la comédie de *Crispin musicien*, de Hauteroche : « Allons, cette chaconne en *C sol ut* [2]. » Peut-être aussi, ces façons de s'exprimer étaient-elles passées à la mode, car Panard, dans une de ses chansons sur *Castor et Pollux*, dont le timbre était le menuet d'*Hésione*, de Campra, se sert à peu près des mêmes termes techniques :

> J'ai vu par un destin bizarre,
> Les héros de ce pays-là
> Se désespérer en bécarre,
> Et rendre l'âme en *A mi la* [3].

En définitive, Voltaire entend insinuer que son savoir musical pourrait être plus étendu, plus approfondi, mais qu'il se contente de ce qu'il connaît pour formuler ses appréciations et fixer ses convictions. Cela suffit. Apprendre le *C sol ut*, à quoi bon ? Le *mens divinior* du génie poétique ne supplée-t-il pas, au besoin, à ce qui manque ? « Un homme d'esprit, dit un biographe de Grétry, à propos de la cordiale réception du musicien liégeois à Ferney, un homme d'esprit voit autre chose dans la musique que des modulations et des accords : il ne voit pas seulement

---

[1] C'est-à-dire la première note de la gamme *ut* et la quatrième de la gamme *fa*, ou *C* et *F*.

[2] Interpellation reproduite dans *Molière musicien*, t. II, p. 111.

[3] A savoir la sixième note de la gamme *la*, ou simplement *A*.

une des parties de l'art, il les voit toutes et il voit le but ; c'est en quoi il doit différer des autres musiciens [1]. »

La faculté de sentir et d'apprécier, en matière de beaux-arts, n'est-ce point tout ? Voltaire, en échangeant la plume du littérateur contre le crayon du dessinateur ou le compas de l'architecte, se dépouille-t-il de son bon sens et de sa pénétration ? Et si les charmants *Salons* de Diderot n'eussent point existé, croyez-vous que Voltaire n'eût pu, au besoin, les faire et y mettre autant de piquant, autant de tact et de verve que le sarcastique auteur du *Neveu de Rameau* ? Je ne dis pas que, faute d'avoir possédé, à un degré suffisant, les sentiments que nous donne immédiatement la nature, notre écrivain eût pu juger de l'art pictural avec sa supériorité ordinaire.

Il sut interroger, en tout cas, les mystères de la nature en musique, puisqu'il se livra, comme on verra plus loin, à l'étude de la physique et de l'acoustique expérimentales. Il parle, en homme qui manie une chose familière, de la division arithmétique des tons musicaux, et il va même jusqu'à en dresser une table à la Newton. Tout cela, en faisant, comme ci-dessus, l'humble déclaration de son insuffisance scientifique : « Je n'ai jamais prétendu avoir une tête organisée comme un Newton, un Rameau. Je n'aurais jamais trouvé la basse fondamentale ni le calcul intégral. Il n'y a que le sage stoïcien qui soit tout, même cordonnier, comme dit Horace. » Qu'eût pensé de cela Malherbe, qui prétendait à force se connaître « en musique et en gants ? »

Ce qu'on peut reprocher surtout à Voltaire — et ce que je ne manquerai pas de relever minutieusement au besoin --

---

[1] DE GERLACHE, *Essai sur Grétry*, édition de 1843, p. 17. GRÉTRY, dans ses *Mémoires*, appelle Voltaire un « amateur de musique. »

ce sont ses préjugés d'abord , et ils n'étaient pas minimes. C'est ensuite la passion avec laquelle il juge tout, selon que ses caprices où ses intérêts le guident. C'est ensuite cette légèreté, ce sans-gêne qu'il apporte dans le récit ou dans la discussion des faits musicaux les plus importants et les plus sérieux. Pour lui, l'idée était l'essentiel ; les détails qui se groupaient autour d'elle , il ne s'en inquiétait que médiocrement. Il faisait ployer ainsi, à son gré, une foule de particularités accessoires, qui, mieux envisagées, eussent donné à son œuvre entière une empreinte plus solide, plus durable.

IV. — **Ramisme**.

Où Castil-Blaze a-t-il vu que Rameau n'avait jamais pu faire comprendre la moindre note de musique à Voltaire? Le contraire doit être prouvé maintenant, et il nous sera permis de trouver aussi ridicule, de la part de Castil-Blaze, d'avoir découvert dans les œuvres de Molière, « de vrais monuments pour l'histoire de la musique, » que d'avoir cherché à dépouiller Voltaire d'un mérite qui ne saurait lui être sérieusement contesté.

Si, effectivement, Molière a offert à l'appât du musicographe tant de choses curieuses et utiles, pourquoi Castil-Blaze n'en a-t-il point tiré un meilleur parti, et s'est-il vu obligé de faire deux volumes de commentaires *à côté* de ces prétendus vestiges monumentaux?

Les vicissitudes de l'opéra de *Samson*, poëme de Voltaire, sont assez intéressantes à narrer.

Dès 1731, Rameau « le premier musicien de France, » comme Voltaire le nomme, est en possession du canevas du drame. En cela, Voltaire fit preuve de beaucoup plus de perspicacité que l'abbé Pellegrin, auteur du poëme d'*Hippolyte et Aricie*. Se défiant du talent de Rameau, qui n'était connu alors que par des motets, des pièces de clavecin et un *Traité d'Harmonie*, l'abbé Pellegrin avait exigé du musicien une obligation de cinq cents livres, en cas de non-succès. A la première répétition, il courut embrasser Rameau et déchira le billet, en s'écriant qu'un tel compositeur n'avait pas besoin de caution. Cela se passa en 1733.

On voit, par une lettre à Berger, que Voltaire s'intéressait vivement au succès d'*Hippolyte et Aricie*. Le libretto de *Samson* n'était qu'une ébauche. Déjà pourtant, Voltaire tremble d'avance, il a les plus noirs pressentiments :

« Quand Orphée-Rameau voudra, je serai à son service. Je lui ferai airs et récits comme sa muse l'ordonnera... Mais, quand il voudra faire jouer *Samson*, il faut qu'il tâche d'avoir quelque examinateur au-dessus de la basse envie et de la petite intrigue d'auteur, tel qu'un Fontenelle, et non pas un Hardion [1]. »

Voltaire ne se trompa point. Ce qui étonnera, c'est qu'il se juge très sévèrement lui-même. Au fond, il conserve quelques illusions. Pour le genre d'ouvrage qu'il avait adopté, il ne prévoyait pas assurément l'éclosion d'une spécialité contre laquelle il devait lancer plus tard tant d'inutiles et de ridicules colères : l'opéra-comique :

« J'ai fait la sottise de composer un opéra ; mais l'envie de travailler pour un homme comme M. Rameau m'avait emporté. Je ne songeais qu'à son génie, et je ne m'apercevais pas que le mien (si tant est que j'en aie un) n'est point fait du tout pour le genre lyrique. Aussi, je lui mandais, il y a quelque temps, que j'aurais plus tôt fait un poëme épique que je n'aurais rempli des canevas. Ce n'est pas assurément que je méprise ce genre d'ouvrage ; il n'y

---

[1] A Thiriot, 1 décembre 1731. — Il s'agit ici de Jacques Hardion, remplacé par Thomas à l'Académie française. Il avait écrit « une lettre sanglante » contre Voltaire.

en a aucun de méprisable ; mais c'est un talent qui, je crois, me manque entièrement. Peut-être qu'avec de la tranquilité d'esprit, des soins et des conseils de mes amis, je pourrai parvenir à faire quelque chose de moins indigne de notre Orphée ; mais je prévois qu'il voudra remettre l'exécution de cet opéra à l'hiver prochain. Il n'en vaudra que mieux et n'en sera que plus désiré du public. Notre grand musicien, qui a sans doute des ennemis en proportion de son mérite, ne doit pas être fâché que ses rivaux passent avant lui. Le point n'est pas d'être joué bientôt, mais de réussir. Il vaut mieux être applaudi tard que d'être sifflé de bonne heure [1]. »

Le voici plus satisfait, plus confiant. Pendant sa maladie, il a remanié *Samson*. Il a « l'amour propre d'en être content, au moins pour la singularité dont il est. »

Environ un an s'écoule. Le comte d'Argental n'a point partagé l'enthousiasme de son ami Voltaire, à l'endroit du *Samsonet*. Mais, il est des accomodements avec le ciel. Rameau, d'ailleurs, se dit traité en Philistin. Vite, une intervention miraculeuse. Voltaire, mauvais chrétien. Fi donc ! Il rimera de beaux psaumes, en guise d'ariettes. On ferait le difficile, si on exigeait davantage. Il voudrait écrire un beau prologue politique ; « la cacade » de Dantzig retient son enthousiasme :

« J'avais, ô admirable ami, entièrement abandonné mon héros à mâchoire d'âne, sur le peu de cas que vous faites de cet Hercule grossier et du bizarre poëme qui porte son nom. Mais, Rameau crie, Rameau dit que je lui coupe la gorge ; que je le traite en Philistin ; que si l'abbé Pellegrin avait fait un *Samson* pour lui, il n'en démorderait pas ;

---

[1] A. Berger, secrétaire du prince de Carignan, grand amateur de beaux-arts, 30 octobre 1733.

il veut qu'on le joue ; il me demande un prologue, vous me paraissez vous-même un peu raccommodé avec mon *Samsonet*. Allons donc, je vais faire le petit Pellegrin, et mettre l'Éternel sur le théâtre de l'Opéra, et nous aurons de beaux psaumes pour ariettes. On m'a condamné comme fort mauvais chrétien, cet été. Je vais être un dévot faiseur d'opéra, cet hiver ; mais, j'ai bien peur que ce ne soit une pénitence publique. Excommunié, brûlé et sifflé, n'en est-ce point trop pour une année ? J'ai envie de faire de cela un petit prologue. Je voudrais bien chanter, en un fade prologue, nos césars à quatre sous par jour, et la bataille de Parme, et cette formidable place de Philipsbourg ; mais cette cacade de Dantzig retient mon enthousiasme. Il me semble que je ferais un beau prologue à Pétersbourg. La czarine n'est point dévote, et elle donne des royaumes. Nous ferions un beau chœur du quatrain de La Condamine [1] ».

Pendant qu'il accomplit le tour de force de mélanger le sacré avec le profane, il fait sa cour à Rameau, dont il se déclare l'admirateur le plus zélé. « Si, dans sa solitude et dans sa vie philosophique, il retrouve quelque étincelle de génie, ce sera pour le mettre avec le sien. » Lisez cette lettre, et voyez s'il est possible d'être plus câlin, plus affriolant :

« Le mariage de M. le duc de Richelieu a fait du tort à *Samson* ; mais comptez, mon très cher Orphée, que dès que j'aurai fini cette comédie, je serai tout entier à l'opéra. Mon mariage avec vous m'est bien aussi cher que celui que je viens de faire ; nos enfants ne sont pas ducs et pairs, mais, grâce à vos soins et à votre talent, ils seront immortels. Les applaudissements du public valent mieux qu'un rang à la cour.

---

[1] A d'Argental, septembre 1734.

« Je me flatte que Mme Rameau est à présent debout et qu'elle chante à votre clavecin. Adieu, vous avez deux femmes, elle et moi ; mais, il ne faut plus faire d'enfants avec Mme Rameau ; j'en ferai avec vous, jusqu'à ce que je devienne stérile ; pour vous, vous ne le serez jamais. »

La nouvelle version de l'œuvre est sur pied. Il l'expédie à de Cideville, par l'intermédiaire de d'Argental. Sa lettre est datée d'un « cabaret hollandais, sur le chemin de Bruxelles. » Tout cela, « en attendant mieux. »

A-t-on eu l'intention d'intercaler un ballet dans *Samson* ? Ou bien Voltaire a-t-il entendu parler d'un divertissement que composait Rameau pour un autre ouvrage ? Il s'intéresse, au plus haut point, à la question de savoir si le musicien pourrait prendre, au besoin, le ton léger et naïf de la danse. Il vante les talents qui savent se plier ainsi aux genres les plus dissemblables :

« Mandez-moi donc si le grand musicien Rameau est aussi *maximus in minimis*, et si, de la sublimité de sa grande musique, il descend avec succès aux grâces naïves du ballet. J'aime les gens qui savent quitter le sublime pour badiner. Je voudrais que Newton eût fait des vaudevilles ; je l'en estimerais davantage. Celui qui n'a qu'un talent peut être un grand génie ; celui qui en a plusieurs est plus aimable [1]. »

Ce sont probablement *les Indes Galantes*, opéra-ballet de Rameau, que Voltaire a en vue. Il fait, à ce sujet, des réflexions marquées au coin de l'exacte raison, et que

----

[1] A Berger, 24 avril 1735. Dans sa lettre à Thiriot du 1 décembre 1731, Voltaire fait allusion à un « menuet » chanté. Est-ce un aria *tempo di menuetto*, ou une danse avec chœur ? Un de ses *Discours en vers*, à savoir l'*Envie*, porte :

Mais pour siffler Rameau, il faut être un Orphée.

j'utiliserai bientôt ailleurs [1]. Le succès des *Indes Galantes* réjouit notre poëte. Il s'y attendait, du reste. Il parle des critiques incompétentes de l'abbé Des Fontaines, en artiste autorisé à s'entretenir « de musique comme de poésie. » Il voudrait retravailler *Samson*, s'il avait la certitude de le voir représenter. Le poëme, il s'en flatte, « sera aussi extraordinaire dans son genre que la musique de son ami l'est dans le sien. » Il a deviné d'ailleurs que cette musique « ne pouvait jamais tomber [1]. »

Plein de confiance et désireux d'obliger, autant que possible, son collaborateur Rameau, il fait pour lui les paroles d'une ode destinée à être chantée dans les salons du prince de Carignan. Jugez s'il soigne la forme du petit poëme :

> Fille du ciel, ô charmante Harmonie !
> Descendez, et venez briller dans nos concerts ;
> La nature imitée est par vous embellie.
> Fille du ciel, reine de l'Italie,
> Vous commandez à l'univers.
> Brillez, divine Harmonie,
> C'est vous qui nous captivez.
> Par vos chants vous vous élevez
> Dans le sein du dieu du tonnerre ;
> Vos trompettes et vos tambours
> Sont la voix du dieu de la guerre.
> Vous soupirez dans les bras des Amours.
> Le Sommeil, caressé des mains de la Nature,
> S'éveille à votre voix,
> Le Badinage avec tendresse
> Respire dans vos chants, folâtre sous vos doigts ;
> Quand le dieu terrible des armes

[1] Voy. le chapitre : *Wagnérisme.*

> Dans le sein de Vénus exhale ses soupirs,
> Vos sons harmonieux, vos sons pleins de charmes
> Redoublent leurs désirs.
> Pouvoir suprême,
> L'Amour lui-même
> Te doit des plaisirs.
> Fille du ciel, ô charmante Harmonie! etc.

Rameau a-t-il brodé « de son or cette étoffe grossière ? » Pour *Samson*, il persiste à croire que c'est de Fontenelle qui eût dû en être l'examinateur. La pièce est faite en vue de Rameau seul, et la gloire, dit-il, lui en reviendra exclusivement. Il souscrit d'avance à tous les remaniements nécessaires. Un duetto, entre autres, y est ajouté, pour complaire au « génie mâle et vigoureux » d'Orphée. La pièce, prétend-il, ne roule que sur deux personnages : Samson et Dalila. Dalila n'eût dû être qu'une friponne, comme dans la Bible ; elle ne pourrait être une Armide, par respect pour Quinault. Il doit contenter surtout le parterre :

« Revenons à Orphée-Rameau. Je lui avais craché de petits vers pour un petit duo. On pourrait, en allongeant la litanie, faire de cela un morceau très musical. C'est la louange de la musique ; on y peut fourrer tous ses attributs, tous ses caractères. Le génie de notre Orphée se trouverait au large.

« Je ferai de *Samson* tout ce qu'on voudra ; c'est pour lui (Rameau), c'est pour sa musique mâle et vigoureuse que j'avais pris ce sujet.

« Vous faites trop d'honneur à mes paroles de dire qu'il y a trois personnages. Je n'en connais que deux, Samson et Dalila ; car, pour le roi, je ne le regarde que comme une basse-taille des chœurs. Je voudrais bien que Dalila ne fût point une Armide : il ne faut point être copiste. Si j'en avais cru mes premières idées, Dalila n'eût été qu'une friponne, une Judith, p..... pour la patrie, comme dans la sainte Écriture ; mais, autre chose est la Bible, autre chose est le parterre. Je serais encore bien tenté de ne point parler des cheveux plats de Samson. Faisons-le marier dans le temple de Vénus la Sidonienne, de quoi le dieu des Juifs sera courroucé ; et les Philistins le prendront comme un enfant, quand il se sera bien épuisé avec la Philistine. Que dit à cela le petit Bernard [1] ? »

Rameau s'est mis au travail. Sa verve, stimulée par le texte de Voltaire, s'est échauffée au point de lui faire croire « que *Samson* est le chef-d'œuvre de sa musique [2]. » Le librettiste, ébloui de son côté, quittera tout « pour rimer ses doubles croches.» Aussi, que de soins, que d'attentions, et j'ajouterai, que de raffinements imaginés, et que de sacrifices subis ! Ces sacrifices sont de vrais crocs en jambe faits à ses principes. Voici autre chose que la « petite ariette des fleurs, » dont j'aurai à dire un mot :

« Je suis toujours d'avis qu'il ne soit plus question des grands cheveux plats de Samson ; je gagnerai à cela une sottise sacrée de moins, et ce sera encore une scène de récitatif retranchée. Je n'entends pas trop ce qu'on veut dire par une Dalila intéressante. Je veux que ma Dalila chante de beaux airs, où le goût français soit fondu dans le goût italien. Voilà tout l'intérêt que je connais dans un opéra. Un beau spectacle bien varié, des fêtes brillantes, beaucoup d'airs, peu de récitatifs, des actes courts, c'est là ce qui me plaît. Une pièce ne peut être véritablement touchante que dans la rue des Fossés-Saint-Germain [3]. *Phaéton,* le plus bel opéra de Lulli, est le moins intéressant.

[1] A Thiriot, 17 décembre 1735. Le « petit Bernard, » auteur de plusieurs poësies gracieuses.

[2] 22 décembre 1735.

[3] Ancien emplacement du Théâtre-Français.

« Je veux que le *Samson* soit dans un goût nouveau ;
rien qu'une scène de récitatif à chaque acte, point de confident, point de verbiage. Est-ce que vous n'êtes pas las
de ce chant uniforme et de ces *eu* perpétuels qui termi-
nent, avec une monotonie d'antiphonaire, nos syllabes
féminines ? C'est un poison froid qui tue notre récitatif.
Mandez-moi sur cela l'avis de Pollion et de Bernard [1]. »

Il en voulait terriblement à ces *eu* d'antiphonaire. Il y
revient chaque fois qu'il est amené à parler du drame
lyrique français. D'Alembert les contrefaisait à ravir, et,
un jour, toute une séance fut consacrée, au château de
Ferney, à la. parodie de ces affreuses désinences. Lulli, on
le voit, est de plus en plus jeté par dessus bord. « Il n'y
aura presque point de récitatifs, mais « un peu plus de
musique. Le génie d'Orphée-Rameau y sera plus à son
aise. » Tout ceci, notez-le bien, n'est que « jusqu'à nouvel
ordre [2]. » Pour les examinateurs du livret, ils se souvien-
dront raisonnablement que « *Samson* se joue à l'Opéra et
non en Sorbonne. »

Un nouveau pressentiment l'obsède. Il commence à
trembler pour son œuvre. Pourquoi ? « Les héros de la
Fable et de l'Histoire semblent être ici en pays ennemi. »
Au lieu d'un privilége, il n'a pu obtenir qu'une permission
tacite pour *Jules César*. Rameau doit le seconder, et ne
pas se laisser « assommer par les mâchoires d'âne qui lui
parlent. » Le récent succès d'*Alzire* lui donnera confiance.
Toutes choses bien examinées, il s'agit d'écarter « les lieux
communs. » Il poursuit :

« *Samson* n'est point un sujet susceptible d'un amour

---

[1] A Thiriot, 25 décembre 1735. — Pollion, c'était de la Popelinière, chez
qui Thiriot logeait.

[2] 13 janvier 1736.

ordinaire. Plus on est accoutumé à ces intrigues, qui sont toutes les mêmes sous des noms différents, plus je veux les éviter. Je suis très fortement persuadé que l'amour, dans *Samson*, ne doit être qu'un moyen, et non la fin de l'ouvrage. C'est lui et non pas Dalila qui doit intéresser. Cela est si vrai, que si Dalila paraissait au cinquième acte, elle n'y ferait qu'une figure ridicule. Cet opéra, rempli de spectacle, de majesté et de terreur, ne doit admettre l'amour que comme un divertissement. Chaque chose a son caractère propre. En un mot, je vous conjure de me laisser faire de l'opéra de *Samson*, une tragédie dans le goût de l'antiquité. Je réponds à M. Rameau du plus grand succès, s'il veut joindre à sa belle musique quelques airs dans un goût italien mitigé. Qu'il réconcilie l'Italie avec la France. Encouragez-le, je vous prie, à ne pas laisser inutile une musique si admirable.[1] »

Étrange, étrange ! « Une tragédie dans le goût de l'antiquité, » avec des ariettes ! Non-seulement l'amour n'interviendra que comme un simple divertissement, mais il sera exclu des deux premiers actes. Il ferait là, dit-il, et Mme du Châtelet est de son avis, « l'effet d'une flûte au milieu des tambours et des trompettes. » Il ajoute, toujours en s'adressant à Thiriot, qui était l'interprète des idées en cours chez De la Popelinière, où Rameau tenait ses séances :

« Je maintiens que c'est traiter l'amour avec le respect qu'il mérite, que de ne plus le prodiguer et ne le faire paraître que comme un maître absolu. Rien n'est si froid, quand il n'est pas nécessaire. Nous trouvons que l'intérêt de *Samson* doit tomber absolument sur Samson, et

[1] A Thiriot, 2 février 1736.

nous ne voyons rien de plus intéressant que ces paroles :

Profonds abîmes de la terre, etc. [1].

« De plus, les deux premiers actes seront très courts,
et la terreur théâtrale qui y règne, sera, pour la galanterie des deux actes suivants, ce qu'une tempête est à l'égard
d'un jour doux qui la suit. Encouragez donc notre Rameau
à déployer avec confiance toute la hardiesse de sa musique [2]. »

Ses « sottises philistines et hébraïques » — il qualifie
ainsi son œuvre, dans une lettre intime à Thiriot — ne
sont guère terminées, ni comme livret, ni comme musique.
A-t-il vu clair dans la situation ? Rameau devrait repren-
dre un peu confiance. « Les beautés de Quinault et de
Lulli sont devenues des lieux communs. » A l'Orphée moderne de se mettre au-dessus des préjugés reçus. De
l'audace et de la foi ! Le rôle de Samson, joué par Chassé [3],
fera, pour le moins, autant d'effet que celui de Zamore,
joué par Dufresne. Il y va de l'intérêt et de la gloire du
grand musicien : « surtout qu'il n'use pas sa musique,
en la faisant jouer de maison en maison. » La pièce aura
de Fontenelle pour examinateur, et le prince de Carignan
pour protecteur.

L'examinateur venait d'avoir une déconvenue avec la reprise de *Thétis et Pélée*, dont la musique était de Colasse.
Voltaire avait beau se persuader que l'insuccès était pour
les acteurs de l'opéra, il se sentait mal à l'aise, il tremblait
« pour sa vieillesse. » *Samson*, toutefois, apportait un
goût nouveau, tandis que *Thétis et Pélée* nous ramenait au
goût ancien. Pour comble, « Rameau s'est marié avec

---

[1] Voy. *Samson*, acte V, scène Ire.
[2] 6 février 1736.
[3] Chanteur de l'Opéra.

Moncrif. » Cela lui fait faire une triste réflexion : « Suis-je au vieux sérail ? *Samson* est-il abandonné ? »

La dernière appréhension était vraie, plus vraie que le trop souple librettiste ne se l'imaginait. La foi ne transportera par les montagnes, la foi ne le sauvera pas. Est-il possible pourtant qu'il ait songé sérieusement à une chance plus favorable ? On est induit à le penser, en voyant de nouvelles propagandes partir de Cirey et rayonner dans tous les cercles où Voltaire avait un ami ou un protecteur. La « muse Deshayes, » depuis Mme de la Popelinière [1], est circonvenue à son tour. Tout cela, en se délassant par l'étude de Newton.

Castor et Pollux, dont le poëme était de Bernard, allait paraître en scène. Un grand succès peut reléguer à l'ombre *Samson*. Il y aura moyen de lui procurer aussi un rayon de lumière, par voie de la presse. Le « divin Orphée-Rameau » devrait donc faire graver un ouvrage qui n'a été fait que « pour lui. » Attend-il de cette publication un résultat qui mènera à une exécution solennelle à l'Opéra ? Vain espoir ! *Castor et Pollux* va aux nues. *Samson* est impitoyablement écarté. Les « tendres retours » de Voltaire n'y font rien. Ses restrictions à l'égard du chef-d'œuvre de Rameau sont plus inutiles encore :

« Je trouve, dans *Castor et Pollux*, des traits charmants ; le tout ensemble n'est peut-être pas bien tissu. Il y manque le *molle et amœnum*, et même il y manque de l'intérêt. Mais, après tout, je vous avoue que j'aimerais mieux avoir fait une demi-douzaine de petits morceaux qui sont épars dans cette pièce, qu'un de ces opéras insipides et uniformes. Je trouve encore que les vers n'en sont pas toujours bien lyriques, et je crois que le récitatif a dû beaucoup coûter

[1] A Thiriot, 6 décembre 1737.

à notre grand Rameau. Je ne songe point à sa musique que je n'aie de tendres retours pour *Samson*. Est-ce qu'on n'entendra jamais à l'Opéra :

> Profonds abîmes de la terre,
> Enfer, ouvre-toi, etc. [1]

Il sent la gageure perdue, car incontinent il se retire « sans parti, sans intrigue, » dans son « paradis terrestre de Cirey. » Il se déclare désormais si étranger « à tout ce qui se passe à Paris, » qu'il « ne regrette pas même la diablerie de Rameau [2], ou les beaux airs de *Persée*. « Les lullistes n'appellent-ils pas « les partisans de Rameau, les ramoneurs ? » Il est déjà si noirci par les fanatiques de l'église, qu'il se refuse à l'être encore par les dilettanti de l'Opéra. Ne lui parlez pas d'une revanche à prendre. Après « l'enfant mort-né de *Samson* » à quoi bon en faire un autre ? « Les premières couches » l'ont « trop blessé . »

On sait ce qui arriva. Les ennemis de Voltaire, pour empêcher la représentation de *Samson*, crièrent, au plus fort, à la profanation des livres saints. Un sujet biblique avili sur la majestueuse Académie royale de musique ! Les tapageurs eurent gain de cause, bien qu'on eût exhibé, à l'Opéra, *Jephté*, aux Français, *Athalie*, et, aux Italiens, le même sujet de *Samson* travesti en arlequinade. Rameau employa alors une grande partie de sa musique, d'ailleurs incomplète, dans l'acte des *Incas*, dans *Castor et Pollux* et dans *Zoroastre*.

Les lignes que Voltaire consacre, dans son *Dictionnaire philosophique*, à la farce indécente de Romagnési, sont on ne peut plus piquantes :

« Une comédie de *Samson* fut longtemps jouée en Italie.

---

[1] Les enfers dans *Castor et Pollux*.
[2] 23 avril 1739.

On en donna une traduction à Paris, en 1717, par un nommé Romagnési ; on la représenta sur le théâtre français de la Comédie italienne, anciennement le palais des ducs de Bourgogne. Elle fut imprimée et dédiée au duc d'Orléans, régent de France.

« Dans cette pièce sublime, Arlequin, valet de Samson, se battait contre un coq-d'inde, tandis que son maître emportait les portes de la ville de Gaza sur ses épaules.

« En 1732, on voulut représenter, à l'Opéra de Paris, une tragédie de *Samson*, mise en musique par le célèbre Rameau, mais on ne le permit pas. Il n'y avait ni arlequin ni coq-d'inde ; la chose parut trop sérieuse. On était bien aise d'ailleurs de mortifier Rameau, qui avait de grands talents. Cependant, on joua, dans ce temps-là, l'opéra de *Jephté*, tiré de l'Ancien Testament, et la comédie de l'*Enfant Prodigue*, tirée du nouveau. »

Pendant que « la blessure » saignait encore, voici ce que Voltaire écrivait au marquis d'Argenson :

« Vous avez grande raison, monsieur, sur notre récitatif. On peut faire de la symphonie italienne, on le doit même ; mais on ne doit déclamer à Paris qu'en français, et le récitatif est une déclamation. C'est presque toujours, au reste, la faute du poëte, quand le récitatif ne vaut rien ; car peut-on déclamer bien de mauvaises paroles ?

« J'avais fait, il y a quelques années, des paroles pour Rameau, qui probablement n'étaient pas trop bonnes, et qui d'ailleurs parurent à de grands ministres avoir le défaut de mêler le sacré avec le profane. J'ose croire encore que, malgré le faible des paroles, cet opéra était le chef-d'œuvre de Rameau. Il y avait surtout un contraste de guerriers qui venaient présenter des armes à Samson, et de p...... qui le retenaient, lequel faisait un effet fort profane et fort agréable. Si vous voulez, je vous enverrai encore cette guenille. »

Peut-on dire, au fait, que Voltaire n'entendait rien à la musique ? Pour la « guenille, » elle vit le jour en 1750, munie d'une préface, où l'auteur explique ses mésaventures et se défend, comme il peut, d'avoir irrespectueusement mêlé le profane au sacré :

« M. Rameau, le plus grand musicien de France, mit cet opéra en musique vers l'an 1732. On était près de le jouer, lorsque la même cabale qui, depuis, fit suspendre les représentation de *Mahomet ou le Fanatisme*, empêcha qu'on ne représentât l'opéra de *Samson*. Et tandis qu'on permettait que ce sujet parût sur le théâtre de la comédie italienne, et que Samson y fît des miracles conjointement avec Arlequin, on ne permit pas que ce même sujet fût ennobli sur le théâtre de l'Académie de musique.

« Le musicien employa, depuis, presque tous les airs de *Samson* dans d'autres compositions lyriques, que l'envie n'a pas pu supprimer.

« On publie ce poëme dénué de son plus grand charme, et on le donne seulement comme une esquisse d'un genre extraordinaire. C'est la seule excuse peut-être de l'impression d'un ouvrage fait plutôt pour être chanté que pour être lu. Les noms de Vénus et d'Adonis trouvent dans cette tragédie une place plus naturelle qu'on ne le croit d'abord : c'est, en effet, sur leurs terres que l'action se passe.

« Cicéron, dans son excellent livre *De la nature des Dieux*, dit que la déesse Astarté, révérée des Syriens, était Vénus même, et qu'elle épousa Adonis. On sait, de plus, qu'on célébrait la fête d'Adonis chez les Philistins. Ainsi, ce qui serait ailleurs un mélange absurde du profane et du sacré, se place ici de soi-même. »

Je n'ajouterai qu'un mot, purement de littérature, à ce que Voltaire n'a pu dire : son poëme de *Samson* renferme bien plus d'invention et de style que beaucoup d'opéras plus heureux. Le terme d'*extraordinaire*, appliqué au genre qu'il a inauguré, n'a rien d'outré, cette fois.

Interjetons ici un épisode qui a son importance.

Le mariage du dauphin avec l'infante d'Espagne allait se célébrer à Versailles, avec de grandes réjouissances. A la demande du duc de Richelieu, Voltaire composa, pour cette circonstance, la *Princesse de Navarre*, comédie-ballet dont la musique était de Rameau.

Contrairement aux principes qu'il condamne ailleurs [1], les plus plates adulations, allégorisées entre autres dans Mars et dans Vénus, s'y étalèrent d'un bout à l'autre, en se mêlant à l'héroïque, au tendre et au bouffon. Le poëte dut passer, à ce sujet, par tous les caprices imaginables de son « héros. » Il se défendit, tant qu'il put, pour les divertissements de l'ouvrage :

« Il pourrait, écrit-il à d'Argental, ajouter quelques airs aux divertissements, et surtout à la fin ; mais, dans le cours de la pièce, il se voit perdu, si on souffre des divertissements trop longs. Il maintient que la pièce est intéressante ; et ces divertissements étant incorporés au sujet, ne doivent être que d'une longueur qui ne refroidisse pas l'intérêt. Si le duc de Richelieu est content, ne pourrait-on pas alors lui faire entendre que cette musique, continuellement entre-lacée avec la déclamation des comédiens, est un nouveau genre pour lequel les grands échafaudages de symphonie ne sont point du tout propres ? Ne pourrait-on lui faire com-

[1] Voy., au chapitre *l'Opéra*, ce qu'il dit des prologues adulateurs.

prendre qu'on peut réserver Rameau pour un ouvrage tout en musique [1] ? »

Il rêvait toujours, on le voit, un opéra complet, avec l'auteur des *Indes Galantes* pour collaborateur. Entretemps, il ne s'entendait pas du tout avec le savant musicien : « Ce Rameau est aussi grand original que grand musicien. Il me mande « que j'aie à mettre en quatre vers tout ce qui est « en huit, et en huit tout ce qui est en quatre. » Il est fou ; mais je tiens toujours qu'il faut avoir pitié des talents. Permis d'être fou à celui qui a fait l'acte des *Incas*. Cependant, si M. de Richelieu ne lui fait pas parler sérieusement, je commence à craindre pour la fête. »

Voltaire se prodiguait ; les fatigues, les corvées de tout genre, il les surmontait, en vue de plaire à la cour et d'en obtenir les faveurs qu'il ambitionnait. Il dépeint ses tracas, dans les lignes suivantes, où il ouvre tout son cœur à son ami Cideville :

« Ne plaindrez-vous pas un pauvre diable, qui est bouffon du roi à cinquante ans, et qui est plus embarrassé avec les musiciens, les décorateurs, les comédiens, les comédiennes, les chanteurs, les danseurs, que ne le seront les huit ou neuf électeurs pour se faire un César allemand ? Je cours de Paris à Versailles, je fais des vers en chaise de poste. Il faut louer le roi hautement, madame la dauphine finement, la famille royale tout doucement, contenter la cour, ne pas déplaire à la ville. »

La pièce réussit. Le roi, les princes du sang, les princesses, tout fut charmé. Il est vrai que le spectacle était magnifique, éblouissant. Il valut au poëte-courtisan le titre d'historiographe de France et une charge de gentilhomme ordinaire du roi. Ses précédents ouvrages, où il était sans

[1] 11 juillet 1744.

rival, ne lui avaient pas rapporté autant. Il traitait celui-ci de
« farce de la Foire : »

> Mon *Henri quatre* et ma *Zaïre*,
> Et mon américaine *Alzire*
> Ne m'ont valu jamais un seul regard du roi ;
> J'eus beaucoup d'ennemis avec très-peu de gloire.
> Les honneurs et les biens pleuvent enfin sur moi
> Pour une farce de la Foire.

C'était se juger un peu sévèrement et oublier que les
faveurs dont on le combla, ne furent que la liquidation d'un
arriéré assez considérable. Ne dit-il pas à Rousseau, qui
avait été chargé de faire quelques changements aux paroles
et à la musique de *la Princesse de Navarre* : « Puisqu'il
s'agit de plaire le moins qu'on pourra, il faut mettre le plus
de raison qu'on peut, même dans un divertissement
d'opéra [1] ? » Le nouvel ouvrage, ainsi remanié, fut rejoué
la même année, à Versailles, sous le titre de *Fêtes de Ra-
mire*. On le donna encore, à Fontainebleau, en 1769. « La

---

[1] On lira avec intérêt la lettre que Rousseau adressa, sur cet objet, à Voltaire.
Elle est datée de Paris, le 11 décembre 1745 :

« Monsieur, il y a quinze ans que je travaille pour me rendre digne de vos
regards et des soins dont vous favorisez les jeunes muses en qui vous découvrez
quelque talent. Mais, pour avoir fait la musique d'un opéra, je me trouve, je ne
sais comment, métamorphosé en musicien ; c'est, monsieur, en cette qualité que
M. le duc de Richelieu m'a chargé des scènes dont vous avez lié les divertissements
de *la Princesse de Navarre*. Il a même exigé que je fisse, dans les canevas, les
changements nécessaires pour les rendre convenables à votre nouveau sujet......

« Quant au récitatif, j'espère aussi, monsieur, que vous voudrez bien le juger
avant l'exécution, et m'indiquer les endroits où je me serai écarté du beau et du
vrai, c'est-à-dire de votre pensée. Quelque soit pour moi le succès de ces faibles
essais, ils me seront toujours glorieux, s'ils me procurent l'honneur d'être connu
de vous, et de vous montrer l'admiration et le profond respect avec lesquels j'ai
l'honneur d'être, etc. »

musique , dit-il à ce propos, en est très-belle [1]. » D'accord, mais, pourquoi omet-il le nom d'Orphée-Rameau, dans l'intéressante description qu'il fait de la pièce, en tête du livret imprimé ? Y avait-il positivement brouille entre les deux auteurs ?

Le préambule seul de « l'Avertissement » a droit à une reproduction :

« Le roi a voulu donner à Mme la Dauphine une fête qui ne fût pas seulement un de ces spectacles pour les yeux , tels que toutes les nations peuvent les donner, et qui, passant avec l'éclat qui les accompagne, ne laissent après eux aucune trace. Il a commandé un spectacle qui pût à la fois servir d'amusement à la cour et d'encouragement aux beaux-arts , dont il sait que la culture contribue à la gloire de son royaume. M. le duc de Richelieu, premier gentil-homme de la chambre, a ordonné cette fête magnifique.

« Il a fait élever un théâtre de cinquante-six pieds de profondeur dans le grand manège de Versailles, et a fait construire une salle , dont les décorations et les embellissements sont tellement ménagés, que tout ce qui sert au spectacle doit s'enlever en une nuit et laisser la salle ornée pour un bal paré , qui doit former la fête du lendemain.

« Le théâtre et les loges ont été construits avec la magnificence convenable, et avec le goût qu'on connaît depuis longtemps dans ceux qui ont dirigé ces préparatifs.

« On a voulu réunir sur ce théâtre tous les talents qui

---

[1] Il rapporte, dans ses *Mélanges littéraires*, que « M. de la Popelinière, fermier-général , mais lettré , y mêla quelques ariettes. » Le renseignement est curieux à constater. Le pluriel « musiciens » de tout à l'heure, est ainsi élucidé.

Le sens de ce que Voltaire écrit à d'Argental, le lendemain de la première représentation, m'échappe complétement : « Il y aurait cent tracasseries à essuyer, si je voulais empêcher qu'on rejouât l'opéra de Rameau (*Dardanus*). »

pourraient contribuer aux agréments de la fête, et rassembler à la fois tous les charmes de la déclamation, de la danse et de la musique, afin que la personne auguste, à qui cette fête est consacrée, pût connaître tout d'un coup les talents qui doivent être dorénavant employés à lui plaire.

« On a donc voulu que celui qui a été chargé de composer la fête, fît un de ces ouvrages dramatiques où les divertissements en musique forment une partie du sujet, où la plaisanterie se mêle à l'héroïque, et dans lesquels on voit un mélange de l'opéra, de la comédie et de la tragédie.

« On n'a pu ni dû donner à ces trois genres, toute leur étendue ; on s'est efforcé seulement de réunir les talents de tous les artistes qui se distinguent le plus, et l'unique mérite de l'auteur a été de faire valoir celui des autres...»

Pour une autre fête, Voltaire donna, quelque temps après, le *Temple de la Gloire*, opéra mis en musique aussi par Rameau. Il s'agissait, cette fois, de célébrer la victoire de Fontenoi et la paix qui suivit.

Louis XV était représenté sous l'emblême de Trajan, vainqueur et pacificateur, couronné par la Gloire et introduit par elle dans son temple, qui se change aussitôt en *Temple de Bonheur*. Le plan et l'idée semblaient grandioses à Voltaire. Rivé de nouveau au terrible Rameau, il subit, en courtisan adroit, tout ce que le musicien crut devoir lui imposer. « Il ne s'agit que de voir avec Rameau ce qui conviendra le plus aux fantaisies de son génie, écrit-il à de Richelieu. Je serai son esclave, pour vous faire voir que je suis le vôtre. »

En dépit de cette collaboration, l'ouvrage fut jugé médiocre, et l'on échoua même dans les modifications que l'on y introduisit, après coup, pour avoir voulu trop raffiner. Le *Mercure* fait observer, avec raison, à propos des gazouillements confiés au gosier de Trajan : « C'est pousser trop loin le privilége qu'a la musique de ne pas toujours s'accorder avec les convenances ; elle peut les esquiver, mais non les heurter de front, et l'on ne peut disconvenir que la plaisanterie qui a fait dire que désormais on appellerait Trajan, *Trajan l'Oiseleur,* ne soit méritée [1]. » On alla même jusqu'à insinuer malignement, à l'Opéra, que « la musique est de Voltaire et les paroles de Rameau [2]. » On sait la réplique que Louis XV fit à une plate interpellation de son historiographe [3]. Elle est célèbre dans l'histoire.

En vrai « gentilhomme, » Voltaire abandonna généreusement à Rameau la part de rétribution qui lui revenait, ce qui fait supposer en lui l'intention de revenir à la charge auprès de l'auteur de *Castor et Pollux* pour une autre pièce lyrique, à laquelle il a déjà fait allusion plus haut, ou peut être pour son *Samson,* si impitoyablement écarté. La lettre à Berger, directeur de l'Opéra, l'honore à plus d'un titre :

« Il me serait bien peu séant, monsieur, qu'ayant fait *le Temple de la Gloire* pour un roi qui en a tant acquis, et non pour l'Opéra, auquel ce genre de spectacle trop grave et trop voluptueux ne peut convenir, je prétendisse à la moindre partie de ce qu'on donne d'ordinaire à ceux

---

[1] Mois de mai 1746. C'est, dans le *Temple de la Gloire,* que Rameau introduisit pour la première fois un solo de clarinette. Depuis lors un instrumentiste de ce genre fut attaché à l'orchestre de l'Opéra.

[2] Lettre du graveur Lebas, dans les *Archives de l'art français,* années 1853-1855, t. III, p. 121.

[3] Citons, pour mémoire, une autre pièce lyrique : *Tanis et Zélide, ou les Rois pasteurs,* ouvrage dont le sujet est la confusion et la ruine des prêtres d'Égypte, ou mieux encore le chant de triomphe d'*Écr. l'inf.* L'auteur l'intitule : « Tragédie pour être mise en musique. » Il est certain que cet ouvrage, daté de 1735 dans toutes les éditions, était achevé en 1733.

qui travaillent pour le théâtre de l'Académie de musique. Le roi a trop daigné me récompenser, et ni ses bontés ni ma manière de penser ne me permettent de recevoir d'autres avantages que ceux qu'il a bien voulu me faire. D'ailleurs, la peine que demande la versification d'un ballet est si au-dessous de la peine et du mérite du moindre musicien, M. Rameau est si singulier en son genre, et, de plus, sa fortune est si inférieure à ses talents, qu'il est juste que la rétribution soit pour lui tout entière. Ainsi, monsieur, j'ai l'honneur de vous déclarer que je ne prétends à aucun honoraire ; que vous pouvez donner à M. Rameau tout ce dont vous êtes convenu, sans que je forme la plus légère prétention. L'amitié d'un aussi honnête homme que vous, monsieur, et d'un amateur aussi zélé des arts, m'est plus précieuse que tout l'or du monde. J'ai toujours pensé ainsi, et, quand je ne l'aurais pas fait, je devrais commencer par vous et par M. Rameau. C'est avec ces sentiments, monsieur, et avec le plus tendre attachement que j'ai l'honneur d'être, etc. [1]. »

Trente ans après, une insinuation piquante de l'abbé Duvernet, reporte le souvenir de Voltaire sur son *Temple de la Gloire*, et l'amène à faire l'aveu de la faiblesse de l'ouvrage : « Ceux qui vous ont dit, monsieur l'abbé, qu'en 1744 et 1745, je fus courtisan, ont avancé une triste vérité. Je le fus ; je m'en corrigeai en 1746, et je m'en repentis en 1747. De tout le temps que j'ai perdu en ma vie, c'est sans doute celui que je regrette le plus. Ce ne fut pas le temps de ma gloire, si j'en eus jamais. J'élevai pourtant, dans le cours de l'année 1745, un *Temple à la Gloire*. C'était un ouvrage de commande, comme M. le maréchal de Richelieu

[1] 13 juin 1746.

et M. le duc de la Vallière peuvent le dire. Le public ne trouva point agréable l'architecture de ce temple ; je ne la trouvai pas moi-même trop bonne. Piron y logea les rats ; j'aurais pu le loger lui-même dans la caverne de l'Envie, que j'avais placée à l'entrée du temple de la Gloire. [1] »

Voltaire et Piron, soit dit en passant, ne purent jamais s'entendre. Ils étaient, comme l'observe bien Sainte-Beuve, incompatibles, antipathiques. La haine de Voltaire était même devenue un des tics de Piron.

Le croirait-on ? A plus d'un quart de siècle d'intervalle et lorsque la mâchoire d'âne de *Samson* était complètement ensevelie dans l'oubli, Voltaire y revint, mais sans se faire la moindre illusion, quant à la chance possible d'une représentation publique : « Savez-vous bien, dit-il, à de Chabanon, que Rameau avait fait une musique délicieuse sur ce *Samson* ? Il y avait du terrible et du gracieux. Il en a mis une partie dans l'acte des *Incas*, dans *Castor et Pollux*, dans *Zoroastre*. Je doute que l'homme à qui vous vous êtes adressé, ait autant de bonne volonté que vous, et je serai bien étonné s'il ne fait pas tout le contraire de ce que vous l'avez prié de faire, le tout en douceur, et en cherchant le moyen de plaire. Je pense, ma foi, que vous vous êtes confessé au renard [2]... »

Le renard, c'était de Moncrif, lecteur de la reine. Voltaire, instruit par expérience, se méfiait grandement. L'événement lui donna raison. A quel musicien de Chabanon avait-il songé ? Sa lettre, si elle se retrouve, pourra nous le dire. De Chabanon était opiniâtre dans son idée. En 1768, on le voit revenir à la rescousse, cette fois avec un

[1] Février 1776.
[2] 18 janvier 1768.

musicien qu'on ne s'attendrait certes pas à être de taille à
traiter le terrible sujet de l'Hercule hébreu. Ce musicien
n'est autre que François-André Danican Philidor. Voltaire,
de son côté, hésiste, sans toutefois refuser l'offre, et s'en
réfère entièrement aux soins de son complaisant ami :
« Vous croyez donc, mon cher confrère, que les grands
joueurs d'échecs peuvent faire de la musique pathétique, et
qu'ils ne seront point échec et mat ? A la bonne heure, je
m'en rapporte à vous. Faites tout ce qu'il vous plaira. Je re-
mets entre vos mains la mâchoire d'âne, les trois cents
renards, la gueule du lion, le miel fait dans la gueule, les
portes de Gaza, et toute cette admirable histoire [1]. » Remar-
quez les variations nouvelles que Voltaire brode, à ce
propos, sur l'opéra italien et le récitatif de Lulli :

« Ami vrai et poëte philosophe, ne vous avais-je pas dit
que le lecteur ne serait jamais l'approbateur, et qu'il élude-
rait tous les moyens de me plaire, malgré tous les moyens
qu'il a touvés de plaire ? Ne trouvez-vous pas qu'il cite bien
à propos feu Monsieur le dauphin, qui, sans doute, reviendra de l'autre monde pour empêcher qu'on ne mette des
doubles croches sur la mâchoire d'âne de Samson ? Ah !
mon fils, mon fils, la petite jalousie est un caractère indélébile.

« M. le duc de Choiseul n'est pas, je crois, musicien ;
c'est la seule chose qui lui manque ; mais je suis persuadé
que, dans l'occasion, il protégerait la mâchoire d'âne de
Samson contre les mâchoires d'ânes qui s'opposeraient à ce

---

[1] J'ai peine croire que la proposition de De Chabanon ait été sérieuse, au fond.
Voltaire remaniait, en ce moment, la tragédie d'*Eudoxie* de son collègue à
l'Académie, qui aura voulu se montrer gracieux et reconnaissant par quelques
démarches innocentes auprès de Philidor. De temps en temps, il mandait de
bonnes nouvelles au patriarche, qui s'écrie, le 2 mars 1768 : « Vous êtes fort
comme Samson et vous triomphez de tout. Vous me faites aimer *Samson* plus
que je ne croyais. Je suis plus faible que lui, et n'ai pas plus de cheveux. »

divertissement honnête, *ut ut est*. Il faut une terrible musique pour ce Samson, qui fait des miracles de diable, et je doute fort que le ridicule mélange de la musique italienne avec la française, dont on est aujourd'hui infatué, puisse parvenir aux beautés vraies, mâles et vigoureuses, et à la déclamation énergique que Samson exige dans les trois quarts de la pièce. Par ma foi, la musique italienne n'est faite que pour faire briller des châtrés à la chapelle du pape. Il n'y aura plus de génie à la Lulli pour la déclamation, je vous le certifie dans l'amertume de mon cœur [1]. »

On n'a pas oublié ce qu'il écrivit à Thiriot, vers la fin de 1735 : « Je veux que ma Dalila chante de beaux airs, où le goût français soit fondu dans le goût italien...., beaucoup d'airs, peu de récitatifs, des actes courts, voilà ce qui me plaît. » Aujourd'hui, la musique italienne, unie à la française, est un « ridicule mélange, » et, quant à la déclamation, un génie comme celui de Lulli est introuvable... On en verra bien d'autres de ce genre.

Malgré ces fluctuations, son enthousiame pour Rameau ne se démentit point de longtemps. La préface de *Samson*, où il appelle son Orphée-Rameau « le plus grand musicien de France ; » et celle des commentaires sur *Pertharite*, où il affirme qu'il « a fallu que longtemps après (Lulli), il soit venu un homme supérieur, pour que les Français, qui ne jugent les arts que par comparaison, sentissent combien la plupart des airs détachés et des symphonies de Lulli ont de faiblesse ; » ces deux préfaces, l'une de 1750, l'autre de 1763, prouvent une certaine persistance dans son ramisme.

---

[1] 29 janvier 1768. On interpréta, au concert spirituel de Paris, en 1774, « un motet à trois voix, par M. Morcau, sur les paroles de *Samson*, de Voltaire. » Voy. *l'Almanach des spectacles*. Un chœur de *Samson*, musique de Gossec, fut exécuté lors de la translation des restes de Voltaire au Panthéon.

Que de sujets de plaintes il eut pourtant contre l'auteur de *Castor et Pollux !* On a du président Hénault une lettre, écrite de Plombières au comte d'Argenson, sur les inconvenantes façons de procéder du musicien envers le parolier Voltaire : « Que dites-vous de Rameau, qui est devenu bel esprit et critique, et qui s'est mis à corriger les vers de Voltaire ? J'en ai écrit à M. de Richelieu deux fois ; ce fou-là a pour conseil toute la racaille des poëtes, il leur montrera l'ouvrage ; l'ouvrage sera mis en pièces, déchiré, critiqué, etc., et il finira par nous donner de mauvaise musique, d'autant plus qu'il ne travaillera pas dans son genre. Il n'y avait que les petits violons [1] qui convinssent, et M. de Richelieu ne veut pas en entendre parler [2]. »

Veut-on sur l'intraitable Rameau quelques lignes plus incisives encore ? Je les emprunte au *Journal* de Collé du mois de septembre 1764 :

« Tous ceux qui ont travaillé avec lui, nous dit-il, étaient obligés d'étrangler leurs sujets, de manquer leurs poëmes, de les défigurer, afin de lui amener des divertissements, et il ne voulait que de cela. Il brusquait les auteurs à un point qu'un galant homme ne pouvait pas soutenir de travailler une seconde fois avec lui ; il n'y a eu que le Cahusac qui y ait tenu ; il en avait fait une espèce de valet de chambre parolier ; la bassesse d'âme de ce dernier l'avait plié à tout ce qu'il avait voulu. La patience et l'esprit souple de Bernard lui ont aussi donné les forces de

---

[1] REBEL et FRANCŒUR. Voy. le chapitre : *Notes biographiques.*

[2] 9 juillet 1744. « Il est fou ! » s'écrie aussi Voltaire, à la même date, en se hâtant toutefois d'ajouter : « Permis d'être fou à celui qui a fait l'acte des *Incas.* » Voy. plus haut.

composer trois fois avec lui ; mais, je crois que si on lui demandait ce qu'il a souffert, il en ferait de bons contes, pourvu qu'il voulût être vrai et nous parler en conscience. »

Que conclure de l'opiniâtreté admirative de. Voltaire ? Rien sinon qu'avec le temps il sera flatté de triompher avec Rameau dans un autre sujet, et que les « blessures » d'une première couche n'auront point éteint en lui l'espoir d'une nouvelle progéniture Voltairo-ramiste.

V. — **Wagnérisme. 1885.**

« Ce qui ne vaut pas la peine d'être dit, on le chante. »
Voilà certes un cri bien révolutionnaire.

A diverses reprises, Voltaire s'explique là-dessus, et de
l'ensemble de ses opinions ressort un système lyrico-dramatique bien supérieur, j'ose le dire, à celui qui fonctionne
depuis tant d'années à l'Opéra de Paris.

Castil-Blaze, qui interpelle ainsi le librettiste stéréotypé :
« Tape sur la peau du tambour ou sur la caisse, peu importe ! » Castil-Blaze, toujours inconséquent dans ses appréciations, malmène Voltaire à propos de quelques lignes
judicieuses, où, tout en prêchant pour ses bulles, le poëte-
philosophe blâme éloquemment l'injuste absorption du
librettiste par le musicien :

« Dans *Cadmus* et dans *Alceste*, dit-il, Quinault sut insérer
des morceaux admirables de poësie. Lulli sut un peu les rendre, en accommodant son génie à celui de la langue française;
et, comme il était très-plaisant, très-débauché, très-intéressé,
bon courtisan, et par conséquent aimé des grands, et que
Quinault n'était que doux et modeste, il tira toute la gloire à
lui. Il fit accroire que Quinault était son garçon poëte qu'il
dirigeait, et qui, sans lui, ne serait connu que par les sati-

res de Boileau. Quinault, avec tout son mérite, resta donc en proie aux injures de Despréaux, et à la protection de Lulli. La charmante tragédie d'*Atys*, les beautés, ou nobles, ou délicates, ou naïves, répandues dans les pièces suivantes, auraient dû mettre le comble à la gloire de Quinault, et ne firent qu'augmenter celle de Lulli, qui fut regardé comme le dieu de la musique [1]. »

L'idée dominante de Voltaire, quant au drame lyrique, se réflète ici [2]. Castil-Blaze la saisit au bond, et, après avoir déclaré hautement que « l'œuvre du musicien doit toujours écraser celle de son collaborateur, » il lance, avec sa légèreté habituelle, ces monstruosités : « Deux arts ne peuvent triompher à la fois ; il faut que l'un d'eux cède le pas, et la musique est placée avec trop d'avantages sur la scène, pour ne pas étouffer les versiculets du parolier, quand même il serait poëte [3]. »

Une pauvre organisation artistique comme celle de l'auteur de *Pigeon-Vole*, pouvait-elle s'accomoder, sans en être froissée, d'une simultanéité d'effets résultant de la coopération active de plusieurs éléments d'expression sentimentale ou pittoresque ? Il saute aux yeux de tous les hommes entendus que la musique scénique actuelle marche à grands

[1] *Dictionnaire philosophique.*

[2] Il l'exprime encore, en termes presqu'identiques, dans ses *Mélanges littéraires* : « On commence à savoir que Quinault vaut mieux que Lulli. Un jeune homme d'un rare mérite, déjà célèbre par le prix qu'il a remporté à notre l'Académie, et par une tragédie qui a mérité son grand succès (La Harpe), a osé s'exprimer ainsi, en parlant de Quinault et de Lulli :

> Aux dépens du poëte on n'entend plus vanter
> De ces airs languissants la triste psalmodie,
> Que réchauffa Quinault du feu de son génie.

« Je ne suis pas entièrement de son avis. Le récitatif de Lulli me parait très bon ; mais les scènes de Quinault sont encore meilleures. » Voy. aussi *l'Opéra.*

[3] *Lulli*, étude insérée dans la *Revue de Paris.*

pas vers cette complication logique, et que déjà la polyphonie instrumentale et la polychromie dramatique règnent en souveraines dans des chefs-d'œuvre applaudis.

Je touche ici à l'une des questions musicologiques les plus palpitantes de l'époque actuelle. En continuant à disséquer Voltaire, je l'approfondirai d'avantage, et, contrairement à ce que veut Baudelaire, je démontrerai que l'auteur de la *Henriade* navigue, à pleines voiles, dans les eaux wagnériennes :

> Beaux-arts, je vous invoque tous :
> Musique, danse, architecture...

En disant cela, et d'autres choses encore relatives à la poésie, à la peinture, etc., Voltaire retravaillait le poëme de *Samson*. Il voulait faire, nous l'avons vu, de cet opéra tant caressé, « une tragédie dans le goût de l'antiquité. » Deux actes « se soutiendront sans jargon d'amourette, dans le temple de Quinault. » Rameau pourra y « déployer toute la hardiesse de sa musique. » La poésie, il la voulait forte, noble, harmonieuse. C'était bien, ô plaisant Castil-Blaze, sur la peau du tambour qu'il voulait frapper. Au fond, il est encore asservi, en pratique, aux plus ridicules usages. Ne songe-t-il point, au milieu d'une douleur profonde, à une variante pour *Samson*, devant être intercalée dans « une petite ariette des fleurs ! »

Jeune, ardent, généreux, il mettait une audace extrême à flageller les absurdités de l'Opéra, comme il mettait une témérité inouïe à harceler la politique, à ridiculiser le culte, à dénoncer la magistrature. Il ne se doutait guère de la force d'inertie qu'on allait lui opposer. Il songeait moins encore à l'adhésion ouverte qu'il allait donner lui-même aux abus régnants, pour en arriver à faire sanctionner ses libretti.

Il fut ainsi ballotté fatalement, d'un pôle à l'autre, tant par l'exigence des musiciens, que par les caprices de la mode ou par les rigueurs de la censure, qui, sans avoir le moindre égard aux qualités artistiques d'une œuvre, la rognaient impitoyablement, si on ne la supprimait pas tout entière.

Écoutons donc le littérateur, le théoricien, le musicologue; on aura ainsi la pensée intime, le programme *ad vivum* de ce génie inné de la réforme. « On peut faire l'histoire de l'art au point de vue purement technique, en examinant les monuments que les âges nous ont successivement légués; mais son histoire philosophique ou critique, mais le tracé esthétique de ses progrès ne se feront qu'en tenant un compte exact des pensées que l'art aura inspirées aux hommes dont l'autorité intellectuelle est depuis longtemps reconnue [1]. »

Voltaire s'en prend d'abord à Saint-Évremond, qui « s'est épuisé en froides railleries » sur l'opéra [2]. « Il veut, dit-il, trouver du ridicule à mettre en chant des passions et des dialogues. Il ne savait pas que les tragédies grecques et romaines étaient chantées; que les scènes avaient une mélodie semblable à notre récitatif, laquelle était composée par un musicien; et que les chœurs étaient exécutés comme les nôtres. » Saint-Évremond, outre cela, avait l'oreille dure en blâmant, en principe, l'opéra :

« Le grand vice de notre opéra, c'est qu'une tragédie ne peut être partout passionnée ; qu'il faut du raisonnement, du détail, des événements préparés, et que la musique ne peut rendre heureusement ce qui n'est pas animé et qui ne

---

[1] Jules Carlez, *la Musique dramatique jugée par un dilettante sous Louis XIV.*

[2] « Saint-Évremond, dit Goudar, appelle l'opéra français une magnifique bagatelle. S'il avait connu l'Italien, il l'eût nommé une superbe petitesse. »

vâ pas au cœur. Ce serait un étrange récitatif que celui qui exprimerait, par exemple, ces vers de *Rodogune* :

> Pour le mieux admirer, trouvez bon, je vous prie,
> Que j'apprenne de vous les troubles de Syrie..... »

Pas si étrange que Voltaire se l'imagine, ce récitatif. Il croyait, comme·Boileau, que « la musique ne sait pas narrer. » Dire ce qu'il convient de dire, où est le mal ? Voltaire eût dû toucher du doigt les insipides remplissages dont les ouvrages lyriques de son temps étaient saturés. Le drame moderne, qu'il entreverra plus loin, admet tout ce qui concourt à caractériser les personnages ou l'action. Ce drame, avec quelques suppressions nécessitées par les exigences de la musique chantée ou jouée, est l'opéra tel qu'il devrait être. Pourquoi cette « passion » de commande, cette pitié de parti-pris? Castil-Blaze demandait un drame lyrique « qui ne fut pas bourré de foin et de paille ; une série de vases d'or ou de cristal, dépouillés de l'emballage du layetier. » A la bonne heure !

« Thésée, dans l'opéra de ce nom, dit à sa maîtresse, sans autre préparation : *Je suis fils du roi.* Elle lui répond : *vous, seigneur ?* Le secret de sa naissance n'est pas autrement expliqué. C'est un défaut essentiel. Et si cette reconnaissance avait été bien préparée et bien ménagée, si tous les détails qui doivent la rendre à la fois vraisemblable et surprenante, avaient été employés, le défaut eût été bien plus grand, parce que la musique eût rendu tous ces détails ennuyeux. Voilà donc un poëme nécessairement défectueux par sa nature. Ajoutez à ces imperfections celle d'être asservi à la stérilité des musiciens qui ne peuvent exprimer toutes les paroles de notre langue... »

Cette stérilité des compositeurs n'était évidemment que

relative. Au lieu de rétrécir leur horizon, il fallait l'étendre, et les détails de la reconnaissance de Thésée, adroitement amenés et dépeints par le poëte, eussent fourni à un musicien bien doué une série de beautés nouvelles.

« Les musiciens d'Italie rendent toutes les paroles italiennes. Il faut qu'ils composent de petits airs sur lesquels le poëte est obligé d'ajouter un certain nombre de paroles oiseuses et plates, qui souvent n'ont aucun rapport direct à la pièce :

> Que nos prairies
> Seront fleuries !
>
> —
>
> Les cœurs glacés
> Pour jamais en sont chassés.
>
> —
>
> Qu'amour a de charmes !
> Rendons-lui des armes.
>
> —
>
> Les plaisirs charmants
> Sont pour les amants.

Parfait ! Le judicieux réformateur stigmatise ici le vice radical de l'opéra en général [1]. Pourquoi n'imagine-t-il point immédiatement le remède ? Connaissez-vous l'histoire plaisante de cet oculiste aimé par une femme charmante, mais aveugle ? Il fut assez imprudent, dit-on, pour rendre la vue à sa maîtresse, qui, dès ce moment, le trouva laid, mal bâti, disgracieux, et se prit d'amour pour un autre [2]. Voltaire eût dû être cet oculiste ; les Français eussent montré pour les platitudes de leur tragédie musicale

[1] Il reprend, à diverses reprises, ce thème favori. Voyez, notamment, le chapitre : *l'Opéra*.

[2] *Sur l'opéra français*, p. 45.

une aversion qui se serait accrue à mesure que leur oreille
eût acquis plus de sensibilité.

« On ne voit, comme le dit très bien la jolie comédie du
Double veuvage, que

> De nouvelles ardeurs et des ardeurs nouvelles.

« Cette contrainte puérile est encore augmentée par le
peu de termes convenables aux musiciens, que fournit
notre langue. Demandez à un compositeur de mettre en
chant :

> Que vouliez-vous qu'il fît contre trois ? — Qu'il mourût.

« Ou bien ces vers :

> Si j'avais mis ta vie à cet indigne prix,
> Parle, aurais-tu quitté les dieux de ton pays ?

« Le musicien demandera, au lieu de ces beaux vers,
des fleurettes, des amourettes ; des ruisseaux, des oiseaux ;
des charmes et des alarmes. »
Nous avons aujourd'hui, Dieu merci, le fameux

> Mon père, tu m'as dû maudire !

et vingt autres inspirations, où la musique atteint les plus
hautes cîmes du sublime. C'est, par malheur, tout ce
dont il est permis de se vanter. Si les librettistes actuels
s'étaient contentés de ne fournir aux compositeurs que des
« fleurettes » et des « amourettes, » où en serions-nous,
dans le domaine du plus beau des arts ? Aux paroliers à
imposer leurs poëmes. Voltaire n'entrevoyait que de loin
l'immense régénération que la musique allait subir. Il ne
pouvait s'associer à la frivolité des compositeurs en vogue ;
mais, d'autre part, l'art musical de son temps n'était limité,

d'après lui, qu'à un nombre restreint de sujets susceptibles d'être rendus avec vérité et éloquence.

Laissons-le, à une autre page, accentuer plus nettement encore sa vive répulsion pour l'ariette :

« Parmi nos défauts, nous avons, comme les Italiens, dans nos opéras les plus tragiques, une infinité d'airs détachés, mais qui sont plus défectueux que les leurs, parce qu'ils sont moins liés au sujet. Les paroles y sont presque toujours asservies aux musiciens, qui, ne pouvant exprimer, dans leurs petites chansons, les termes mâles et énergiques de notre langue, exigent des paroles efféminées, oisives, vagues, étrangères à l'action, et ajustées, comme on peut, à de petits airs mesurés, semblables à ceux qu'on appelle à Venise *Barcaroles*. Quel rapport, par exemple, entre Thésée, reconnu par son père sur le point d'être emprisonné par lui, et ces ridicules paroles :

> Le plus sage
> S'enflamme et s'engage
> Sans savoir comment ? »

Quel dommage que cette répulsion n'ait été que spéculative, et que les préceptes donnés avec une si lumineuse sagacité, aient été violés tant de fois en pratique ! Mais, poursuivons.

« Depuis Quinault, il n'y a presque pas eu de tragédie supportable en musique. Les auteurs ont senti l'extrême difficulté de mêler à un sujet grand et pathétique des fêtes galantes, incorporées à l'action, d'éviter les détails nécessaires et d'être intéressants. Ils se sont presque tous jetés dans un genre encore plus médiocre, qui est celui des ballets. Ces sortes d'ouvrages n'ont aucune liaison. Chaque acte est composé de peu de scènes : tout action y est comme

étranglée ; mais la variété du spectacle et les petites chansonnettes que le musicien fait réussir, et que le parterre
répète, amusent le public, qui court à ces représentations
sans en faire grand cas. »

Le poëte s'élève ici contre les ballets à couplets dont les
scènes n'ont aucune corrélation entre elles. Avec quelle
juste sévérité n'eût-il pas anathématisé ces finales intermi-
nables, ces épisodes oiseux, et ces ridicules prétextes à
musique tant prodigués dans nos ouvrages lyriques ? Sa
prétention était « d'ouvrir une carrière nouvelle à l'opéra,
comme sur la scène tragique. » Il a tenté l'impossible pour
réaliser ses idées de réforme. Il a échoué contre cent
obstacles réunis. Voyez pourtant combien le finale de *Samson*, où il a pu donner ample carrière à son imagination
créatrice, est émouvant, en même temps que vrai et logique.
Ce n'est point une page aussi splendide qu'il serait permis
d'appeler « du drap d'or cousu avec des guenilles. »

« Le plus grand mal de ces spectacles, c'est qu'il n'y est
presque pas permis d'y rendre la vertu respectable, et d'y
mettre de la noblesse ; ils sont consacrés aux misérables
redites de maximes voluptueuses, que l'on n'oserait débiter
ailleurs. La clémence d'Auguste envers Cinna, la magnani-
mité de Cornélie, ne pourraient y trouver place. Par quel
honteux usage faut-il que la musique, qui peut élever l'âme
aux grands sentiments, et qui n'était destinée chez les Grecs
et chez les Romains qu'à célébrer la vertu, ne soit employée,
parmi nous, qu'à chanter des vaudevilles d'amour ! »

Voilà Voltaire, en vraie génie qu'il est, s'élevant dans des
régions pures et éthérées, où il plane avec une sérénité que
nul librettiste ou musicien n'entrevit à son époque. Il envisage la musique comme quelque chose de divin. Delà son
mépris pour un art profané par des couplets licencieux. Foin

des pont-neufs lascifs remplaçant les inspirations nobles et décentes ! C'est par ses harmonies chastes et radieuses que la musique est réellement fille du ciel et soumet la nature entière à ses lois. Le symbole d'Orphée comporte-t-il une autre signification ? Nous en sommes encore, en ce moment, hélas ! aux scènes de boudoir, aux trucs qui ont le poignard ou le poison pour mobile. Horreur !

« Il est à souhaiter qu'il s'élève quelque génie assez fort pour corriger la nation de cet abus, et pour donner à un spectacle devenu nécessaire, la dignité et les mœurs qui lui manquent. Une seule scène d'amour, heureusement mise en musique et chantée par un acteur applaudi, attire tout Paris, et rend les beautés vraies insipides. Les personnes de la cour ne peuvent plus supporter *Polyeucte*, quand elles sortent d'un ballet où elles ont entendu quelques couplets aisés à retenir. Par là le mauvais goût se fortifie, et on oublie insensiblement ce qui a fait la gloire de la nation. Je le répète encore : il faut que l'opéra soit sur un autre pied, pour ne plus mériter le mépris qu'ont pour lui toutes les nations de l'Europe [1]. »

Bravo, Voltaire ! Vous réclamez un génie « assez fort » pour imposer une scène lyrique « digne » et « morale ; » pour purifier « le mauvais goût, » et pour conjurer le mépris attaché à des représentations frivoles ou scandaleuses [2]. Ce génie est trouvé. Vous avez calculé, en prophète inspiré, son apparition prochaine. Déjà, sous l'action puissante de

---

[1] *Mélanges littéraires.*

[2] A diverses reprises, Voltaire préconise la morale au théâtre. Il écrit, entre autres au marquis Albergati Capacelli, relativement au réformateur de la comédie italienne, Goldoni : « Une chose m'a frappé surtout dans les pièces de ce génie fécond ; c'est qu'elles finissent toutes par une moralité qui rappelle le sujet et l'intrigue de la pièce, et qui prouve que ce sujet et cette intrigue sont faits pour rendre les hommes plus sages et plus hommes de bien. »

Wagner, la musique d'opéra s'est épurée, développée, assouplie, enrichie. Elle accomplit, comme par une baguette magique, sa destinée sublime. Elle régénère l'esprit, élève les cœurs, exalte la vertu, montre le devoir... « En ces instants, dit Franz Listz, à propos du fameux chant des Pèlerins du *Tannhaüser*, en ces instants où l'esprit s'abandonne sans résistance à l'illusion, où il s'affranchit de toute entrave..., ce chant résonne dans l'âme comme la grande voix plaintive, espérante et aspirante de l'Humanité entière dans son pèlerinage vers l'*Éros* (l'Amour). »

Ainsi que Voltaire, Wagner envisage l'Opéra « comme l'institution publique artistique la plus équivoque, la plus détestable de notre temps. » Il y voit une destination spéciale : « celle d'offrir une distraction et un amusement à une population aussi ennuyée qu'avide de plaisir. »

Comme Voltaire, il remonte à l'art grec, pour réunir dans un drame complet toutes les différentes branches de l'art isolées. Il fait ressortir « la pauvreté, la platitude, le ridicule du genre *livret d'opéra.* »

Comme lui, il veut que la poésie se fonde « intimement avec la musique, » et qu'au lieu de décrire, « elle frappe les sens. »

Comme lui, il condamne, à titre de divertissement épisodique de l'opéra, le frivole ballet, qu'il appelle « le très digne frère de l'opéra. Il est du même âge ; il est né du même principe défectueux ; aussi les voyons-nous tous deux, comme pour cacher réciproquement leurs faiblesses, aller ensemble et du même pas. »

Pour dernier trait de ressemblance, voici Wagner dépeignant, avec les couleurs de Voltaire, une belle et noble phrase qui « soudainement décheoit en cadence rebattue, avec les deux roulades obligées et l'inévitable note soutenue ; et alors le chanteur oublie tout d'un coup ses rapports avec le personnage auquel cette phrase est adressée, s'avance au bord de la rampe, et se tourne vers la claque pour lui donner le signal des applaudissements [1]. »

Voltaire en veut énormément aux *e* muets finals, dans les tragédies lyriques ; il écrit à l'abbé d'Olivet :

« J'ai dit, il est vrai, dans *le Siècle de Louis XIV*, à l'article des musiciens, que nos rimes féminines, terminées toutes par un *e* muet, font un effet très désagréable dans la musique, lorsqu'elles finissent un couplet. Le chanteur est obligé de prononcer :

> Si vous aviez la rigueur
> De m'ôter votre cœur,
> Vous m'ôteriez la *vi-eu*.

« Arcabone est forcé de dire :

> Tout me parle de ce que *j'aim-eu*.

« Médor est obligé de s'écrier :

> Ah ! quel tourment d'aimer sans *espéranc-eu*.

« La gloire et la victoire, à la fin d'une tirade, font presque toujours la *gloire-eu*, la *victoire-eu*. Notre modulation exige trop souvent ces tristes désinences. Voilà pourquoi Quinault a grand soin de finir, autant qu'il le peut, ses couplets par des rimes masculines, et c'est ce que recommandait le grand musicien Rameau à tous les poëtes qui composaient pour lui.

« Qu'il me soit donc permis, mon cher maître, de vous représenter que je ne puis être d'accord avec vous, quand

[1] *Quatre poëmes d'opéras,* etc.

vous dites qu'il est inutile, et peut-être ridicule, de chercher l'origine de cette prononciation *gloire-eu, victoire-eu*, ailleurs que dans la bouche de nos villageois. Je n'ai jamais entendu de paysan prononcer ainsi en parlant ; mais ils sont forcés, lorsqu'ils chantent. Ce n'est pas non plus une prononciation vicieuse des acteurs et des actrices de l'Opéra ; au contraire, ils font ce qu'ils peuvent pour sauver la longue tenue de cette finale désagréable, et ne peuvent souvent en venir à bout. C'est un petit défaut attaché à notre langue, défaut bien compensé par le bel effet que font nos *e* muets dans la déclamation ordinaire.

« Je persiste encore à vous dire, qu'il n'y a aucune nation en Europe qui fasse sentir les *e* muets, excepté la nôtre. Les Italiens et les Espagnols n'en ont pas. Les Allemands et les Anglais en ont quelques-uns ; mais, ils ne sont jamais sensibles, ni dans la déclamation, ni dans le chant [1]. »

Cela est si vrai, que Wagner va jusqu'à appeler la rime « un ornement presque musical. » Dans les lignes où apparaît cette dénomination, l'auteur de l'*Oper und Drama* se rencontre encore étroitement avec l'écrivain qui, ayant le mieux connu l'harmonie du style, a déclaré, à diverses reprises, que « la poésie est une espèce de musique. »

« Le poëte, dit Wagner, cherche, dans son langage, à substituer à la valeur abstraite et conventionnelle des mots leur signification sensible et originelle ; l'arrangement rhythmique et l'ornement (déjà presque musical) de la rime, lui sont des moyens d'assurer au vers, à la phrase, une puissance qui captive comme par un charme et gouverne à son gré le sentiment. Essentielle au poëte, cette tendance le conduit jusqu'à la limite de son art, limite que touche immédiatement la musique ; et par conséquent l'œuvre la plus complète

---

[1] *Mélanges littéraires.*

du poëte devrait être celle qui , dans son denier achèvement , serait une parfaite musique [1]. »

A son tour , Voltaire prétend « qu'un vers, pour être bon,
doit être semblable à l'or , en avoir le poids , le titre et le
son. Le poids, c'est la pensée ; le titre, c'est la pureté élégante
du style ; le son , c'est l'harmonie. »

Comme il stigmatise aussi la manie, adoptée en France depuis Lulli, d'adapter des vers à une musique écrite d'avance !
« Assurément , on n'en peut faire de bons sur des canevas
de musiciens. C'est une méthode très impertinente qui ne
sert qu'à rendre notre poësie ridicule , et à montrer la stérilité de nos ménétriers. Ce n'est point ainsi qu'en usent les
Italiens, nos maîtres. Metastasio et Vinci ne se gênaient point
ainsi l'un l'autre ; aussi , Dieu merci, on se moque de nous
par toute l'Europe [2]. » L'abus règne encore en souverain ,
sans le moindre espoir d'un redressement efficace.

Après cela, Voltaire va couronner son édifice *idéal* de la
régénération scénique , en arborant franchement , ouvertement le drapeau du drame moderne :

« Le grand art, ce me semble , est de passer du familier
à l'héroïque , et de descendre avec des nuances délicates.
Malheur à tout ouvrage de ce genre qui sera toujours sérieux,
toujours grand ! Il ennuiera : ce ne sera qu'une déclamation.
Il faut des peintures naïves ; il faut de la variété ; il faut du
simple , de l'élevé , de l'agréable. Je ne dis pas que j'aie
tout cela , mais je voudrais bien l'avoir , et celui qui y par-
viendra sera mon maître [3]. »

[1] *Quatre poëmes d'opéras.*

[2] A Thiriot, 23 janvier 1755. « Ménétrier » revêt ici une signification toute spéciale.

[3] J'ai déjà fait observer, avec Grimm, que les *Scythes* et *Olympie* (1764 et 1767)
affectent la forme du drame lyrique. Cette tendance est curieuse à observer, vers
la fin de la carrière de Voltaire. Lorsqu'à propos de la représentation d'*Athalie*
avec chœurs , à Toulouse , en 1769 , on demanda à notre poëte « des chœurs
pour toutes ses pièces , » ce désir était déjà, en partie , réalisé.

Chaque mot a ici sa valeur. Malheur, dit Voltaire, à un ouvrage qui sera toujours grand, toujours sérieux ! « Malheur, dit la préface de *Cromwel* — ce code lumineux du drame actuel, ce phare d'un monde nouveau — malheur au poëte qui fait la petite bouche ! » Cela ne signifie-t-il point en d'autres termes :

« Les émotions sont de toute nature. Le drame a ses lettres de noblesse comme sa roture. Il doit être libre, oser tout dire, passer de la comédie à la tragédie, admettre le rire et les larmes, le grotesque et le sublime, l'âme sur le corps. » Car, ajoute pittoresquement la même préface, « le génie ressemble au balancier qui imprime l'effigie royale aux pièces de cuivre comme aux écus d'or. »

Évidemment, Voltaire, dans ses hardiesses d'un moment, a subi, quoiqu'il en puisse dire, l'influence du grand dramaturge qu'il appelle ironiquement « Gilles, » et que Victor Hugo, lui, nomme « le dieu du théâtre, en qui semblent réunis, comme dans une trinité, les trois grands génies caractéristiques de la scène française : Corneille, Molière, Beaumarchais [1]. » En face de ce géant du drame, le génie de Voltaire a dû nécessairement se sentir à l'étroit, privé d'air et de mouvement, humilié d'avoir à créer des personnages s'agitant sur des échasses, pour leur donner la fausse proportion de la tragédie. Delà le coup de pioche lancé dans la poétique en vogue, et la revendication demandée de la liberté de l'art, en place du despotisme des systèmes.

Après un pareil essor, après des convictions aussi larges, aussi sensées, comment a-t-il pu retourner, en pratique et même en théorie (lire les *Commentaires sur Corneille*), à cet art rouillé et caduc, à cette grandeur monotone et con-

---

[1] Il s'agit, on l'a deviné, de Shakespeare. Voy. la préface de *Cromwell*.

ventionnelle, à ce similor scénique ? Il n'a pu, hélas !
lutter contre le flot qui l'entraînait vers la rive opposée. Il
avait, je l'ai insinué au début de ce chapitre, tout contre
lui : le public, les artistes, la critique, la censure [1]. Il se
serait brisé contre le quadruple mur d'airain, et n'aurait pu
exercer, sans d'amères concessions, son apostolat philosophique par la voie du théâtre. L'art y a perdu ; l'humanité
y a gagné.

Pardonnons-lui toutefois. A la fin de sa laborieuse carrière, il a applaudi, des deux mains, à l'avénement de
l'auteur d'*Alceste* et d'*Orphée*, qui, le premier, jeta en
France, les bases essentielles de la tragédie lyrique. Le
« nous sommes tous Gluck à Ferney ! [2] » est un *meâ culpâ*
parti d'une âme généreuse et sincère, une main cordiale
tendue à des doctrines d'autrefois, tant reniées.

Il fit mieux encore. Il prédit, dans les arts, une révolution semblable à celle qu'il prophétisa, avec son admirable
mens divinior, dans la politique et dans la société.

Parlant, entre autres, des perfectionnements dont l'art
musical est susceptible, et que l'oreille, en se formant peu
à peu, amène à chaque génération : « Vous m'en direz des
nouvelles dans cent cinquante ans d'ici ! » s'écrie-t-il, en
1735, d'un vrai ton d'oracle.

Quel est ici, je le demande, le *musicien de l'avenir ?* Le
génie qu'on a défini comme tel aujourd'hui, n'est-il pas, en
réalité, le *musicien du présent ?* Les cent cinquante ans
assignés par Voltaire, ne sont-ils point à la veille d'échoir
glorieusement avec Wagner ? N'aurons-nous point, dans

---

[1] On sait, par exemple, ce qu'il en a coûté à Voltaire pour faire admettre, dans
sa *Sémiramide*, l'ombre de Ninus, imitation des apparitions d'*Hamlet* et de
Macbeth.

[2] Voy. *Gluckisme*.

Parcival, le couronnement splendide d'une série de chefs-d'œuvre régénérateurs ? Nous verrons bien en **1885**.

« Jouons, » en attendant, « sous les bras de cet Atlas qui porte le ciel [1], » et inscrivons, en lettres d'or, au frontispice de nos temples lyriques, ces paroles remarquables, digne pendant de la malédiction vouée à la tragédie factice, et de l'*hosanna* entonné en faveur du drame illustré par Gluck : « C'est un crime, en fait de beaux-arts, de mettre des entraves au génie. Ce n'est pas pour rien qu'on le représente avec des ailes : il doit voler où il veut et comme il veut [2]. »

[1] Allusion de Voltaire à Newton.
[2] Lettre du même à Tronchin, du 1 décembre 1771.

VI. — **De Charybde en Scylla**.

Reprenons Voltaire au réel. Nous l'avons vu déclarer qu'il ne ferait plus de libretti [1]. L'accouchement a été trop laborieux, c'est convenu. Mais, vienne une nouvelle inspiration de dame muse, et les instincts de paternité vont s'imposer plus irrésistiblement que jamais.

Cette inspiration s'offre bientôt. Deux malechances avec l'auteur de *Castor et Pollux*, c'est dur, en vérité. Qu'importe, après tout, le musicien : « Voyez, dit-il, de Rameau ou de Mondonville, qui vous voudrez choisir ou qui voudra s'en charger.» Mondonville n'avait guère de réputation alors, comme compositeur ; de quoi Voltaire se souciait médiocrement. Il tenait, par dessus tout, à voir représenter sa *Pandore* à l'Opéra, car c'est d'un libretto de ce nom qu'il s'agit.

Mme d'Aiguillon a déclaré « que c'est un opéra à la Milton. » Rien que cela. Gare à la boîte mystérieuse, d'où peuvent partir « des sifflets ! » Conséquemment, « un peu de secret pour *Pandore*. » L'auteur n'impose rien ; il arrange, pour

---

[1] Voy. *Ramisme*, vers la fin du chapitre.

le mieux, le plan et les détails. Quant au reste, « ce qui est de votre goût, sera du mien, » écrit-il à d'Argental. Une des observations de celui-ci porte sur la friponnerie de Mercure, qui persuade à Pandore d'ouvrir la cassette, friponnerie semblable, d'après Voltaire, à la ruse du Serpent qui séduisit Ève.

Pendant ces « coups de lime, » d'Argental cherche un musicien. Plus de tentatives pour le moment, du côté de Rameau, sans doute pour le laisser en entier à *la Princesse de Navarre* ; et puis, à en croire le capricieux Voltaire, « le savant Rameau néglige parfois le récitatif ! » *O genus irritabile !* Dans *Samson*, le récitatif a été tour à tour loué et désapprouvé. Ici, il reprend faveur. Ah ! que le parolier serait enchanté « d'avoir courtisé avec succès, une fois en sa vie, la muse de l'opéra ! » Adorateur fervant des neuf muses, il lui faut, sans être trop coquet, le plus de bonnes fortunes que possible. Cela ne l'empêche pas d'avoir de petites colères avec son ange exterminateur : « Vous me foudroyez mes Titans, au troisième acte ! » En supprimant la scène de séduction entre Mercure et Pandore-Ève, « l'opéra pourrait commencer au quatrième acte, » ce qui est assurément « le plus grand des défauts. » En définitive, les dieux ne doivent-ils pas être coupables du mal moral et du mal physique ?

Le rôle du tentateur Mercure est dévolu aussi à Berger, chargé de captiver, ou mieux de recaptiver Rameau. Entre autres insinuations adroites que Voltaire fait glisser au maître, par son intermédiaire officieux, notons celles-ci : le librettiste de *Pandore* est très « amoureux de sa belle musique ; » il ne désire point que le maître travaille vite ; il demande, au contraire, qu'il prenne le temps nécessaire. Si de La Popelinière est en divergence d'opinions avec Voltaire, au sujet de la poësie ; si Thiriot a préféré se ranger perfidement sous une bannière différente de la sienne, Rameau n'a point à s'inquiéter de ces défections. Des modifications et des « coupures » seront d'ailleurs pratiquées à l'ouvrage.

Cela est bientôt exécuté. Circonvenu par Thiriot, l'abbé de Voisenon avait dit à Rameau du mal du libretto de *Pandore*. Lecture faite, il le trouve « très bon. » Seulement, il ne le donne « qu'à Royer[1] ! » A partir de ce moment, le nouvel « Orphée » va entrer en scène. Autre particularité intéressante à constater : *Prométhée* — c'est-à-dire *Pandore* provisoirement rebaptisée — avait été confiée à « Mme Dupin, qui voulait s'en amuser, et l'orner de quelques croches, avec M. de Franqueville et Jéliotte[2]. » Voilà, jusqu'ici, une demi-douzaine de musiciens destinés à être attelés à l'œuvre voltairienne. Quand Royer est en vue, le poëte lâche Mme Dupin, persuadé qu'elle ne lui saura pas mauvais gré, si M. de Richelieu fait travailler Royer ; c'est un arrangement qu'il n'a ni pu ni dû empêcher. »

Effectivement, le protecteur de Royer destine *Prométhée* « pour une des secondes fêtes qu'il veut donner. » Vite un message à Cideville, pour le supplier « d'en dire, avec sa sagesse ordinaire, un petit mot à la déesse de la beauté et de la musique, » et, sans le moindre doute, il tient son homme et son parterre. La déesse à invoquer, c'est la Pompadour. Pourtant, si Rameau voulait encore ! Combien *Prométhée* serait préférable à la *Princesse de Navarre*, pour former un beau spectacle à la cour ! La confiance de Voltaire n'est pas excessive, au sujet du talent de Royer : « Je

---

[1] Joseph-Nicolas-Pancrace Royer, sur lequel on trouvera, quelques pages plus loin, certains détails qui ont échappé aux biographes modernes.

[2] Mme Dupin et Franqueville me sont inconnus. Pour Jéliotte, voy. *Notes biographiques*.

suis, dit-il au président Hénault, le 14 septembre 1744, le plus trompé du monde, si Royer n'a pas fait de belles choses dans *Prométhée*. Mais , Royer n'a pas eu la plus grande part de ce monde au larcin du feu céleste. Le génie est médiocre ; on en peut cependant tirer parti. » On le doit même , car forcément Royer est devenu l'homme de la situation. Aussi, tout en marquant le dépit qu'il éprouve de voir tronquer son poëme, Voltaire prodigue-t-il au musicien un encens qui n'aurait dû s'adresser qu'à un artiste du plus grand mérite :

« J'avais eu, monsieur, l'honneur de vous écrire , non seulement pour vous marquer tout l'intérêt que je prends à votre mérite et à vos succès, mais pour vous faire voir aussi quelle est ma juste crainte que ces succès, si bien mérités, ne soient ruinés par le poëme défectueux que vous avez vainement embelli. Je peux vous assurer que l'ouvrage sur lequel vous avez travaillé, ne peut réussir au théâtre. Ce poëme, tel qu'on l'a imprimé plus d'une fois, est peut-être moins mauvais que celui dont vous vous êtes chargé ; mais, ni l'un ni l'autre ne sont faits ni pour le théâtre ni pour la musique.

« Souffrez donc que je vous renouvelle mon inquiétude sur votre entreprise , mes souhaits pour votre réussite , et ma douleur de voir exposer au théâtre un poëme qui en est indigne de toutes façons, malgré les beautés étrangères dont votre ami , M. de Sireuil , en a couvert les défauts. Je vous avais prié, monsieur, de vouloir bien me faire tenir un exemplaire du poëme tel que vous l'avez mis en musique, attendu que je ne le connais pas. Je me flatte, monsieur, que vous voudrez bien vous prêter à la condescendance de M. de Moncrif, examinateur de l'ouvrage, en mettant à la tête un avis nécessaire, conçu en ces termes :

« Ce poëme est imprimé tout différemment dans le recueil

» des ouvrages de l'auteur ; les usages du théâtre lyrique et
» les convenances de la musique ont obligé d'y faire des
» changements pendant son absence. »

« Il serait mieux, sans doute, de ne point hasarder les
représentations de ce spectacle, qui n'était propre qu'à une
fête donnée par le roi, et qui exige une prodigieuse quantité
de machines singulières. Il faut une musique aussi belle que
la vôtre, soutenue par la voix et par les agréments d'une
actrice principale, pour faire pardonner le vice du sujet et
l'embarras inévitable de l'exécution. Le combat des dieux et
des géants est au rang de ces grandes choses qui deviennent
ridicules, et qu'une dépense royale peut sauver à peine.

« Je suis persuadé que vous sentez comme moi tous ces
dangers. Mais, si vous pensez que l'exécution puisse les
surmonter, je n'ai auprès de vous que la voie de représentation. Je ne peux, encore une fois, que vous confier mes
craintes ; elles sont aussi fortes que la véritable estime avec
laquelle j'ai l'honneur d'être, etc. [1]. »

L'insuffisance du musicien l'inquiète autant que l'appréhension d'être abandonné le tourmente. S'il pactise jusqu'à
un certain point avec Sireuil, il déplore amèrement sa malencontreuse intervention. Son œuvre mutilée, dit-il à de Moncrif,
est une vraie « mascarade. » Découragé autant que peiné,
il n'a plus qu'à tenter de se soustraire au ridicule qui l'attend.
Prométhée défiguré « n'est pas (selon lui) plus propre pour
le théâtre lyrique, que les Chinois [2] pour le théâtre de la
comédie. » A quoi bon le suffrage des connaisseurs de
l'hôtel de ville ? « Il faudrait une musique divine pour faire
réussir cet ouvrage. » Une édition spéciale est nécessaire,

[1] 20 mars 1754.
[2] *L'Orphelin de la Chine*, tragédie de Voltaire.

afin que « les deux turpitudes soient bien distinctes. » Selon lui, « folio recto, folio verso, tout est détestable ; » et « il fallait attendre sa mort pour le disséquer. » Enfin, si on ne peut rendre à Royer le service de le déshonorer, Voltaire demande absolument que l'opéra soit intitulé : *Prométhée, fragments de la tragédie de Pandore, déjà imprimée, à laquelle on a fait substituer et ajouter tout ce qui a paru convenable au musicien, pendant l'éloignement de l'auteur.*

Dès lors, tous les efforts du parolier tendent à empêcher « le cahos de Sireuil et de Royer » de paraître, ou du moins à en différer l'exhibition. Les deux tiers des sifflets, renfermés dans la boîte fatale, reviennent aux coupables. « Ce polisson de Royer ! » La colère de Voltaire est extrême ; pour comble, Crébillon triomphait avec le *Triumvirat.* L'épithète de « polisson » n'est due qu'à un moment de surexcitation nerveuse. Bientôt, il écrit à Thiriot que Royer joint l'esprit de Lulli à la science de Rameau ! » Toujours d'un excès à l'autre. La suppression d'une fête donnée par Pandore dans le ciel, l'avait surtout rendu furieux. « Je vous en fais juge, dit-il à d'Argental, un musicien doit-il être embarrassé à mettre en musique ces paroles ?

> Aimez, aimez, et régnez sur nous.
> Le dieu des cieux est seul digne de vous.
>
> . . . .
>
> Les fleurs immortelles
> Ne sont qu'en nos champs :
> L'amour et le temps
> Ici n'ont point d'ailes. »

Sa propagande contre la représentation de l'ouvrage le mettra à l'abri des parodies de la Foire et des morsures de Fréron ; puis, au fond, « cet opéra, un tant soit peu métaphysique, n'est point fait » pour le public parisien. Aussi, lui mande-t-on de la grande capitale « qu'on n'achèverait pas la pièce. » En vérité, « M. de Sireuil en sera pour ses vers, Royer pour ses croches, et le prévôt des marchands (de l'hôtel de ville) pour son argent[1]. » Une lettre adressée au marquis de Ximènes, excellent littérateur, résume fort bien les tribulations de l'auteur :

« Vous voyez, monsieur, que tous les maux sont sortis pour moi de la boîte de Pandore avec les doubles croches de M. Royer. Il ne savait pas seulement que *Pandore* fût imprimée, et il fit faire, il y a un an, des canevas par M. de Sireuil, son ami, qui crut que j'étais mort, comme les gazettes l'avaient annoncé. Royer ne pouvant me tuer, a tué un de mes enfants. Je souhaite que le sien vive. Il m'écrivit, il y a trois mois, que son opéra était gravé. Il le sera sans doute dans la mémoire, mais il ne l'était pas encore en papier. Je fis les plus humbles remontrances ; je n'ai rien obtenu ; on me regarde comme mort ; on vend mon bien, et on le dénature. M. de Sireuil m'a écrit ; il me paraît un homme sage et modeste, très fâché de la peine qu'on l'a engagé à prendre et à me faire. Je ne crois pas qu'il soit possible d'empêcher cette nouvelle tribulation, qu'il faut bien que j'essuie. Je n'ai pas même l'espérance qu'on disait être au fond de la boîte. C'est un nouveau malheur, et, qui pis est, un malheur ridicule. Vous m'offrez généreusement votre secours, vous voulez qu'un M. de Lasalle, sous vos ordres, remédie, autant qu'il pourra, à cette déconvenue. J'accepte vos bontés ; il faudrait que tout se passât sans choquer personne ; il faut craindre un ridicule de plus. Royer dit qu'il ne veut rien changer à sa musique ; il a

---

[1] J'aurais déjà dû prévenir le lecteur que je n'envisage ici la volumineuse correspondance relative à *Pandore* qu'à vol d'oiseau. Il y a d'ailleurs une infinité de répétitions oiseuses.

obtenu une approbation pour faire imprimer le poëme sous le nom de *Fragments de Prométhée, avec les changements et les additions que M. Royer a crus propres à sa musique.* C'est à peu près ce que porte le titre.... »

Dénoûment imprévu. Royer, « qui ne pouvait le tuer » rend à Voltaire le service de mourir lui-même. Quelle joie et quelle méchanceté percent dans les missives du librettiste ! D'abord à Cideville , le 23 janvier 1755 : « La seule chose dont je puisse bénir Dieu , est la mort de Royer. Dieu veuille avoir son âme et sa musique ! Cette musique n'était point de ce monde. Le théâtre m'avait immolé à ses doubles cro-ches , et avait choisi, pour m'égorger , un ancien porte-manteau du roi , nommé Sireuil. Dieu est juste , il a retiré Royer à lui , et je crains à présent beaucoup pour le porte-manteau. » A de Ximénès, il déclare que le défunt « ne sera pas placé dans l'autre monde , à côté des Vinci et des Per-golèse. » Après avoir affirmé à d'Argental que « Dieu a puni Royer , » il ajoute : « Je voudrais qu'on enterrât avec lui son opéra , avant de l'avoir exposé sur son lit de parade [1] ! »

Une nouvelle odyssée commence. Suivons-en rapidement les singulières péripéties.

Ce fut en 1761 , par l'intermédiaire de Mlle Fel , cantatrice

[1] Fétis fait de Royer un Bourguignon. D'après La Combe , son contemporain, Royer naquit en Savoie, et fut naturalisé Français. Fétis , au surplus, ne donne pas la date de la mort du collaborateur de Voltaire , date que La Combe fixe au 11 janvier 1755. Royer était alors dans sa cinquantième année. « Il avoit , ajoute La Combe , un zèle vif et éclairé pour les progrès de la musique ; il a formé d'ex-cellents musiciens , qui doivent à ses soins leurs talents et leur réputation. » Voy. ļe *Dictionnaire des Beaux-Arts*, édition de 1759, supplément, p. 18. De Léris dit, de son côté, dans son *Dictionnaire des Théâtres,* édition de 1763 : « *Pandore* n'a point encore été représentée, quoique mise en musique par Royer , et répétée même, le 5 octobre 1752, au concert de Mme la marquise de Villeroy, en présence de M. le prévôt des marchands.» Royer mit, parait-il, neuf ans à limer sa partition.

de l'Opéra, que Voltaire entra en relations avec le musicien-
amateur de La Borde. Il ne fut alors nullement question
de *Pandore*. De La Borde, homme du monde, très affable ,
très obligeant, s'occupait activement des souscriptions à
recueillir pour les *Commentaires sur Corneille*. En cela, il
rendait un service réel à Voltaire , qui ne manque pas de
s'en souvenir dans sa lettre à Mlle Fel :

« Il me semble, mademoiselle, que je vous dois des
remerciements, toutes les années, d'avoir bien voulu venir
dans ma petite retraite ; mais il faut que je vous remercie
d'une autre sorte de plaisir que vous m'avez fait, et que
vous ne savez peut-être pas.

» Vous me dîtes, aux Délices, qu'il y avait à Paris un
homme plein d'esprit et de générosité, dont le plus grand
plaisir était d'obliger, et que c'était M. de La Borde. Je
m'en suis souvenu, quand il a été question d'imprimer un
Corneille avec des commentaires, et d'en faire une édition
magnifique, au profit de la famille infortunée de ce grand
homme. J'ai répété mot pour mot à M. de La Borde, très
indiscrètement, tout ce que vous m'aviez dit de lui. Je
vous assure qu'il n'a pas démenti vos éloges : il favorise
cette entreprise avec tout le zèle d'un excellent citoyen, et
il m'a écrit une lettre qui fait bien voir qu'il a autant
d'esprit que de noblesse d'âme. Je suis si pénétré de tout
ce qu'il daigne faire, que je ne puis m'en taire avec vous.

» Vous qui avez des talents si supérieurs, mademoiselle,
vous sentez bien mieux que personne, combien il sera beau
à notre nation de protéger les talents du grand Corneille
cent ans après sa mort, et vous devez être flattée que ce
soit votre ami, M. de La Borde, qui ait fait les premières
démarches. Pardonnez donc à mon enthousiasme , et
comptez que nous en avons toujours beaucoup pour vous

au pied des Alpes , Mme Denis et moi. Recevez , avec notre bonté ordinaire les sentiments respectueux du vieux Vol- taire [1]. »

Royer n'était guère habile dans son art, paraît-il. De La Borde s'y entendait moins encore. Il faut lire ce que Burney dit de l'opéra de *Zaïde* , pour savoir ce que valaient, ou plutôt ne valaient pas les compositions de ce dilettante d'anti-chambre. Il suffira de constater, pour le moment, que le musicographe anglais déclare *Zaïde* « en dessous de toute critique. »

Voltaire , toujours partial outre mesure quand l'intérêt le guide , exaltera son nouveau collaborateur avec la même complaisance qu'il a mise à encenser son ci-devant Orphée. Dès que les premiers pourparlers , menagés par le dauphin, ont eu lieu, le poëte, avec sa souplesse habituelle, reprend son thème d'adulation insinuante , et s'empresse de faire ressortir la portée « philosophique » de son œuvre , d'après lui, le symbole de « l'origine du mal moral et du mal physique ? » A quoi bon ces subtilités ? En vantant le réci- tatif de Lulli, il oublie qu'il l'a renié sous Rameau, réhabi- lité sous Royer, pour le renier encore en présence de de La Borde. Le tout , ou à peu près , sera « coupé par des ariettes. » La latitude du musicien est absolue : « Taillez, dit-il , mes bouquets... ne vous gênez sur rien. » Les bou- leversements accomplis par Sireuil sont donc oubliés ou par- donnés ? Voici une lettre spirituelle , mais peu sensée , assurément :

« Savez-vous , monsieur, combien votre lettre me fait d'honneur et de plaisir ? Voici donc le temps où les morts ressuscitent. On vient de rendre la vie à je ne sais quelle

[1] 29 juillet 1761.

Adelaïde[1], enterrée depuis plus de trente ans ; vous voulez en faire autant à *Pandore* ; il ne me manque plus que de me rajeunir. Mais M. Tronchin ne fera pas ce miracle, et vous viendrez à bout du vôtre. *Pandore* n'est pas un bon ouvrage, mais il peut produire un beau spectacle et une musique variée : il est plein de duo, de trio et de chœurs. C'est d'ailleurs un opéra philosophique qui devrait être joué devant Bayle et Diderot ; il s'agit de l'origine du mal moral et du mal physique. Jupiter y joue d'ailleurs un assez indigne rôle ; il ne lui manque que ses deux tonneaux. Un assez médiocre musicien, nommé Royer, avait fait presque toute la musique de cette pièce bizarre, lorsqu'il s'avisa de mourir. Vous ne ressusciterez pas ce Royer, vous êtes plutôt homme à l'enterrer.

« J'avoue, monsieur, qu'on commence à se lasser du récitatif de Lulli, parce qu'on se lasse de tout, parce qu'on sait par cœur cette belle déclamation notée, parce qu'il y a peu d'acteurs qui sachent y mettre de l'âme ; mais cela n'empêche pas que cette déclamation ne soit du ton de la nature, et la plus belle expression de notre langue. Ces récits m'ont toujours paru fort supérieurs à la psalmodie italienne, et je suis comme le sénateur Pococurante, qui ne pouvait souffrir un châtré faisant, d'un air gauche, le rôle César ou de Caton [2].

« L'opéra italien ne vit que d'ariettes et de fredons : c'est le mérite des Romains d'aujourd'hui ; la grande messe et les opéra font leur gloire ; ils ont des faiseurs de doubles croches, au lieu de Cicérons et de Virgiles ; leurs voix

---

[1] Tragédie de Voltaire jouée en 1734, et remise, avec des changements, sous le titre d'*Adelaïde Duguesclin*, en 1765.

[2] Voy. *l'Opéra*.

charmantes ravissent tout un auditoire en *a*, en *e*, en *i*
et en *o*.

« Je suis persuadé, monsieur, qu'en unissant ensemble
le mérite français et le mérite italien, autant que le génie
de la langue le comporte, et en ne vous bornant pas au
vain plaisir de la difficulté surmontée, vous pourrez faire
un excellent ouvrage sur un très médiocre canevas [1]. Il
y a heureusement peu de récitatif dans les quatre premiers
actes ; il paraît même se prêter aisément à être mesuré
et coupé par des ariettes.

« Au reste, si vous voulez vous amuser à mettre le péché
original en musique, vous sentez bien, monsieur, que
vous serez le maître d'arranger le jardin d'Éden tout comme
il vous plaira ; coupez, taillez mes bosquets à votre fantaisie,
ne vous gênez sur rien. Je ne sais plus quelle dame de la
cour, en écrivant en vers au duc d'Orléans régent, mit à
la fin de sa lettre :

> Allongez les trop courts, et rognez les trop longs,
> Vous les trouverez tous fort bons.

« Vous écouterez donc, monsieur, tout ce qu'il vous
plaira ; vous disposerez de tout. Le poëte d'opéra doit être
très humblement soumis au musicien ; vous n'aurez qu'à
me donner vos ordres, et je les exécuterai comme je pourrai.
Il est vrai que je suis vieux et malade, mais je ferai des
efforts pour vous plaire, et pour vous mettre bien à votre
aise.

« Vous me faites un grand plaisir de me dire que vous
aimez M. Thomas ; un homme de votre mérite doit sentir
le sien. Il a une bien belle imagination, guidée par la phi-

---

[1] Une nouvelle palinodie à noter. Voy. *Wagnérisme*.

sosophie ; il pense fortement, il écrit de même. S'il ne voyageait pas actuellement avec Pierre-le-Grand, je le prierais d'animer Pandore de ce feu de Prométhée dont il a une si bonne provision ; mais la vôtre vous suffira ; le peu que j'en avais n'est plus que cendres ; soufflez dessus, et vous en ferez peut-être sortir encore quelques étincelles. Si j'avais autant de génie que j'ai de reconnaissance de vos bontés, je ressemblerais à l'auteur d'*Armide* ou à celui de *Castor et Pollux* [1]. »

Tel est, en raccourci, le *modus agendi* de de La Borde. On dirait que, tout en paraissant lui donner ses coudées franches pour les détails de la pièce, il ait voulu lui tracer un plan bien déterminé et le soumettre à certaines exigences pour l'ensemble. Quant au prétendu « souffle » qui animait le musicien, Voltaire savait, au fond, je pense, à quoi s'en tenir. Il a dû connaître, entre autres, l'épigramme qu'on lança, à Paris, contre son nouveau collaborateur, et la caricature qu'on fit paraître à propos d'un opéra « sans génie et sans goût. » Le musicien-amateur était, en définitive, plus occupé de sa charge à la cour que de l'art où il prétendait se faire un nom. Grimm, qui le qualifie de « baroque, » plaint sa « malheureuse passion de composer de la musique, » laquelle, ajoute-t-il, était satisfaite souvent à ses dépens [2]. »

Parent de Mme de Pompadour, de La Borde était fils du premier fermier général et frère du banquier de ce nom. C'est donc à tort que Castil-Blaze le nomme « financier-compositeur, » en le confondant étourdiment avec deux membres de sa famille. Pour achever de faire connaître

---

[1] 4 novembre 1765.

[2] *Correspondance de Grimm et Diderot*, années 1769 et 1771.

notre nouveau héros, écoutons Collé, qui, dans son *Journal*, écrit ces lignes, à propos des quatre actes de *Thétis et Pelée* : « Si la nature a refusé du génie et même du talent à M. de La Borde, elle l'a prodigieusement dédommagé par la présomption qu'elle lui a donné. Avant la représentation de son opéra, ce modeste auteur disait, à qui voulait l'entendre, qu'il avait laissé subsister, par malice, la musique de Colasse dans l'acte du *Destin*, afin qu'on fût à portée d'en faire la comparaison avec la sienne. Lorsqu'on entendit ce fragment, il s'éleva dans la salle un doux frémissement, signe certain de la satisfaction de l'auditoire ; il commençait à respirer, se sentait à son aise de ne plus entendre la froide musique de de La Borde, et surtout d'en ouïr, à sa place, une autre, pleine d'expression, de noblesse et de force. »

Quelques légers nuages dérobent encore, aux regards enthousiastes de Voltaire, la parfaite contemplation de l'astre naissant. De Chabanon est chargé de les dissiper : « Il lui est revenu qu'on faisait des critiques, et que l'on trouvait quelques endroits faibles. Il s'en rapporte à lui. Il y a bien de l'arbitraire en musique ; les oreilles que Cicéron appelle *superbes*, sont capricieuses. Il n'en est pas ainsi du cœur, qui est un juge infaillible. » Quelle a été là-dessus l'opinion du poëte-musicien consulté ? Je l'ignore. De La Borde est désormais un Orphée, voilà ce que je tiens. « Sa belle musique adoucira les mœurs. » Que dis-je ? Elle apprivoisera « les loups et les tigres. » Quelles oreilles ont-ils ? On le devine sans peine. Il est trop visible que son allégorie servait uniquement à entretenir l'amour-propre du musicien et à fortifier sa foi. De La Borde, en effet, venait de produire l'opéra d'*Amphion*, qui, au dire d'un journal du temps, « est ignomineusement tombé, musique et paroles. » Écoutez :

« Je vous l'avais bien dit, mon cher Orphée : la lyre n'apprivoise par tous les animaux, encore moins les jaloux ; mais il ne faut pas briser sa lyre, parce que les ânes n'ont pas l'oreille fine. Les talents sont faits pour combattre, et, à la longue, ils remportent la victoire. Combattez, travaillez, opposez le génie au mauvais goût, refaites ce quatrième acte, qui est de l'exécution la plus difficile. Je pense qu'il vaut mieux faire jouer une fois votre opéra à Paris, qu ede mendier à la cour une représentation qu'on ne peut obtenir, tout étant déjà arrangé. Croyez que c'est au public qu'il faut plaire. Vous en avez déjà des preuves devers vous. Je suis persuadé que vous en aurez de nouvelles, quand vous voudrez vous plier à négocier avec les entrepreneurs des doubles croches et des entrechats.

« Un jeune homme m'a montré une espèce d'opéra-comique, dans le goût le plus singulier du monde. J'ai pensé à vous sur-le-champ ; mais il ne faut courir ni deux lièvres, ni deux opéras à la fois. Songez à votre *Pandore*. Tirez de la gloire et des plaisirs du fond de sa boîte : faites l'amour et des passacailles. Pour moi, je suis bien hardi de vous parler de musique, quand je ne dois songer qu'à des *de Profondis* qui ne seront pas même en faux-bourdon.

« Voudriez-vous avoir la bonté de m'envoyer une copie des paroles de *Pandore*, telles que vous les avez mises en musique ? Je tâcherai de rendre quelques endroits plus convenables à vos talents, et qui vous mettront plus à l'aise. Envoyez-moi ce manuscrit contre-signé, cela vous sera très aisé.

« Adieu, mon cher et digne ami ; ne vous rebutez point. Quand un homme comme vous a entrepris quelque chose, il faut qu'il en vienne à bout. Le découragement n'est point fait pour le génie et pour le mérite. Combattez et triomphez. Ne parlez point surtout au maître des jeux [1] ; il est impossible qu'il fasse rien pour vous, cette année ; je vous en avertis avec une très grande connaissance de cause. Ne manquez pas d'exécuter votre charmant projet de venir au 1r de juillet, nous aurons des voix et des instruments. Je vous dirai franchement que Mme Denis se connaît mieux en musique que tous les gens dont vous me parlez. Venez, venez, et je vous en dirai bien davantage [2]. »

Bientôt, Voltaire mande à de Chabanon que la partition de *Pandore* offre « des morceaux qui vont à l'oreille et à l'âme. Il ne faut pas qu'il (l'auteur) enfouisse un si beau talent. Il me paraît surtout entendre à merveille ce que personne n'entend : c'est l'art de dialoguer. » A une autre occasion, il déclare avoir la *Pandore* de de La Borde à cœur, non parce qu'il a « fourni la toile qu'il a bien voulu peindre, mais parce qu'il a trouvé des choses charmantes dans son exécution. » Il va plus loin encore dans ses appréciations flatteuses, en écrivant à Damilaville : « Je suis étonné de son talent. Nous nous attendions, Mme Denis et moi, à de la musique de cour, et nous avons trouvé des morceaux dignes de Rameau. » Rien que cela ! Il souhaite passionnément « qu'on joue le péché originel à l'Opéra. Il ne mérite d'être joué qu'à la Foire Saint-Laurent, si on le donne sous son véritable nom ; mais, sous le nom de *Pandore,* il mérite le théâtre de l'Académie de musique. »

Glissons sur les remaniements pratiqués au libretto, sur

---

[1] Le maréchal de Richelieu, premier gentilhomme de la chambre.

[2] 4 juin 1767. Voy. *Musique intime.* Le 14 février 1767, avait eu lieu, aux Menus Plaisirs, une répétition de *Pandore.* La nullité de la partition de de La Borde entraîna dans sa chûte l'œuvre du parolier.

les conseils de de Chabanon. On veut empêcher, entre autres, que « le potier de Prométhée ne fasse une forte plate figure, lorsqu'on danserait et qu'on chanterait autour de Pandore. » Voltaire n'y voit « d'autre remède que de lui faire notifier aux spectateurs qu'il veut jouir du plaisir de voir le premier développement de l'âme de Pandore, supposé qu'elle ait une âme. » Entretemps, il relance vivement son collaborateur musical, et le met même en demeure de ne pas négliger sa *Pandore*, « fût-il premier ministre. » Il ne prétendait pas que de La Borde le traitât « comme Rameau traitait l'abbé Pellegrin, à qui il n'écrivait jamais. » Un mot de critique accompagne ces admonestations : « Cette musique manque, en certains endroits, de cette énergie et de ce sublime que Lulli et Rameau ont seuls connus, et que l'opéra-comique n'inspirera jamais à ceux qui aiment *il gusto grande*. » N'avions-nous pas vu, tout à l'heure, dans *Pandore*, des morceaux dignes de Rameau ? Tout devait donc porter un cachet de supériorité ? « A l'égard de la musique d'opéra, il faut du génie et des acteurs ; ce sont deux choses peu communes. » Que fallait-il donc à l'inconstant librettiste ?

Plus d'une fois, Voltaire fut jugé « incapable de faire un opéra. » Grimm, entre autres, ne lui cachait point son opinion à cet égard. A propos du fiasco de la *Reine de Golconde*, paroles de Sedaine, musique de Monsigny, le « prophète » interpelle ainsi le parolier fourvoyé : « Souvenez-vous que M. de Voltaire, qui a excellé dans tous les genres, n'a jamais su réussir dans celui-ci. Ses chutes sur ce théâtre lui ont toujours donné un titre de plus à mon admiration ; son esprit juste et vrai n'a jamais su se plier au faux goût de ce genre, qu'une antique superstition lui a fait regarder

comme admirable. » Si Grimm, passablement exclusif ici,
stigmatise l'opéra, du moins il n'en fit jamais.

Une période imprévue s'ouvre pour l'odyssée de *Pandore*.
« J'ai encore une demi-passion, mande Voltaire à d'Argental, c'est que l'opéra de M. de La Borde soit donné pour
la fête du mariage du Dauphin. » La transformation musicale du valet de chambre s'est-elle opérée comme par enchantement ? Le voilà, en tout cas, devenu tellement
supérieur, aux yeux du poëte, que celui-ci rêve d'avoir sa
« statue, » pour en orner son salon de musique. « Si j'avais
son portrait, il aurait une statue dans mon petit salon :

> Avec tous les talents le destin l'a fait naître ;
> Il fait tous les plaisirs de la société :
> Il est né pour la liberté,
> Mais il aime bien mieux son maître [1]. »

Cela prouve, au moins, que l'illusion d'une représentation
gala fascinait Voltaire.

De La Borde avait d'autres soucis. Un procès à soutenir
contre l'abbé Claustre, une équipée amoureuse, pire encore
qu'un procès, l'écartent, pour le moment, de sa distraction
favorite. Voltaire s'est « fort intéressé aux scènes de ce
fripon de prêtre ; » quant à l'affaire de sentiment, quant à
« cette femme dans laquelle de La Borde est enterré jusqu'au cou, il faut sans doute aimer sa maîtresse, mais il
ne faut pas absolument abandonner tout le monde. »

Au milieu d'autres déconvenues, son vieil ami Richelieu
l'abandonnera-t-il, lui qui, tant de fois, l'a assisté efficacement ? Il essaie de l'éblouir, au lieu de l'émouvoir ; c'est
l'essentiel :

« Ce n'est point aujourd'hui à monsieur le doyen de notre

---

[1] A Bouret, fermier général, 13 août 1768.

académie, c'est au premier gentilhomme de la chambre que
je présente ma requête. Je vous jure, monseigneur, que la
musique de la *Pandore* est charmante, et que ce spectacle
ferait le plus bel effet du monde aux yeux et aux oreilles.
Il n'y avait certainement qu'un grand opéra qui pût réussir
dans la salle du Manége où vous donnâtes une si belle fête
aux noces de la première dauphine ; mais la voûte était si
haute, que les acteurs paraissaient des pygmées ; on ne
pouvait les entendre. Le contraste d'une musique bruyante
avec un récit qui était entièrement perdu, faisait l'effet des
orgues qui font retentir une église quand le prêtre dit la
messe à voix basse.

« Il faut, pour des fêtes qui attirent une grande multitude,
un bruit qui ne cesse point, et un spectacle qui plaise continuellement aux yeux. Vous trouverez tous ces avantages
dans la *Pandore* de M. de La Borde, et vous aurez de plus
une musique infiniment agréable, qui réunit, à mon gré, le
brillant de l'Italien et le noble du Français.

« Je vous en parle assurément en homme très désintéressé,
car je suis aveugle tout l'hiver, et presque sourd le long
de l'année. Je ne suis pas homme d'ailleurs à demander
un billet pour assister à la fête ; je ne vous parle qu'en
bon citoyen qui ne songe qu'au plaisir des autres.

« De plus, il me semble que l'opéra de *Pandore* est
convenable aux mariages de tous les princes ; car vous m'a-
vouerez que partout où il y a de grands malheurs ou de
grands chagrins mêlés de cent mille petits déragrements,
Pandore apporte l'amour et l'espérance, qui sont les con-
solations de ce monde et le baume de la vie [1]. »

C'est de l'éloquence en pure perte. Une seconde lettre
au « héros » n'aura guère meilleure chance :

---

[1] 19 juillet 1769.

« Mon héros souffrira-t-il qu'on donne de vieille musique à une jeune princesse ? Je lui répète et je l'assure que l'opéra de M. de La Borde est rempli de morceaux charmants, qui tiennent de l'Italien autant que du Français.

« Qui favorisera un premier valet de chambre du roi, si ce n'est un premier gentilhomme de la chambre ? L'amie de mon héros ne doit-elle pas s'intéresser à faire donner une belle fête ? Cela ne lui fera-t-il pas honneur ? Je crois qu'elle n'a qu'à témoigner sa volonté. Je ne doute pas que M. le duc d'Aumont ne se fasse un plaisir de lui donner l'opéra qu'elle demandera. Si j'osais répondre de quelque chose, ce serait du succès de cette musique. En vérité, il est honteux de donner du réchauffé à une dauphine. Vous avez soutenu la gloire de la nation dans des occasions un peu plus sérieuses, et vous ne l'abandonnez pas quand il s'agit de plaisirs. Il ne vous en coûtera que trois ou quatre paroles, et à votre amie autant. Ne rejetez pas la prière du plus ancien, du plus tendre et du plus respectueux de vos courtisans [1]. »

N'importe. L'élan est donné, il s'agit d'aller jusqu'au bout : « Est-ce que Mme la duchesse de Villeroi ne pourrait pas nous rendre cette espérance que nous avons perdue, et qui était encore au fond de cette maudite boîte ? » demande-t-il à d'Argental, en l'assurant qu'il s'agit « de la plus grande affaire de l'Europe. » Il poursuit : « J'aime bien *les Guèbres*, mais j'aimerais encore mieux que *Pandore* réussît à la cour, supposé qu'il y en ait une. En vérité, voilà une négociation que vous devriez entreprendre. On veut du Lulli ; c'est se moquer d'une princesse autrichienne élevée dans l'amour de la musique italienne et de l'allemande ; il ne faut pas la faire bâiller pour sa bien-venue. On me dira peut-être que de La Borde la ferait bâiller bien davantage ; non, je ne le crois

---

[1] 21 août 1769.

pas : sa musique m'a paru charmante , et le spectacle serait magnifique. On me dira encore qu'on ne veut point tant de magnificence , qu'on ira à l'épargne ; et moi je dis qu'on dépensera avec Lulli autant qu'avec de La Borde , et que messieurs des menus n'épargnent jamais les frais. »

Au tour du duc d'Aumont d'entendre ressasser le même thème. Musique italienne ou française, qu'importe ? Entre autres raisons de l'échec essuyé, celle de la couleur « métaphysique » d'une pièce destinée à une princesse dévote, ne prime-t-elle pas toutes les autres ? L'auteur lui-même n'était-il pas frappé en quelque sorte d'ostracisme ? On préfère *Persée*, qui , au rapport de Grimm, « ennuya magnifiquement, » et dont toutes les machines râtèrent l'une après l'autre. On n'y compte qu'un succès, réservé au chanteur Legros, qui se laissa choir ridiculement aux pieds d'Andromède. Après vinrent *Castor et Pollux* et le ballet *la Tour enchantée* , dont le sujet avait été fourni par l'ordonnatrice de la fête, Mme de Villeroi. La boîte de *Pandore* eût certainement mieux convenu que cette « tour de papier huilé » qui fit tant rire le public.

Voltaire se console, en attendant, par un trait d'esprit : « Je vois bien, dit-il, que *Pandore* a fait coupe-gorge. Il est fort aisé de faire ordonner par Jupiter, à la dame Némésis, d'emprunter les chausses de Mercure, et son chapeau et ses talonnières ; mais le reste est impossible : *tu nihil invitâ dices faciesve Minervâ.* Ce sont ces commandements de Dieu que les Justes ne peuvent exécuter. » Peu après, il est amené à constater que *Pandore*, « un peu enjolivée, » n'a point trouvé grâce, bien qu'elle ait « réussi à la répétition [1], »

---

[1] Voir, sur cette répétition de *Pandore*, la lettre de Voltaire à de La Borde, reproduite ci-après.

devant le duc de Duras. Sera-t-elle mise, décidément, aux oubliettes ? Voyons.

Un sujet d'opéra lui est d'abord offert par le maréchal de Richelieu. A votre service, monseigneur, j'en ai un tout prêt : « Il faudrait quelque chose d'héroïque mêlé à la plaisanterie. » Pour la musique, celle que je vous recommande « réussirait infiniment à la cour. » Le « héros, » bien plus porté pour « Mme Arsène et son charbonnier, » fait la sourde oreille, et laisse emporter la place par Mme de Villeroi, qui protégeait *Alcidonis*, et qui même y avait collaboré. Il s'agit, on l'a deviné, des « fêtes de la comtesse d'Artois. » Nouvel ultimatum à de La Borde, cette fois, au péril de sa vie : « *Pandore* avec sa boîte a été la source de bien des maux, puisqu'elle a fait mourir de chagrin ce pauvre Royer, et qu'elle est capable de jouer un pareil tour à de La Borde. » Il est évident que celui-ci espère bien plus en Voltaire, que le patriarche n'espère en son musicien :

« Quoi, mon cher Orphée, vous voulez que ce soit moi qui agisse, moi si étranger dans votre cour, moi pauvre vieillard, dont toute l'ambition est d'être oublié dans ce pays-là ! Moi persécuté, moi mourant, moi qui n'ai jamais eu la moindre correspondance avec la personne.[1] dont vous me parlez.

« J'ai grand' peur qu'Orphée n'ait joué sa lyre devant des animaux jaloux de lui. Mais vous approchez vos dieux, vous êtes dans l'olympe ; vous êtes à portée d'obtenir tout des déesses. Ces divinités daigneraient-elles seulement répondre à un mortel confiné dans un désert ? Liraient-elles seulement sa lettre ? Le héros qui préside aux fêtes daigne quelquefois se souvenir de moi, mais bien rarement. Je vais lui écrire et le prier de parler à la belle déesse. Je lui

---

[1] Mme du Barry.

demanderai même si je puis hasarder une lettre, ce qui est extrêmement délicat dans la position où je suis. On m'a dit que beaucoup de choses avaient été applaudies à une répétition que vous fîtes faire, il y a, je crois, trois ans, quoique cette répétition fût très mal exécutée ; mais que surtout la symphonie et les voix s'acquittèrent très mal de leur devoir au quatrième acte, et la musique ne parut que du bruit.

« Cette répétition, qui devait faire l'effet le plus favorable, en fit un désavantageux ; cette impression est restée, à ce qu'on prétend, dans la tête du surintendant des fêtes de cette année. Je lui dirai que ce quatrième acte est tout changé, et que vous avez surtout accourci quelques endroits qui parurent trop longs.

« Vous savez qu'il faut entrer un peu dans l'opinion des gens qu'on sollicite ; en un mot, je vais faire tout ce qui dépendra de moi ; mais, encore une fois, ce n'est pas dans les limbes où je suis, que l'on dispose de la cour céleste.

« Je vous embrasse bien tendrement. Je baise le manche de votre lyre, et je finis ma lettre pour écrire au maître des jeux [1]. »

On connaît déjà, en substance, le factum au maître des jeux. On en devine aussi le résultat négatif. En présence d'un pareil échec, Voltaire « n'ose renouveler ses supplications,» et prêche résolûment la patience à son collaborateur :

« Mon cher Orphée, je suis aussi intéressé que vous dans cette affaire délicate. J'ai assurément autant d'envie que vous qu'elle réussisse ; mais je vous conjure de ne la point gâter et de ne la point rendre impraticable. Elle échouerait infailliblement, si je fesais la moindre démarche avant d'avoir reçu la réponse à la lettre que j'ai écrite, et on vous en sau-

[1] 5 mai 1773.

rait, comme à moi, un très mauvais gré. Vous savez que je suis dans une position assez équivoque. Sentez bien d'ailleurs que, si on faisait la moindre tentative pour forcer la main à l'homme de qui la chose dépend [1], il aurait mille moyens de rendre nos efforts inutiles et mille autres moyens de se venger sur moi d'avoir entrepris de l'assiéger et de le forcer dans sa ville capitale.

« Encore une fois, mon cher Orphée, attendons sa réponse ; que ce petit délai ne vous empêche pas d'embellir votre ouvrage, lorsque vous vous sentirez inspiré. Le génie n'a besoin de personne ; il est indépendant de tout ; il est au-dessus de toutes les difficultés ; il applanit tous les obstacles.

« Écoutez ce génie et ma tendre amitié. Soyez bien persuadé que j'ai le cœur déchiré, et un de mes plus grands chagrins est de ne pouvoir vous montrer mes blessures [2]. »

La suprême ressource est, le croira-t-on ? la du Barry, avec laquelle Voltaire se défend pourtant d'avoir eu jamais « la moindre correspondance. » De La Borde est dans le sérail ; il en connaît les détours ; il va préparer son coup d'état. Le quel ? Jugez-en :

« Madame, M. de La Borde m'a dit que vous lui aviez ordonné de m'embrasser des deux côtés de votre part :

> Quoi ! deux baisers sur la fin de ma vie !
> Quel passeport vous daignez m'envoyer !
> Deux, c'en est trop, adorable Égérie,
> Je serais mort de plaisir au premier.

« Il m'a montré votre portrait ; ne vous fâchez pas, madame, si j'ai pris la liberté de lui rendre les deux baisers :

---

[1] Toujours le duc de Richelieu.
[2] 19 mai 1773.

> Vous ne pouvez empêcher cet hommage,
> Faible tribut de quiconque a des yeux :
> C'est aux mortels d'adorer votre image;
> L'original était fait pour les dieux.

« J'ai entendu plusieurs morceaux de la *Pandore* de M. de La Borde ; ils m'ont paru bien dignes de votre protection. La faveur donnée aux véritables beaux-arts est la seule chose qui puisse augmenter l'éclat dont vous brillez. Daignez agréer, etc. [1] »

La du Barry embrassant Voltaire sur les deux joues, et Voltaire s'empressant de réciproquer cette galanterie familière à la trop célèbre courtisane, voilà le bouquet final. Vous devinez si le scandale fut grand, et s'il est demeuré stéréotypé dans l'histoire. Il y figure sous le titre de « madrigal des quatre baisers. » Encore si la *Pandore* s'en fût mieux portée !

---

[1] 20 juin 1773.

VII. — **Gluckisme**.

Ce fut une gloire de plus pour Gluck, d'avoir pu rallier
à sa cause l'illustre philosophe de Ferney. L'adhésion fut
sincère. Le vieillard avait renoncé à toute lutte passionnée
sur le terrain de la musicologie. Son intérêt n'était plus en
jeu ; il n'avait plus à subir, comme on a vu, le joug des
musiciens, l'inconstance de la mode, et les rigueurs bru-
tales de la censure.

Le calme plein dont il jouissait, avait rendu ce trop
bénévole poëte à la saine appréciation des choses. Le mouvement révolutionnaire que subissait la musique dramatique
à Paris, le ramenait à ses principes de jeunesse, qui, bien
souvent, sont les bons.

Ce retour ne se fit pas d'un coup. Il eut à lutter contre
des souvenirs encore vivaces, et, faut-il le dire ? persistants
chez lui : Lulli. De là des hésitations, des restrictions, des
résistances même, qui précèdent toujours, chez les grands
esprits, la manifestation d'une forte conviction.

Gluck était déjà en l'air, et Voltaire, qui rageait encore

de sa récente déconfiture de *Pandore*, criait à qui voulait l'entendre :

« Nous avons des vernisseurs de carrosses et pas un grand peintre, cent faiseurs de doubles croches et pas un musicien, cent barbouilleurs de papier et pas un bon écrivain. Nous voilà comme l'Italie après le siècle des Médicis ; il faut prendre son mal en patience, et être tranquille sur nos ruines [1]. »

Après la première de l'*Iphigénie en Aulide* de Gluck, Mme du Deffand écrivit au patriarche qu'elle avait eu les oreilles écorchées. On aurait pu lui lancer, avec justesse, le mot bien connu : « Si c'est pour vous donner une paire d'autres oreilles, madame ! » Mais, le vieillard n'avait point encore à se prononcer : il ne connaissait pas une note du nouvel Orphée. Et quand même, il craignait trop « la forte en gueule, » pour oser lui décocher une pointe aussi acérée. Il fit l'étonné, et, comme toujours, il se contenta, en attendant mieux, d'une sentence de son cru :

« Je ne suis point du tout étonné que Mme du Deffand ait eu les oreilles écorchées des vers et de la musique. Quelques personnes m'ont mandé que tout cela était du haut allemand, et que les Français ne savent plus ce qu'ils veulent. Mais, je m'en rapporte à vous sur les vers, sur la musique et sur la prose, et sur le chevalier de Saint-Louis [2]. »

Le premier pas qu'il fit, dans la voie de la réforme, fut l'adhésion qu'il donna aux airs de Gluck, pour l'éducation musicale de la fille de Mme Dupuis, une parente de l'auteur du *Cid* : adhésion conditionnelle, mais exempte de tout parti-pris systématique. Turc ou chinois, l'ouvrage de Gluck

[1] 14 juillet 1773.
[2] 9 mai 1774.

sera le bienvenu, s'il lui en paraît digne. L'admiration que Voltaire professait pour l'ouverture symphonique bien connue de Monsigny, témoigne, une fois de plus, en faveur de son goût et de ses lumières. Si pourtant le poëte a entendu établir une comparaison avec la préface dramatique d'*Iphigénie*, qui fit un effet si prodigieux, la première fois qu'on l'entendit, en 1773, l'idée est décidément malheureuse :

« Quand je vous dis, monsieur, que vous êtes un homme unique, ai-je tort ? Vous avez la bonté de proposer des airs de Gluck pour l'éducation de la petite-fille du grand Corneille. Si elle était élevée par Mme du Deffand, vous n'oseriez faire une pareille proposition [1]. Mais, quoique nous aimions passionnément sur toute chose le cinquième acte d'*Armide* et le quatrième de *Roland*, cependant la curiosité nous emporte jusqu'à chercher du Gluck, et, si cela est aussi bon que l'ouverture du *Déserteur*, nous croirons entendre d'excellente musique. Il est vrai que cette ouverture, qui me paraît toujours un chef-d'œuvre, est entièrement dans le goût français ; mais quand les airs de M. Gluck seraient dans le goût turc ou chinois, nous vous aurons une obligation essentielle de nous les envoyer. Toute la musique de la France roulera sur des *Te Deum*, dans peu de jours, à ce qu'on nous mande de tous les côtés [2]. »

Ces derniers mots visent la cabale de Mme du Barri, qui annonçait, à cor et à cri, la prochaine convalescence de Louis XV. Le duc d'Aiguillon, on le sait, s'emporta violemment contre les médecins, pour avoir mis le mot « délire, » dans le bulletin du roi, la veille de sa mort.

---

[1] C'est Mme du Deffand — chose curieuse à constater — qui fit faire à Voltaire la connaissance du chevalier de Lisle, le fervent gluckiste. Voy. sa lettre du 30 juillet 1773.

[2] 15 mai 1774.

Laissant là la société musquée de la cour, Voltaire revient à l'*Iphigénie*, et montre même quelque impatience à en posséder des morceaux détachés : « Nous attendons du Gluck, mande-t-il trois jours après à de Lisle ; nous devons tout à vos bontés, en prose, en vers et en doubles croches. »

Enfin, il tient le Gluck. Immédiatement, il le fait chanter au clavecin par Mme Denis. Les beautés se dégagent ; le petit auditoire groupé autour de l'exécutante est captivé, séduit. Le « nous sommes tous Gluck à Ferney, » part d'une voix unanime. Voltaire est transformé. D'un bond, il saute à son pupitre, prend la plume, et transmet le cri d'enthousiasme à son aimable correspondant et intermédiaire :

« Vous devez sans doute mener une vie bien triste [1] ; mais plus elle est sombre, plus vous avez besoin de Gluck, et nous aussi.

» Nous sommes tous Gluck à Ferney, monsieur ; nous sommes aussi Arnould ; nous sommes encore plus de Lisle, et, pour vous en convaincre, nous avons sauvé un pauvre diable de moine défroqué qui osait porter votre nom.

» A l'égard de Mlle Arnould, qui chante si bien : *Que de grâces, que de beauté !* nous sentons bien qu'on peut lui reprocher un petit manque de modestie, et qu'il n'est pas honnête de chanter ainsi ses louanges. Elle se tirera de cette critique comme elle pourra. Pour Mme du Deffand, nous ne lui pardonnons pas de s'être ennuyée à cette musique [2]. »

C'est ici qu'il faut rendre un hommage sincère au goût éclairé et au sentiment musical vif et juste du patriarche.

---

[1] Allusion au séjour de Choisi, où Mesdames avaient toutes trois la petite-vérole.

[2] 27 mai 1774.

Il voit un astre nouveau monter à l'horizon ; il est ébloui. Il protestera encore. Mais ces retours involontaires ressemblent à ceux qui vous reportent vers un objet délaissé, condamné en principe, mais imprimant encore, dans vos souvenirs, des traces profondes qui doivent disparaître à la longue.

Par son adhésion au gluckisme, Voltaire abjure le culte de ses premières années ; il rompt en visière avec Orphée-Rameau, et efface dignement ses basses connivences avec les Royer, les de La Borde *e tutti quanti ;* de plus, il donne la main, par dessus les épaules de Gluck, aux sublimes inspirations de l'époque actuelle ; il anticipe, en quelque sorte, sur sa date prophétique : 1885.

Combien Listz est dans le vrai, lorsqu'il dit que « Wagner eût certainement écrit l'épître dédicatoire d'*Alceste*, si Gluck ne l'avait fait déjà. » Sans doute, le système de Wagner se rattache à la tradition de Gluck, par l'importance qu'il donne à la déclamation dramatique, et à la tradition de Weber, par l'éloquence déclamée et la sensibilité de l'instrumentation. Mais, comme le remarque encore très justement Listz, Wagner « dépasse et Gluck et Weber, en s'emparant, avec un rare bonheur et une intelligence des plus hardies, de toutes les conquêtes que la musique a faites depuis la mort de ces grands hommes, et en assurant, dans un système plus vaste que celui de Gluck, par un principe plus absolu que celui de Weber, la prédominance du sens poétique, auquel tous deux soumettaient le chant et l'orchestre. » Listz, en écrivant cela en 1851, avait pour objectif seulement le *Tannhauser* et le *Lohengrin*. Que dira-t-il du symphoniste extraordinaire et du dramaturge hors ligne, quand il aura à juger *Tristan et Iseult*, les *Meistersinger* et surtout les gigantesques *Nibelungen* ?

Après une observation plus spirituelle que juste sur Sophie

Arnould , qui chanta d'origine les opéras de Gluck , et qui réunissait , dit-on , le talent dramatique au charme de la voix , dans le rôle d'Iphigénie , Voltaire se sépare nettement, sur le terrain gluckiste, de Mme du Deffand , qui , avec ses oreilles écorchées , avait la bonté de s'ennuyer à l'*Iphigénie en Aulide*. La célèbre amie d'Horace Walpole n'avait raison, au fond , que pour les détestables vers de Du Rollet [1]. En la raillant avec une finesse mordante, le patriarche dit que « si elle n'est pas contente de la musique de Gluck , elle le sera sûrement de la prose de Louis XVI, » à savoir du manifeste où le roi renonce au droit de *Joyeux avènement*.

Il adoucit un peu le ton, en face de la du Deffand elle-même ; il lui glisse habilement quelques restrictions ; mais ses convictions sont ardentes et fortes, au point d'étouffer entièrement les ressentiments qu'il éprouvait du récent échec de *Pandore*. « La Borde, dit-il flegmatiquement, deux mois après le triomphe d'*Iphigénie* ; la Borde se flattait de faire jouer sa *Pandore*, lorsqu'il a été écrasé par Gluck. » Est-il possible de s'immoler avec plus de résignation, et de rendre un tribut d'hommages plus sincère, plus significatif au grand *écraseur* ?

De Lulli, il aime à parler d'autorité, en rémémorant des victoires auxquelles il prit une part active, avec tout un aréopage de connaisseurs enthousiastes, absolument comme un soldat qui rappellerait , avec fierté, les campagnes glorieuses de son général en chef :

« Il (le chevalier de Lisle) m'apprenait que vous aviez été à l'opéra d'*Iphigénie*, et que vous aviez trouvé les vers , le récitatif, les ariettes , la symphonie, les décorations mêmes

---

[1] Attaché d'ambassade de France à Vienne, et le premier qui fit connaître Gluck à Paris, par sa lettre que publia le *Mercure de France,* en octobre 1772, lettre qui fut, on le sait, le signal de la querelle des Gluckistes et des Piccinistes.

détestables. Il nous a envoyé quelques airs qui ont paru très bons à ma nièce, grande musicienne ; mais, comme l'accompagnement manquait, j'ai persisté à croire qu'il n'y a rien dans le monde au-dessus du quatrième acte de *Roland* et du cinquième d'*Armide*. Je suis toujours pour le siècle de Louis XIV, malgré tout le mérite du siècle de Louis XV et de Louis XVI [1]. »

Son enthousiasme revêt les formes les plus diverses, non moins que la sourdine qu'il lui plaît d'y adapter parfois. N'a-t-il pas la velléité d'aller entendre le célèbre ouvrage à Paris même ? « Il serait fort aise, mande-t-il à son cher chevalier initiateur, d'entendre l'*Iphigénie* de Gluck ; mais il n'est pas homme à faire cent lieues pour des doubles croches ; et il craint plus les sots propos, les tracasseries, les inutilités, la perte du temps, qu'il n'aime la musique. » Prenons l'excuse pour ce qu'elle vaut.

Le voilà toujours sur la brèche. Il ne se contente plus d'admirer. Il songe aux conséquences que les brillantes victoires de Gluck vont avoir pour l'avenir de l'opéra. « Une très-belle voix que Dieu a envoyée dans ses déserts, lui a chanté des morceaux d'*Iphigénie* et d'*Orphée*, qui lui ont fait un extrême plaisir. » Voilà pour la satisfaction personnelle. « Il me paraît que, vous autres Parisiens, vous allez voir une grande et paisible révolution dans votre gouvernement et dans votre musique. Louis XVI et Gluck vont faire de nouveaux Français. » Voilà pour les innovations gluckistes. Une partie de ses prédictions se réalisait. *Orphée* achevait ce qu'*Iphigénie* avait commencé.

Au seul mot de « révolution, » la du Deffand tressaille, et, elle qui batifolait toujours avec son terrible correspondant, la voilà qui le gourmande maintenant d'une façon

[1] 25 juin 1774.

cruelle et indignée. Pourquoi s'obstiner à juger *ex cathedrâ* d'un art où l'on se déclare absolument incompétent? C'était la manie des princesses des salons parfumés de jadis, de se permettre d'avoir de l'esprit, aux dépens du sens commun. Voltaire venait précisément d'écrire à d'Argental que « plus on a d'esprit, moins on a de goût. » Et c'est le goût que la du Deffand invoque pour ramener la brebis égarée !

« Ne louez point nos révolutions, mon cher Voltaire ; celles qui sont arrivées, loin d'être admirables, sont déplorables. La musique de Gluck confirme ce jugement ; elle n'est ni française ni italienne. Je doute que les savants puissent la louer de bonne foi ; et pour les ignorants tels que moi, elle n'est qu'un charivari, tantôt bruyant, tantôt plat, et toujours ennuyeux. *Iphigénie* et *Eurydice*, comparées à *Armide*, à *Castor*, à *Issé,* au ballet des *Sens*, etc., etc., font verser des larmes de sang pour la perte du goût ; ce que nous admirons aujourd'hui n'aurait pas eu de succès dans le temps des Cotin et des Colletet ; et M. de Voltaire applaudit à un tel changement ! Qu'est-ce qui vous engage à cela ? Vous ne sauriez être de bonne foi ; vous qui devriez être le défenseur du goût, vous soutenez, vous autorisez ceux qui le détruisent ; vous faites perdre la seule ressource qui nous reste, vous nous serviriez d'armes, mais vous les faites tomber des mains quand vous donnez des louanges à tout ce qui se fait, dont votre exemple est la critique... Tout est Pradon aujourd'hui dans tous les genres ; ce sont là vos protégés. Voilà une révolution arrivée en vous bien étrange. Je ne blâme point vos sentiments sur d'autres articles, je ne suis pas si éloignée de penser comme vous [1]. »

Voltaire répond, par anticipation : « Mme Denis prétend

---

[1] 3 août 1774.

que le chevalier Gluck module infiniment mieux que le chevalier Lulli, que Destouches, et que Campra. Je veux l'en croire sur sa parole ; car je me souviens que le roi de Prusse ne regardait la musique de Lulli que comme du plain-chant. » Puis, empoignant sa sourdine, il ajoute :

« On pense de même dans le reste de l'Europe, et j'en suis très fâché, car le récitatif de Lulli me paraît encore admirable. C'est une déclamation naturelle, re. iplie de sentiment, et parfaitement adaptée à notre langue ; mais elle demande des acteurs. Cinna ne pouvait être joué que par Baron. Je n'en dirai pas autant des symphonies de Lulli ; aucune n'approche seulement de l'ouverture du *Déserteur*. Il faut songer que, quand le cardinal Mazarin fit venir chez nous l'opéra, nous n'avions que vingt-quatre violons discordants qui jouaient de sarabandes espagnoles. Nous sommes venus tard en tout genre. Il n'y a guère de nation qui ait plus de vivacité et moins d'invention que la nôtre. »

La du Deffand était opiniâtre dans ses sentiments. Aussi, Voltaire se retranche-t-il derrière sa nièce, pour l'appréciation de Gluck, et reprend-il son ancien refrain lulliste, quant à l'opéra en général. En passant, il oppose malignement l'ouverture du *Déserteur* aux « vielles sarabandes espagnoles. » Son langage change, quand il lui est permis de s'épancher librement. Le thème d'une vraie rénovation musicale reparaît alors :

« Il me semble que Louis XVI et M. Gluck vont créer un nouveau siècle. C'est un Solon, sous lequel nous aurons un Orphée, du moins à ce que disent tous les grands connaisseurs en politique et en musique. Pour moi, je ne verrai Orphée que dans le pays où il alla chercher sa femme :

> Tænarias etiam fauces, alta ostia Ditis,
> Et caligantem nigrâ formidine lucum [1]. »

[1] 16 août 1774.

Cela est adressé, cette fois, à Marin, et suivi d'un petit post-scriptum qui a l'air d'être une restriction, et qui ne l'est point en réalité : « Je vous prie de me dire aussi si vous êtes idolâtre d'*Orphée*, et si vous avez abjuré entièrement *Roland* et *Armide*. »

Nous négligeons rien de l'aparté de la querelle des gluckistes et des piccinistes créé entre deux esprits piquants qui se craignaient un peu mutuellement. La du Deffand revient à la charge : elle ne tient pas à lâcher si vite son homme :

« Vous m'avez reproché que je n'aimais pas la musique de Gluck ; venez l'entendre, et ne prononcez ma condamnation qu'après l'avoir entendue. Après tout, il n'en est pas de la musique comme des vers et de la prose, les organes en décident ; nos oreilles peuvent être aussi différentes de celles des autres que notre palais ; les musiciens sont peut-être les seuls bons juges, mais comme la musique est faite pour plaire aux ignorants comme aux savants, il est permis à chacun d'avoir son goût ; mais je crois cependant que ce qui est véritablement beau et bon dans chaque genre, doit être du goût de tout le monde ; en fait d'ouvrages d'esprit, cela n'est pas douteux, et vous en servirez de preuve [1]. »

Réfuter ces étranges paradoxes eût été un jeu pour le malin vieillard de Ferney. Il se contente de ruser, de câliner. N'a-il pas eu tort d'avoir eu du plaisir « par un Gluck ? » N'entre-t-il pas un peu de fantaisie dans ce qu'on nomme le goût musical ? Oh ! tranquilisez-vous, madame, il n'a pas abjuré Lulli, « malgré tous les Gluck du monde. » Tel est le sens exact de l'épître ci-dessous :

« Pardon, madame, pour Gluck ou le chevalier Gluck.

---

[1] 15 janvier 1775.

Je croyais vous avoir mandé qu'une dame qui est assez belle, et qui a une voix approchante de celle de Mlle Le Maure, m'avait chanté un récitatif mesuré de ce réformateur, et qu'elle m'avait fait un très grand plaisir, quoique je sois aussi sourd qu'aveugle quand les neiges viennent blanchir les Alpes et le mont Jura [1].

« Je vous demande pardon d'avoir eu du plaisir, et d'en avoir eu par un Gluck. Il se peut que j'aie eu tort ; il se peut aussi que les autres morceaux de Gluck ne soient pas de la même beauté. De plus, je sens bien qu'il entre un peu de fantaisie dans ce qu'on appelle goût en fait de musique. J'aime encore les beaux morceaux de Lulli, malgré tous les Gluck du monde [2]. »

Évidemment, l'une admiration n'excluait guère l'autre, et, pour employer un adage favori du philosophe : *Multæ sunt mansiones in domo meâ.*

Il eut la chance de pouvoir juger enfin le Gluck officiel, sans sortir de son domaine. Le Gros, artiste de l'Académie royale de musique, le premier qui chanta les opéras du maître, vint lui dérouler, entre autres, *Orphée* [3]. Il mande aussitôt cette bonne nouvelle à Mme Suard [4], qui avait séjourné quelque temps à Ferney, la même peut-être qui avait interprété des fragments de Gluck, et dont le mari, le plus ardent promoteur du grand musicien, venait d'être l'objet des plus sincères éloges de Voltaire, par son discours de réception à l'Académie française : « Vous m'oublierez, au milieu de Paris ; et moi, dans mon désert, où l'on va jouer *Orphée*, je vous regretterai comme il regrettait Eurydice,

---

[1] Voy. *Musique intime.*
[2] 25 janvier 1775.
[3] Voy. *Musique intime.*
La sœur des Panckouke.

avec cette différence, que c'est moi qui, le premier, descendrai dans les enfers, et que vous ne viendrez point m'y chercher. »

Mme Suard aura naturellement fait valoir, avec une chaleur convaincue, les titres indéniables du réformateur de l'opéra français. Le Gros, de son côté, se sera efforcé de mettre en relief les scènes les plus émouvantes de son nouveau répertoire. Que Mme du Deffand dise, après cela : « L'*Iphigénie* et l'*Orphée*, de M. Gluck, le *Barbier de Séville*, de Beaumarchais, m'ont ennuyée à la mort ; » cette impression, entièrement personnelle et privée de toute influence réelle, n'aura en rien diminué l'admiration vive et accentuée du patriarche. Au contact des deux interprétations parisiennes, il ose même écrire :

« C'est une chose assez singulière que Le Kain et Mlle Clairon soient tous deux à la fois auprès de la maison de Brandebourg. Mais, tandis que le talent de réciter du français vient obtenir votre indulgence à Sans-Souci, Gluck vient nous enseigner la musique à Paris. Nos Orphées viennent d'Allemagne, si nos Roscius vous viennent de France [1]. »

Cela est adressé à Frédéric II, roi de Prusse. Qu'en dites-vous ? Impossible d'être plus catégorique, plus tranchant. Les Français, « qui n'ont guère d'invention et qui sont venus tard dans tous les genres, » ont d'abord appelé à leur secours un Italien, Lulli. Ils n'en ont guère appris grand' chose, puisqu'un autre étranger, l'allemand Gluck, « vient leur enseigner la musique à Paris. »

Est-ce un étranger qui proclame cette vérité, aujourd'hui encore d'une justesse proverbiale ? C'est, ne vous déplaise, le plus français des Français ; c'est Voltaire, le gluckiste du

[1] 3 août 1775.

présent, Voltaire, le wagnérien de l'avenir. *Et nunc erudimini !*

Devenu octogénaire, le poëte-philosophe aspirait, sinon au repos complet, du moins à une tranquilité relative. « Je vois bien, écrit-il à La Harpe le picciniste, d'un ton assez ennuyé, que je renonce à la littérature, et que je me borne à bâtir des maisons, en attendant que je forme les quatre ais de ma bière. » Le philanthrope primait l'artiste, et il était adonné, corps et âme, à l'affranchissement du pays de Gex, dont il devint l'idole. L'harmonie des lois l'emportait sur celle des sons. Ce n'est que par politesse qu'il écrit au comte de la Touraille :

« On dit que vous allez décider incessamment entre Lulli, Piccini, Gluck et Grétry : ce sera une très jolie guerre. Je m'intéresse de loin à tous vos plaisirs. Ne me prenez plus mon titre de vieux malade, et conservez-moi vos bontés [1]. »

Désormais, Walpole le remplace dans l'aparté avec la du Deffand. *Armide* de Gluck n'a point fait le même plaisir à la grincheuse mélomane que l'*Armide* de Lulli ; « cela tient sans doute à ses vieux organes. » Pour le *Roland* de Piccini, qui produisit une assez vive sensation, son embarras est extrême ; elle se cramponne mordicus à ses vieilles rengaines. Mais, Marie-Antoinette avait choisi Piccini pour maître de chant, et, à la première de *Roland*, la du Deffand s'était trouvée « tête à tête avec l'ambassadeur de Naples, le protégé de Piccini. » Bien qu'elle s'en défende, bien qu'elle assure, en rusée diplomate, que « les gens de l'ancien temps n'aiment ni l'un ni l'autre..., » elle rompra une lance en faveur du parti de la reine.

Voltaire aussitôt relève le gant et lui décoche le sixtain

[1] 1ᵉʳ février 1777.

suivant, qui forme, avec la curieuse constatation de tout à l'heure, son ultimatum dans la trop fameuse querelle musi-cologique [1] :

VERS ENVOYÉS A M. DE VOLTAIRE, PAR LA PETITE
POSTE, LE 20 FÉVRIER AU SOIR (1778) :

> A charmer tout Paris Piccini doit prétendre :
> Roland est un chef-d'œuvre, il vous faudra l'entendre,
> Disait hier au soir madame du Deffand
> Au rival des auteurs du *Cid* et d'*Athalie*.
> Marmontel, reprit-il très vivement, m'en prie,
> Mais ainsi que Tronchin Quinault me le défend.

La riposte de la du Deffand fut faible : « Voltaire a pris le tour pour se moquer de Marmontel qui corrige Quinault [2], et y ajoute des vers de son cru ; quoiqu'elle y soit nommée, elle n'y a eu de part que celle que la rime lui a donnée. » Castil-Blaze, toujours partial, et très rarement au fait d'une question un peu compliquée, endosse l'opinion de la célèbre marquise, et en régale ses lecteurs, dans un de ses livres les plus indigestes [3].

Le sixain parut le lendemain de l'arrivée de Voltaire à Paris. Le patriarche se trouva donc au centre du combat. C'est égal. Le dieu de la musique doit une fière reconnaissance au dieu de la littérature. Il le sentit, car il ne manqua pas

---

[1] « Cette France qui, sans l'Angleterre, eût été le pays le moins musical de l'Europe, prit feu tout à coup pour ou contre l'harmonie allemande ou la mélodie italienne ; ce fut comme une guerre de religion, et l'on vit des familles désunies, des ménages troublés, des amitiés à jamais rompues par suite de ces querelles musicales. Les esprits les plus éclairés, les plus doux, n'étaient point exempts de ce vertige ; je ne me rappelle pas sans en rire tout ce que j'ai souffert dans ma première jeunesse de cette folie. » Mme SOPHIE GAY, *les Salons célèbres*, etc.

[2] Le libretto de Quinault avait été retouché par Marmontel.

[3] *Académie royale de musique*, t. I, p. 372.

de faire visite à son illustre admirateur. Il différa même de vingt-quatre heures son départ pour Vienne, afin d'avoir l'honneur de le voir.

Peu après cette visite, Piccini, dit-on, fut annoncé. A en croire *la Correspondance secrète*, Voltaire se serait écrié : « Ah ! ah ! il vient après Gluck, cela est juste. » Ce fut bientôt le tour du claveciniste Balbâtre, qui, pendant quelques instants, s'évertua d'adoucir, aux sons du clavecin, les fatigues du vieillard. Enfin, le croirait-on ? Voltaire alla de sa personne complimenter la reine de l'Opéra, qui, disent MM. de Goncourt, n'allait plus avoir de royaume que son salon [1].

[1] MM. de Goncourt, rapportent aussi qu'à l'âge de dix ans, Sophie Arnould ayant fait merveille, par sa voix extraordinaire, à une fête de Saint-Augustin, donnée au couvent des Urselines à Paris, Voltaire écrivit, du fond de Ferney, à la future cantatrice, une lettre si piquante, que Mme Arnould la jeta sur l'heure au feu, sans en permettre une copie à M. le duc de Nivernois, qui la pria à deux genoux.

VIII. — **L'Opéra**.

Voltaire remonte, d'une façon plus ou moins exacte, à l'origine de l'Opéra parisien. Le piquant du récit fait passer bien des inadvertences :

« C'est à deux cardinaux que la tragédie et l'opéra doivent leur établissement en France : car ce fut sous Richelieu que Corneille fit son apprentissage, parmi les cinq auteurs que ce ministre faisait travailler, comme des commis, aux drames dont il formait le plan, et où il glissait souvent nombre de vers de sa façon ; et ce fut lui encore qui, ayant persécuté le *Cid*, eut le bonheur d'inspirer à Corneille ce noble dépit et cette généreuse opiniâtreté qui lui fit composer les admirables scènes des *Horaces* et de *Cinna*.

» Le cardinal Mazarin fit connaître aux Français l'opéra, qui ne fut d'abord que ridicule, quoique le ministre n'y travaillât point.

» Ce fut en 1647 qu'il fit venir pour la première fois une troupe entière de musiciens italiens, des décorateurs, et un orchestre ; on représenta au Louvre la tragi-comédie d'*Orphée* en vers italiens et en musique ; ce spectacle ennuya tout Paris. Très peu de gens entendaient l'italien ;

presque personne ne savait la musique, et tout le monde haïssait le cardinal; cette fête, qui coûta beaucoup d'argent, fut sifflée, et, bientôt après, les plaisants de ce temps-là firent *le Grand ballet et le branle de la fuite de Mazarin, dansé sur le théâtre de la France par lui-même et par ses adhérents*. Voilà toute la récompense qu'il eut d'avoir voulu plaire à la nation.

« Avant lui, on avait eu des ballets en France dès le commencement du seizième siècle, et, dans ces ballets, il y avait toujours eu quelque musique d'une ou deux voix, quelquefois accompagnées de chœurs qui n'étaient guère autre chose qu'un plain-chant grégorien. Les filles d'Acheloüs, les Sirènes, avaient chanté, en 1582, aux noces du duc de Joyeuse, mais c'étaient d'étranges sirènes.

« Le cardinal Mazarin ne se rebuta pas du mauvais succès de son opéra italien, et, lorsqu'il fut tout-puissant, il fit revenir ses musiciens italiens, qui chantèrent le *Nozze di Peleo e di Tetide*, en trois actes, en 1654. Louis XIV y dansa ; la nation fut charmée de voir son roi, jeune, d'une taille majestueuse, et d'une figure aussi aimable que noble, danser, dans sa capitale, après en avoir été chassé ; mais l'opéra du cardinal n'ennuya pas moins Paris pour la seconde fois.

« Mazarin persista ; il fit venir, en 1660, le signor Cavalli, qui donna, dans la grande galerie du Louvre, l'opéra de *Xerxès*, en cinq actes. Les Français bâillèrent plus que jamais, et se crurent délivrés de l'opéra italien par la mort de Mazarin, qui donna lieu, en 1661, à mille épitaphes ridicules, et à presque autant de chansons qu'on avait faites contre lui pendant sa vie.

« Cependant, les Français voulaient aussi, dès ce temps-là même, avoir un opéra dans leur langue, quoi qu'il n'y

eût pas un seul homme dans le pays qui sût faire un trio,
ou jouer passablement du violon, et, dès l'année 1659, un
abbé Perrin, qui croyait faire des vers, et un Cambert, intendant de douze violons de la reine-mère, qu'on appelait la
musique de France, firent chanter, dans le village d'Issi,
une pastorale [1] qui, en fait d'ennui, l'emportait sur les *Her-
cole Amante*, et sur les *Nozze di Peleo*.

« En 1669, le même abbé Perrin et le même Cambert s'as-
socièrent avec un marquis de Sourdéac, grand machiniste,
qui n'était pas absolument fou, mais dont la raison était très
particulière, et qui se ruina dans cette entreprise. Les com-
mencements en parurent heureux : on joua d'abord *Pomone*,
dans laquelle il était beaucoup parlé de pommes et d'arti-
chauts.

« On représenta ensuite *les Peines et les plaisirs de l'amour*,
et enfin Lulli, violon de mademoiselle, devenu surintendant
de la musique du roi, s'empara du Jeu de paume qui avait
ruiné le marquis de Sourdéac. L'abbé Perrin, inruinable,
se consola, dans Paris, à faire des élégies et des sonnets,
et même à traduire *l'Énéide* de Virgile en vers qu'il disait
héroïques... On trouve son nom souvent dans les *Satires*
de Boileau, qui avait un grand tort de l'accabler ; car il
ne faut se moquer ni de ceux qui font du bon, ni de ceux
qui font du très mauvais, mais de ceux qui étant médiocres,
se croient des génies et font les importants.

« Pour Cambert, il quitta la France de dépit, et alla faire
exécuter sa détestable musique chez les Anglais, qui la
trouvèrent excellente.

---

[1] Après que l'essai en eût été fait en la maison de M. De la Haye, *la Pastorale*,
de Perrin et de Cambert, fut représentée plusieurs fois, avec succès. au château
de Vincennes devant le roi.

« Lulli, qu'on appela monsieur de Lulli, s'associa très habilement avec Quinault, dont il sentait tout le mérite, et qu'on n'appela jamais monsieur de Quinault. Il donna, dans son Jeu de paume de Belair, en 1672, les *Fêtes de l'Amour et de Bacchus,* composées par ce poëte aimable ; mais ni les vers, ni la musique ne furent dignes de la réputation qu'ils acquirent depuis ; les connaisseurs seulement estimèrent beaucoup une traduction de l'ode charmante d'Horace : *Donec gratus eram tibi,* etc. Cette ode, en effet, est très gracieusement rendue en français ; mais la musique en est un peu languissante [1].

« Il y eut des bouffonneries dans cet opéra, ainsi que dans *Cadmus* et dans *Alceste.* Ce mauvais goût régnait alors à la cour dans les ballets, et les opéras italiens étaient remplis d'arlequinades. Quinault ne dédaigna pas de s'abaisser jusqu'à ces platitudes :

> Tu fais la grimace en pleurant,
> Et tu me fais crever de rire.
>
> —
>
> Ah ! vraiment, petite mignonne,
> Je vous trouve bonne
> De reprendre ce que je dis.
>
> —
>
> Mes pauvres compagnons, hélas !
> Le dragon n'en a fait qu'un fort léger repas....

« Cependant, rien n'est plus beau, ni même plus sublime que ce chœur de suivants de Pluton dans *Alceste* :

---

[1] L'écrivain donne à part quelques lignes sur l'Académie royale de musique, dans son *Dictionnaire philosophique,* au mot *Académie* : « Ce mot devint si célèbre, dit-il, que, lorsque Lulli, qui était une espèce de favori, eût obtenu l'établissement de son Opéra, en 1672, il eut le crédit de faire insérer, dans les patentes, que c'était une *Académie royale de musique, et que les gentilshommes et les demoiselles pourraient y chanter sans déroger.* Il ne fit pas le même honneur aux danseurs et aux danseuses ; cependant le public a toujours conservé l'habitude d'aller à l'Opéra, et jamais à l'Académie de musique. »

> Tout mortel doit ici paraître.
> On ne peut naître
> Que pour mourir.
> De cent maux le trépas délivre ;
> Qui cherche à vivre
> Cherche à souffrir ;
> Plaintes, cris, larmes,
> Tout est sans armes
> Contre la mort.

> —

> Est-on sage
> De fuir ce passage ?
> C'est un orage
> Qui mène au port.

« Le discours que tient Hercule à Pluton paraît digne de la grandeur du sujet :

> Si c'est te faire outrage
> D'entrer par force dans la cour,
> Pardonne à mon courage,
> Et fais grâce à l'amour.....

« Lulli avait le talent rare de la déclamation : il sentit, de bonne heure, que la langue française étant la seule qui eût des rimes féminines et masculines, il fallait la déclamer en musique différemment de l'italien. Lulli inventa le seul récitatif qui convînt à la nation, et ce récitatif ne pouvait avoir d'autre mérite que celui de rendre fidèlement les paroles ; il fallait encore des acteurs, il s'en forma ; c'était Quinault qui souvent les exerçait et leur donnait l'esprit du rôle et l'âme du chant. Boileau dit que les vers de Quinault

> Étaient les lieux communs de morale lubrique,
> Que Lulli réchauffa des sons de sa musique.

« C'était, au contraire, Quinault qui réchauffait Lulli. Le récitatif ne peut être bon qu'autant que les vers le sont; cela est si vrai qu'à peine, depuis le temps de ces deux hommes faits l'un pour l'autre, y eut-il à l'Opéra cinq ou six scènes de récitatifs tolérables.

« Les ariettes de Lulli furent très faibles; c'étaient des barcarolles de Venise. Il fallait, pour ces petits airs, des chansonnettes d'amour aussi molles que les notes. Lulli composait d'abord les airs de tous ces divertissements, le poëte y assujétissait les paroles. Lulli forçait Quinault d'être insipide ; mais les morceaux vraiment poétiques de Quinault n'étaient pas des lieux communs de morale lubrique. Y a-t il beaucoup d'odes de Pindare plus fières et plus harmonieuses que ce couplet de l'opéra de *Proserpine* ?

Les superbes géants, armés contre les Dieux,
 Ne nous donnent plus d'épouvante.
Ils sont ensevelis sous la masse pesante
Des monts qu'ils entassaient pour attaquer les cieux ;
Nous avons vu tomber leurs chefs audacieux
  Sous une montagne brûlante.
Jupiter la contraint de vomir à nos yeux
Les restes enflammés de sa rage expirante ;
  Jupiter est victorieux ;
 Et tout cède à l'effort de sa main foudroyante.
  Chantons, dans ces aimables lieux,
 Les douceurs d'une paix charmante...

« Enfin, le quatrième acte de *Roland*, et toute la tragédie d'*Armide* furent des chefs-d'œuvre de la part du poëte, et le récitatif du musicien sembla même en approcher. Ce fut, pour l'Arioste et pour le Tasse, dont ces deux opéras sont tirés, le plus bel hommage qu'on leur ait jamais rendu [1]. »

Dans ses *Commentaires sur Corneille*, Voltaire s'occupe de deux pièces à machines qui précédèrent, comme on a vu, les ouvrages lyriques proprement dits, et qui en constituèrent en quelque sorte la forme embryonnaire : *Andromède* et la *Toison d'or*. Il dit, entre autres, de la première œuvre :

« Cette pièce fut jouée au Théâtre du Petit-Bourbon. Un Italien, nommé Torelli, fit les machines et les décorations. Ce spectacle eut un grand succès. L'opéra a fait tomber absolument toutes les pièces de ce genre, et quand même nous n'eussions point eu d'opéra, l'*Andromède* ne pouvait se soutenir quand le goût fut perfectionné.

« *Andromède* était un si beau sujet d'opéra, que, trente-deux ans après Corneille, Quinault la traita sous le titre de *Persée*. Ce drame lyrique de Quinault fut, comme tout ce qui sortait alors de sa plume, tendre, ingénieux, facile. On en retenait par cœur presque tous les couplets, on les citait, on les chantait, on en faisait mille applications. Ils soutenaient la musique de Lulli, qui n'était qu'une déclamation notée, appropriée avec une extrême intelligence au caractère de la langue. Ce récitatif est si beau, qu'en paraissant la chose du monde la plus aisée, il n'a pu être imité par personne. Il fallait les vers de Quinault pour faire valoir le récitatif de Lulli, qui demandait des acteurs plutôt que des chanteurs. »

---

[1] *Dictionnaire philosophique*; art. *Opéra*. Non seulement il y a là beaucoup d'inexactitudes, mais une foule d'omissions, que je n'essaierai pas de relever, parce que trop d'ouvrages spéciaux, publiés depuis, sont entre les mains des amateurs. En ces derniers temps surtout, l'origine de l'Opéra a été l'objet de plusieurs travaux consciencieux et utiles, qui ont trouvé un débit facile et rapide.

La *Toison d'or* fournit à l'ingénieux glossateur les intéressantes réflexions suivantes :

« La partie fabuleuse de cette histoire semble beaucoup
plus convenable à l'opéra qu'à la tragédie. Une toison d'or
gardée par des taureaux qui jettent des flammes, et par un
grand dragon ; ces taureaux attachés à une charrue de dia-
mant ; ces dents du dragon qui font naître des hommes
armés ; toutes ces imaginations ne ressemblent guère à la
vraie tragédie, qui, après tout, doit être la peinture fidèle
des mœurs. Aussi, Corneille voulut en faire une espèce
d'opéra, ou du moins une pièce à machines, avec un peu de
musique. C'était ainsi qu'il en avait usé, en traitant le sujet
d'*Andromède*.

« Les opéras français ne parurent qu'en 1671, et la *Toison
d'or* est de 1660. Cependant, un an avant la représentation de
la pièce de Corneille, c'est-à-dire en 1659, on avait exécuté
à Issi, chez le cardinal Mazarin, une pastorale en musique[1] ;
mais il n'y avait que peu de scènes, nulles machines, point
de danses ; et l'opéra s'établit ensuite en réunissant ces
avantages.

« Il y a plus de machines et de changements de décoration
dans la *Toison d'or* que de musique ; on y fait chanter les
Sirènes dans un endroit, et Orphée dans un autre ; mais il n'y
avait, dans ce temps-là, de musicien capable de faire des airs
qui répondissent à l'idée qu'on s'est faite du chant d'Orphée
et des Sirènes. La mélodie, jusqu'à Lulli, ne consista que
dans un chant froid, traînant et lugubre, ou dans quelques
vaudevilles, tels que les airs de nos Noëls ; et l'harmonie
n'était qu'un contre-point assez grossier.

---

[1] Il y a ici, comme plus loin en divers endroits, quelques redites inévitables.
On n'a pas cru devoir les supprimer, pour laisser à l'idée de Voltaire toute son
intégrité. Les redites du fécond écrivain sont d'ailleurs de vraies variantes.

« En général, les tragédies dans lesquelles la musique interrompt la déclamation, font rarement un grand effet, parce que l'une étouffe l'autre. Si la pièce est intéressante, on est fâché de voir cet intérêt détruit par des instruments qui détournent toute l'attention. Si la musique est belle, l'oreille du spectateur retombe, avec peine et avec dégoût, de cette harmonie au récit simple.

« Il n'en était pas de même chez les anciens, dont la déclamation, appelée mélopée, était une espèce de chant ; le passage de cette mélopée à la symphonie des chœurs, n'étonnait point l'oreille, et ne la rebutait pas.

« Ce qui surprit, dans la représentation de la *Toison d'or*, ce fut la nouveauté des machines et des décorations, auxquelles on n'était point accoutumé. Un marquis de Sourdéac, grand mécanicien, et passionné pour les spectacles, fit représenter la pièce, en 1660, dans le château de Neufbourg, en Normandie, avec beaucoup de magnificence. C'est ce même marquis de Sourdéac, à qui on dut, depuis en France, l'établissement de l'Opéra ; il s'y ruina entièrement, et mourut pauvre et malheureux pour avoir trop aimé les arts.

« Les prologues d'*Andromède* et de la *Toison d'or*, où Louis XIV était loué, servirent ensuite de modèle à tous les prologues de Quinault, et ce fut une coutume indispensable de faire l'éloge du roi à la tête de tous les opéras, comme dans les discours à l'Académie française.....

« De même que les opéras de Quinault faisaient oublier *Andromède* et la *Toison d'or*, ses prologues faisaient oublier aussi ceux de Corneille. Les uns et les autres sont composés de personnages, ou allégoriques, ou tirés de l'ancienne fable ; c'est Mars et Vénus, c'est la Victoire et la Paix. Le seul moyen de faire supporter ces êtres fantastiques, est de les faire peu parler, et de soutenir leurs vains discours par une belle musique et par l'appareil du spectacle. La France et la Victoire qui raisonnent ensemble, qui s'appellent toutes deux par leurs noms, qui récitent de longues tirades, et qui poussent des arguments, sont de vraies amplifications de collége. »

Voltaire fait ailleurs la description d'une autre sorte d'opéra des premiers temps, à savoir *Psyché*, qu'il intitule : *Tragédie-ballet en vers libres et en cinq actes, représentée devant le roi, dans sa salle des machines au palais des Tuileries, en janvier et durant le carnaval de l'année 1670, et donnée au public sur le théâtre du Palais-Royal, en 1671 :*

« Le spectacle de l'Opéra, connu en France sous le ministère du cardinal Mazarin, était tombé par sa mort. Il commençait à se relever. Perrin, introducteur des ambassadeurs chez Monsieur, frère de Louis XIV ; Cambert, intendant de la reine-mère, et le marquis de Sourdéac, homme de goût, qui avait du génie pour les machines, avaient obtenu, en 1669, le privilége de l'Opéra. Mais, ils ne donnèrent rien au public qu'en 1671.

« On ne croyait pas alors que les Français pussent jamais soutenir trois heures de musique, et qu'une tragédie toute chantée pût réussir. On pensait que le comble de la perfection est une tragédie déclamée, avec des chants et des danses dans les intermèdes. On ne songeait pas que si une tragédie est belle et intéressante, les entr'actes de musique doivent en devenir froids ; et que si les intermèdes sont brillants, l'oreille a peine à revenir tout d'un coup du charme de la musique à la simple déclamation. Un ballet peut délasser dans les entr'actes d'une pièce ennuyeuse ; mais une bonne pièce n'en a pas besoin, et l'on joue *Athalie* sans les chœurs et sans la musique [1]. Ce ne fut que quelques années après, que Lulli et Quinault nous apprirent qu'on pouvait chanter toute une tragédie, comme on faisait en Italie, et qu'on la pouvait même rendre intéressante : perfection que l'Italie ne connaissait pas.

« Depuis la mort du cardinal Mazarin, on n'avait donc donné que des pièces à machines avec des divertissements en musique, telles qu'*Andromède* et la *Toison d'or*. On voulut donner au roi et à la cour, l'hiver de 1670, un divertissement dans ce goût, et y ajouter des danses. Molière fut chargé du sujet de la fable, le plus ingénieux et le plus galant, et qui était alors en vogue par le roman, beaucoup trop allongé, que La Fontaine venait de donner en 1669 [2].

[1] Si Voltaire s'est contredit plus d'une fois dans cette question, du moins il est resté d'accord avec lui-même, dans sa *VIe Lettre sur Œdipe*, où l'on peut lire :

« M. Racine, qui a introduit des chœurs dans *Athalie* et dans *Esther*, s'y est pris avec plus de précautions que les Grecs ; il ne les a guère fait paraître que dans les entr'actes ; encore a-t-il eu bien de peine à le faire avec la vraisemblance qu'exige toujours le théâtre.

« A quel propos faire chanter une troupe de Juives, lorsqu'Esther a raconté ses aventures à Elise ? Il faut nécessairement, pour amener cette musique, qu'Esther leur ordonne de lui chanter quelque air :

> Mes filles, chantez-nous quelqu'un de ces cantiques...

« Je ne parle pas du bizarre assortiment du chant et de la déclamation dans une même scène ; mais du moins il faut avouer que des moralités mises en musique doivent paraître bien froides, après ces dialogues pleins de passion qui font le caractère de la tragédie. Un chœur serait bien mal venu après la déclamation de Phèdre, ou après la conversation de Sévère et de Pauline. »

[2] Il n'est pas indifférent de connaître les notes que Voltaire fournit, dans ses *Mélanges littéraires,* sur certains autres ouvrages de Molière munis de danses et de musique :

Le Mariage forcé. « C'est une de ces petites farces de Molière qu'il prit l'habitude de faire jouer après les pièces de cinq actes. Il y a, dans celle-ci, quelques scènes tirées du Théâtre-Italien. On y remarque plus de bouffonneries que d'art

« Il ne put faire que le premier acte, la première scène du second, et la première du troisième ; le temps pressait. Pierre Corneille se chargea du reste de la pièce ; il voulut bien s'assujétir au plan d'un autre, et ce génie mâle, que l'âge rendait sec et sévère, s'amollit pour plaire à Louis XIV. L'auteur de *Cinna* fit, à l'âge de 67 ans, cette déclaration de Psyché à l'Amour, qui passe encore pour un des morceaux les plus tendres et les plus naturels qui soient au théâtre.

« Toutes les paroles qui se chantent sont de Quinault. Lulli composa les airs. Il ne manquait à cette société de grands hommes que le seul Racine, afin que tout ce qu'il y eut jamais de plus excellent au théâtre, se fût réuni pour servir un roi qui méritait d'être servi par de tels hommes.

« *Psyché* n'est pas une excellente pièce, et les derniers actes en sont très languissants ; mais la beauté du sujet, les ornements dont elle fut embellie, et la dépense royale qu'on fit pour ce spectacle, firent pardonner ses défauts [1]. »

Enfin, l'auteur de *Mérope* demande où l'on peut trouver

et d'agrément. Elle fut accompagnée, au Louvre, d'un petit ballet où Louis XIV dansa. »

La Princesse d'Élide. « Ce fut, à la fête connue sous le nom de *l'Ile enchantée*, que Molière fit jouer *la Princesse d'Élide*, comédie-ballet en cinq actes. Il n'y a que le premier acte et la première scène du second qui soient en vers : Molière, pressé par le temps, écrivit le reste en prose. Cette pièce réussit beaucoup dans une cour qui ne respirait que la joie, et qui, au milieu de tant de plaisirs, ne pouvait critiquer avec sévérité un ouvrage fait à la hâte pour embellir la fête. »

Les Amants magnifiques. « La musique est de Lulli. Cette pièce ne fut jouée qu'à la cour, et ne pouvait guère réussir que par le mérite du divertissement et par celui de l'à-propos. »

Le Bourgeois Gentilhomme. « Lulli fit aussi la musique du ballet, et il y joua comme dans *Pourceaugnac*. » A l'égard de cette dernière pièce, voyez *Notices biographiques*, à l'art. Lulli.

[1] *Mélanges littéraires.*

un spectacle qui nous donne une image de la scène grecque.
Il répond :

« C'est peut-être dans les tragédies italiennes, nommées
opéras, que cette image subsiste. Quoi, me dira-t-on, un
opéra italien aurait quelque ressemblance avec le théâtre
d'Athènes ? Oui, le récitatif italien est précisément la mélopée des anciens ; c'est cette déclamation notée soutenue par
des instruments de musique. Cette mélopée , qui n'est
ennuyeuse que dans les mauvaises tragédies-opéras du
théâtre italien , est admirable dans les bonnes pièces.
Les chœurs que l'on y a ajoutés, depuis quelques années,
et qui sont liés essentiellement aux sujets, approchent
d'autant plus des chœurs des anciens, qu'ils sont exprimés
avec une musique différente du récitatif, comme la strophe,
l'épode et l'antistrophe étaient chantées chez les Grecs tout
autrement que la mélopée des scènes. Ajoutez à ces res-
semblances, que, dans plusieurs tragédies-opéras du célèbre
abbé Métastasio, l'unité de lieu , d'action et de temps est
observée ; ajoutez que ces pièces sont pleines de cette poésie
d'expression et de cette élégance continue, qui. embellissent
le naturel sans jamais le charger, talent que, depuis les
Grecs , le seul Racine a possédé parmi nous, et le seul
Addison chez les Anglais [1].

« Je sais que les tragédies si imposantes par les charmes
de la musique et par la magnificence du spectacle, ont un
défaut que les Grecs ont toujours évité ; je sais que ce
défaut a fait des monstres des pièces les plus belles, et
d'ailleurs les plus régulières : il consiste à mettre dans toutes

---

[1] Il faut beaucoup de bonne volonté pour retrouver toutes ces analogies, et si
Voltaire a étudié le théâtre grec ailleurs que dans le père Brumoy, il a dû voir
notamment que les libretti de Métastase n'ont, au fond, qu'une mince ressemblance avec les tragédies grandioses d'Eschyle et de Sophocle.

les scènes de ces petits airs coupés, de ces ariettes détacheés, qui interrompent l'action, et qui font valoir les fredons d'une voix efféminée, mais brillante, aux dépens de l'intérêt et du bon sens. Le grand auteur que j'ai déjà cité, et qui a tiré beaucoup de ses pièces de notre théâtre tragique, a remédié, à force de génie, à ce défaut, qui est devenu une nécessité. Les paroles de ses airs détachés sont souvent des embellissements du sujet même ; elles sont passionnées, elles sont quelquefois comparables aux plus beaux morceaux des odes d'Horace ; j'en apporterai pour preuve cette strophe touchante que chante Arbace, accusé et innocent :

> Va solcando un mar crudele
> Senza vele
> E senza sarte.
> Freme l'onda, il ciel s'imbruna,
> Cresce il vento, e manca l'arte :
> E il voler della fortuna
> Son costretto a seguitar.
> Infelice in questo stato,
> Son da tutti abbandonato ;
> Meco sola è l'innocenza
> Che mi porta a naufragar [1].

« J'y ajouterai encore cette autre ariette sublime, que débite le roi des Parthes vaincu par Adrien, quand il veut faire servir sa défaite même à sa vengeance :

> Sprezza il furor del vento
> Robusta quercia avvezza
> Di cento venti e cento
> L'injurie a tolerar.
> E se pur cade al suolo,
> Spiega per l'onde il volo ;
> E con quel vento istesso
> Va contrastando il mar.

[1] L'air que Léonard Vinci y a adapté, est célèbre.

« Il y en a beaucoup de cette espèce ; mais, que sont des beautés hors de place ? Et qu'aurait-on dit, dans Athènes, si Œdipe et Oreste avaient, au moment de la reconnaissance, chanté de petits airs fredonnés, et débité des comparaisons à Jocaste et à Électre ? Il faut donc avouer que l'opéra, en séduisant les Italiens par l'agrément de la musique, a détruit d'un côté la véritable tragédie grecque, qu'il faisait renaître de l'autre.

« Notre opéra français nous devait faire encore plus de tort ; notre mélopée rentre bien moins que celle des Italiens dans la déclamation naturelle ; elle est plus languissante, elle ne permet jamais que les scènes aient leur juste étendue ; elle exige des dialogues courts en petites maximes coupées, dont chacune produit une espèce de chanson.

« Que ceux qui sont au fait de la vraie littérature des autres nations, et qui ne bornent pas leur science aux airs de nos ballets, songent à cette admirable scène dans la *Clemenza di Tito,* entre Titus et son favori qui a conspiré contre lui ; je veux parler de cette scène où Titus dit à Sestus ces paroles :

> Siam soli, il tuo sovrano
> Non è presente ; apri il tuo core a Tito,
> Confida ti all' amico ; io ti prometto
> Qu'Augusto no'l saprà.

« Qu'ils relisent le monologue suivant, où Titus dit ces autres paroles, qui doivent être l'éternelle leçon de tous les rois, et le charme de tous les hommes :

> . . . . . . il torre' altrui la vita
> E facoltà commune
> Al più vil della terra ; il darla è solo
> De' numi, e de' regnanti.

« Ces deux scènes, comparables à tout ce que la Grèce
a de plus beau, si elles ne sont pas supérieures ; ces deux
scènes, dignes de Corneille, quand il n'est pas déclama-
teur, et de Racine, quand il n'est pas faible ; ces deux
scènes, qui ne sont pas fondées sur un amour d'opéra,
mais sur les nobles sentiments du cœur humain, ont une
durée trois fois plus longue au moins que les scènes les
plus étendues de nos tragédies en musique. De pareils
morceaux ne seraient pas supportés sur notre théâtre lyrique, qui ne se soutient guère que par des maximes de
galanterie et par des passions manquées, à l'exception
d'*Armide* et des belles scènes d'*Iphigénie*, ouvrages plus
admirables qu'imités....

« Malgré ces défauts (les ariettes), j'ose encore penser
que nos bonnes tragédies-opéras, telles qu'*Atis*, *Armide*,
Thésée, étaient ce qui pouvait donner, parmi nous, quelque idée du théâtre d'Athènes, parce que ces tragédies
sont chantées comme celles des Grecs, parce que le chœur,
tout vicieux qu'on l'a rendu, tout fade panégyriste qu'on
l'a fait de la morale amoureuse, ressemble pourtant à celui
des Grecs, en ce qu'il occupe souvent la scène. Il ne dit
pas ce qu'il doit dire, il n'enseige pas la vertu : *et regat
iratos, et amet peccare timentes ;* mais enfin, il faut avouer
que la forme des tragédies-opéras nous retrace la forme
de la tragédie grecque, à quelques égards.

« Il m'a donc paru, en général, en consultant les gens de
lettres qui connaissent l'antiquité, que ces tragédies-opéras
sont la copie et la ruine de la tragédie d'Athènes. Elles en
sont la copie, en ce qu'elles admettent la mélopée, les
chœurs, les machines, les divinités ; elles en sont la destruction, parce qu'elles ont accoutumé les jeunes gens
à se connaître en sons plus qu'en esprit, à préférer leurs

oreilles à leurs âmes, les roulades à des pensées sublimes,
à faire valoir quelquefois les ouvrages les plus insipides et
et les plus mal écrits, quand ils sont soutenus par quelques
airs qui nous plaisent. Mais, malgré tous ces défauts, l'enchantement qui résulte de ce mélange heureux de scènes,
de chœurs, de danses, de symphonies, et cette variété de
décorations, subjugue jusqu'au critique même ; et la meilleure comédie, la meilleure tragédie, n'est jamais fréquen-
tée par les mêmes personnes aussi assidûment qu'un opéra
médiocre.

« Les beautés régulières, nobles, sévères, ne sont pas les
plus recherchées par le vulgaire ; si on représente une ou
deux fois *Cinna*, on joue trois mois les *Fêtes Vénitiennes* ;
un poëme épique est moins lu que des épigrammes licen-
cieuses ; un petit roman sera mieux débité que l'Histoire
du président De Thou. Peu de particuliers font travailler de
grand peintres ; mais on se dispute des figures estropiées
qui viennent de la Chine, et des ornements fragiles. On dore,
on vernit des cabinets, on néglige la noble architecture ;
enfin, dans tous les genres, les petits agréments l'emportent sur le vrai mérite. »

Les enchantements de l'Opéra subjugent la critique même !
Voltaire était sans doute sous le charme, quand il consacra
ce dithyrambe au principal théâtre lyrique de Paris :

> Il faut se rendre à ce palais magique,
> Où les beaux vers, la danse, la musique,
> L'art de tromper les yeux par les couleurs,
> L'art plus heureux de séduire les cœurs,
> De cent plaisirs font un plaisir unique.

« On ne saurait mieux définir l'Opéra, » dit Castil-Blaze.
« Les paroles, la musique, la danse et la décoration, tel-

les sont les parties qui constituent ce spectacle enchanteur [1].»
En tant que définition idéale, d'accord. Historiquement parlant, le portrait, il faut le dire, est passablement flatté, passablement outré. Aussi, Castil-Blaze n'a-t-il pu se défendre,
depuis, de mettre une sourdine à son enthousiasme. Voici
ce qu'il insinue, entre autres : « En conduisant le mondain
à l'Opéra, Voltaire pouvait-il dire encore :

Il faut se rendre à ce palais magique ? ...

« Ces vers, écrits en 1736, n'étaient-ils pas devenus
ironiques ? Fiez-vous aux poëtes pour l'exactitude historique.
De Serré, rimeur lyonnais, avait dit, beaucoup moins élégamment sans doute, mais avec beaucoup plus de justesse,
vingt-deux ans plus tôt, en parlant de nos opéras déjà dé-
crépits, en 1714 :

> Mais, quelque soit l'attrait dont ils charment les sens,
> Ils traînent avec eux le grand défaut des ans.
> Depuis un demi-siècle ils amusent la France ;
> On en est rebattu dès leur plus tendre enfance.
> A quelle extrémité, ciel ! sommes-nous réduits ?
> D'un art toujours nouveau quels seront donc les fruits ?
> Nous verrons-nous bornés, dans la soif qui nous presse,
> A quelques opéras qu'on répète sans cesse [2] ? »

Il y a encore de l'exagération ici. Passe pour l'uniformité
du répertoire ; mais, en 1714, c'est-à-dire en pleine efflo-
rescence des opéras de Lulli, de quoi pouvait-on se plaindre
raisonnablement ? Les témoignages dans le sens contraire
abondent ; c'est un fait acquis, patent. De temps en temps,

---

[1] *De l'Opéra*, t. I, p. 43.
[2] *De l'Opéra*, t. I, p. 25, et *la Musique*. Lyon, 1714, p. 48 ; La Haye, p. 18.

une voix discordante se fait entendre à propos, et Voltaire
y mêle, avec empressement, la sienne. Par exemple, lorsqu'on reprend, en 1715, la tragédie-opéra des fils de Lulli [1],
Zéphyre et Flore, représentée pour la première fois en 1688,
le jeune poëte, après avoir narré le fait à Mme la marquise
de Mimeure, s'empresse d'ajouter : « Jugez, madame, si
on peut en conscience m'interdire la satire ; permettez-moi
donc d'être un peu malin. »

Bientôt Voltaire va se mettre insensiblement du côté des
siffleurs. Il mande, en 1732, à son ami de Cideville :
« L'Opéra n'est qu'un rendez-vous public, où on s'assemble certains jours, sans trop savoir pourquoi ; c'est une
maison où tout le monde va, quoiqu'on pense mal du
maître [2], et quoiqu'il soit ennuyeux. » La Bruyère s'ennuyait
aussi, un demi-siècle auparavant, bien qu'il convînt que
la musique de l'Opéra fût, « parfaite », et que la dépense
en fût « royale. » Mais, ce dégoût du moraliste tenait à une
cause différente.

Seul peut-être, le *Dictionnaire de Trévoux*, datant de
1743, se montre satisfait de tous points. Selon lui, l'Opéra
est « un spectacle public, une représentation magnifique,
sur la scène, de quelque ouvrage dramatique dont les vers
se chantent et sont accompagnés de symphonies, de danses, de ballets, avec des habits et des décorations superbes, et des machines surprenantes. » L'éloge pourrait dater
de loin. Un recueil si énorme a dû coûter, avant son
achèvement complet, de longs et pénibles travaux.

C'est de la vraie colère que le philosophe exhale, lors
de la destruction de l'Opéra par le feu, en 1763 : « Vous
ne me parlez point de l'incendie de l'Opéra, écrit-il à ses

---

[1] Jean-Louis et Louis.

[2] Il ne pensait guère mal, en tout cas, des artistes. On a vu le portrait séduisant qu'il en trace.

anges, M. et Mme d'Argental ; c'est une justice de Dieu. On dit que ce spectacle est si mauvais, qu'il fallait tôt ou tard que la vengeance divine éclatât. » Et, dans ces vers du *Pauvre Diable,* où intervient Marie Delorme :

> Elle dansait à ce tripot lubrique,
> Que de l'église un ministre impudique,
> Dont Marion fut servie assez mal,
> Fit élever près du Palais-Royal.

« Palais magique, tripôt lubrique ! s'écrie encore très-maladroitement Castil-Blaze. Avions-nous tort de considérer la première de ces qualifications comme une fiction du poëte ? » Si, d'après le musicologue, ce palais magique, vanté par Voltaire, formait une excellente définition, cette définition ne pouvait-elle point avoir perdu sa valeur, trente ans plus tard, par le fait même de la décadence de l'Opéra ? Je préfère, pour ma part, l'exaspération de Voltaire, à cette allégorie quintessenciée de l'auteur de *Pigeon-Vole :* « Apollon ne trouva pas d'autre moyen d'épurer notre Opéra, qu'en le passant au creuset ; il y mit le feu et le brûla, de ses propres mains, en 1763. Il ne faut pas s'étonner si les pompiers ne purent éteindre un incendie que Vulcain alimentait, pour servir le courroux de l'amant de Daphné [1]. »

[1] *Lulli,* etc. A plusieurs reprises, Voltaire avait signalé l'insuffisance du local où l'Opéra était établi : « On n'a à Paris ni salle de Comédie, ni salle d'Opéra, dit-il en 1739 ; et, par une contradiction trop digne de nous, d'excellents ouvrages sont représentés sur de très vilains théâtres. Les bonnes pièces sont en France, et les beaux vaisseaux en Italie. » Ailleurs, il observe encore que Paris n'avait aucun théâtre supportable. « C'est une barbarie gothique, que les Italiens nous reprochent avec raison... La troupe de Molière eut la jouissance de cette salle (du Palais-Royal) jusqu'à la mort de son chef. Elle fut alors accordée à ceux qui eurent le privilége de l'Opéra, quoique ce vaisseau soit moins propre encore pour le chant que pour la déclamation. » *Vie de Molière,* dans les *Mélanges littéraires.* On a pu voir, au chapitre : *Profession de foi,* etc., et on lira, au chapitre : *Notes biographiques,* verbo *Frédéric II,* avec quelle énergique persistance il plaidait la cause d'une reconstruction de local pour l'Académie royale de musique.

Voltaire en voulait à l'administration de l'hôtel de ville, qui, depuis 1749, gérait l'Académie royale de musique : « Est-il vrai que les échevins vont devenir connaisseurs, et que la ville a l'Opéra ? » Il s'en prenait au gouvernement lui-même, qui protégeait ouvertement la médiocrité : « Il faut qu'un ménétrier qui joue dans cet empyrée-là ait pour lui Jupiter ou Vénus, sans quoi il passe mal son temps. » Il allait jusqu'à censurer les pauvres choristes de l'Opéra, à cause de leurs voix « affreusement discordantes. »

Ce n'était point assez d'un incendie ; il lui en fallait deux : « Les Génevois se sont avisés de brûler le théâtre qu'on avait bâti dans leur ville, pour le rendre plus doux et plus aimable, marque-t-il à de Chabanon ; j'ai grand peur qu'on n'en fasse autant à Paris. Il ne reste que cette ressource aux gens qui ont un peu de goût. L'Opéra subsistera, parce que les trois quarts de ceux qui y vont n'écoutent point. On va voir une tragédie pour être touché ; on se rend à l'Opéra par désœuvrement. »

Ces violences peuvent être attribuées, en grande partie, à un insuccès mortifiant, à la chûte de *Pandore* ou de quelqu'autre pièce lyrique vainement offerte à l'appât des imprésarios de la grande scène parisienne. A coup sûr, elles ne sauraient être mises sur le compte d'un patriotisme équivoque, comme Voltaire en a été accusé bien des fois. Il traitait de la même façon les scènes étrangères, quand elles prêtaient le flanc à une critique méritée. Voici, par exemple, ce qu'il écrit, au sujet du ballet anglais :

« Ils (les Anglais) ont eu quelquefois des danses dans leurs comédies, et ces danses ont des allégories d'un goût singulier. Le pouvoir despotique et l'état républicain furent représentés, en 1709, par une danse tout à fait galante ; on voyait d'abord un roi, qui, après un entrechat, donnait un

grand coup de pied dans le derrière à son ministre;
celui-ci le rendait à un second, le second à un troisième;
et enfin celui-ci, qui recevait le dernier coup, figurait le gros
de la nation, qui ne se vengeait sur personne : le tout se
faisait en cadence. Le gouvernement républicain était figuré
par une danse ronde, où chacun donnait et recevait également-
ment. C'est pourtant là le pays qui a produit des Addison,
des Pope, des Locke et des Newton [1]. »

Notons aussi, en passant, l'appréciation très sévère, que
le patriarche, démolissant et reconstruisant, au gré de sa
fantaisie, le génie musical de l'Italie, porte sur l'Opéra de
ce pays, alors pourtant dans une période glorieuse et prospère.
Cette appréciation porte à la fois sur la musique en général,
que l'aristarque français trouve trop tourmentée, trop compliquée ; sur les airs d'opéras, amenés illogiquement pour
mettre en relief le talent des virtuoses ; enfin sur la vogue
bizarre dont jouissaient alors certains sopranistes imberbes.

Pour stigmatiser ces étranges abus, dont rougissait l'humanité, il se servait de son arme favorite, le ridicule. Deux
de ses romans philosophiques déversent l'ironie sarcastique
à pleins bords. *La Princesse de Babylone* ouvre le feu :

« Voilà, dit-il (Amazon), un plaisant pays que cette antique terre de Saturne. J'ai vu une ville, où personne n'avait
son visage ; en voici une autre où les hommes n'ont ni leur
voix, ni leur barbe. On dit que ces chantres n'étaient plus
hommes, qu'on les avait dépouillés de leur virilité, afin
qu'ils chantassent plus agréablement les louanges d'une prodigieuse quantité de gens de mérite. Amazon ne comprit

---

[1] *Mélanges littéraires.* « Sur la comédie anglaise. » Voltaire n'ajoute pas le
nom glorieux de Shakespeare, par une de ces injustices criantes qui font
réellement tache dans sa vie.

rien à ce discours. Ces messieurs le prièrent de chanter ;
il chanta un air gangaride avec sa grâce ordinaire. Sa voix
était une très-belle haute-contre. — Ah ! monsignor, lui
dirent-ils, quel charmant soprano vous auriez ; ah ! si !...
— Comment, si ? que prétendez-vous dire ? — Ah ! monsignor !.. — Eh bien ? — Si vous n'aviez point de barbe ?—
Alors ils lui expliquèrent très plaisamment et avec des ges-
tes fort comiques, selon leur coutume, de quoi il était
question. Amazon demeura tout confus. J'ai voyagé, dit-il,
et jamais je n'ai entendu parler d'une telle fantaisie. »

Candide entame le thème, à deux reprises différentes :
« Je suis né à Naples, me dit-il ; on y chaponne deux ou
trois mille enfants tous les ans ; les uns en meurent, les autres acquièrent une voix plus belle que celle des femmes,
les autres vont gouverner des États. On me fit cette opé-
ration avec un très grand succès, et j'ai été musicien de la
chapelle de Mme la princesse de Palestrine... »

Et plus loin : « Pococurante (le sénateur) en attendant le
dîner, se fit donner un concerto. Candide trouva la musique
délicieuse. — Ce bruit, dit Pococurante, peut amuser une
demi-heure ; mais s'il dure plus longtemps, il fatigue tout
le monde, quoique personne n'ose l'avouer. La musique
aujourd'hui n'est plus que l'art d'exécuter des choses dif-
ficiles, et ce qui n'est que difficile ne plaît point à la
longue [1].

« J'aimerais peut-être mieux l'opéra, si on n'avait pas trouvé
le secret d'en faire un monstre qui me révolte. Ira voir qui
voudra de mauvaises tragédies en musique, où les scènes
ne sont faites que pour amener très mal à propos deux ou
trois chansons ridicules, qui font valoir le gosier d'une actrice ; se pâmera de plaisir qui voudra ou qui pourra, en

---

[1] Voltaire reste ici conséquent avec ce qu'il a dit, plus haut, touchant la musique instrumentale. Voy. *Profession de foi,* etc.

voyant un châtré fredonner le rôle de César et de Caton, et se promener d'un air gauche sur des planches. Pour moi, il y a longtemps que j'ai renoncé à ces pauvretés , qui sont aujourd'hui la gloire de l'Italie, et que des souverains payent si chèrement. — Candide disputa un peu, mais avec discrétion. Martin fut entièrement de l'avis du sénateur. »

Voltaire parle, dans ce sens, au landgrave de Hesse-Cassel, et le loue d'avoir donné la préférence aux acteurs français sur les châtrés italiens : « Je n'ai jamais pu m'accoutumer à voir les rôles de César et d'Alexandre fredonnés en fausset par un chapon... Ces cris perçants et ces cadences à la fin des airs, m'ont toujours révolté. » Goudar délaie, de cette façon, la satire voltairienne : « On a si défiguré les acteurs qui jouent sur cette scène (la scène italienne) , que lorsqu'il est question de César qui conquiert l'univers , la voix de celui qui le représente est si flûtée , qu'il me semble que c'est une femmelette qui conquiert le monde en cornette , et je ne sais alors si je ne dois pas l'appeler Mlle Césarette [1]. »

Tout cela est marqué au coin du bon sens et de l'exacte raison. Castil-Blaze aura beau prétendre, à propos de ce débat trop longtemps prolongé entre la musique italienne et la musique française, que « la musique italienne est en vers ; la musique française en prose ; » personne n'ose-

---

[1] *L'Espion français*, t. II, p. 33. En 1759, Voltaire persuade au comte Algarotti que son opuscule sur l'opéra sera le point de départ d'une réforme dans le royaume des castrats : « Il vostro *Saggio sopra l'opera in musica* fu il fondamento della riforma del regno dei castrati : il legame delle feste e dell'azione a noi Francesi si caro, sarà forse un giorno l'inviolabile legge dell'opera italiana. » A l'égard de ces préceptes , il doute , ailleurs , qu'on trouve facilement « un impre_ sario o un Swerts , che posso fare representare un'opera conforme alle vostre belle regole. » Pendant que Voltaire se trouvait avec le comte Algarotti à la cour de Berlin , le dilettante italien lui montra le manuscrit de son livre , que le philosophe jugea être aussi amusant qu'instructif.

rait soutenir sérieusement aujourd'hui que les deux spectacles ne pivotent, pour le poëme et la musique, sur un amas d'absurdités ridicules et choquantes.

Voltaire ne craint pas d'aborder une matière plus délicate encore que celle des castrats. D'abord, dans *la Princesse de Babylone* : « Ce genre de plaisir (l'Opéra français), qui rassemblait tant de genres, n'était connu que sous un nom étranger ; il s'appelait *Opéra*, ce qui signifiait autrefois, dans la langue des sept montagnes, *travail, soin, occupation, industrie, entreprise, besogne, affaire.* Cette affaire l'enchanta. Une fille surtout le charma par sa voix mélodieuse et par les grâces qui l'accompagnaient. Cette fille *d'affaire*, après le spectacle, lui fut présentée par ses nouveaux amis. Il lui fit présent d'une poignée de diamants... »

Même sujet à Bourgelat : « Pourvu qu'il y ait de jolies filles d'Opéra, à Paris, tout va bien. » Et à Chardon : « Nous trouvons toujours cent filles d'Opéra contre une Didon. » Ailleurs encore, à propos de la brochure factieuse de Chévrier : *Constitution de l'Opéra*, et du *Code lyrique* de Meusnier de Querlon, qui n'en est qu'une imitation déguisée :

> On imprime, on imprimera
> De beaux écrits sur la musique,
> Sur la science économique,
> Sur la finance et la tactique,
> Et sur les filles d'Opéra.

De beaux écrits relatifs à la musique, à la bonne heure ! Voilà qui vaut mieux sans doute que *le Portrait des filles de l'Opéra* de l'abbé l'Attaignant ou que les couplets *ejusdem farinæ* reproduits par Castil-Blaze [1].

[1] *Molière musicien*, t. II, p. 369.

Tout cela nous ramène au temps fortuné où le jeune Voltaire applaudissait, à l'Opéra, les Pélissier, les Le Maure, les Camargo, les Sallé, tout en rendant franchement justice au mérite des Campra, des Mouret et des Destouches [1]. Il est vrai qu'il était seulement alors auteur dramatique, et que cette fréquentation assidue de la première scène lyrique de Paris pouvait se rattacher à une étude attentive d'un genre de spectacle où le drame se combinait avec la musique. *Samson* devait être ébauché à cette époque. C'est sous cette excellente impression qu'il mande au prince royal de Prusse : « L'Opéra se soutient, parce qu'on aime la musique. Malheureusement, cette musique ne saurait être, comme l'italienne, du goût des autres nations. »

Écoutez encore cette description, qui, en dépit des justes critiques qu'elle renferme, peut former en quelque sorte le pendant des vers qui célèbrent le « Palais magique. » Elle figure en tête de la tragédie d'*Œdipe*, composée, on le sait, à l'âge de 18 ans : « L'Opéra est un spectacle aussi bizarre que magnifique, où les yeux et les oreilles sont plus satisfaits que l'esprit, où l'asservissement à la musique rend nécessaires les fautes les plus ridicules, où il faut chanter des ariettes dans la destruction d'une ville et danser autour d'un tombeau [2] ; où l'on voit le palais de Pluton et celui du Soleil ; des dieux, des démons, des magiciens, des prestiges,

---

[1] Voy. le chap. *Profession de foi*, etc., pour le portrait qu'il trace des principaux artistes de l'Opéra, en 1732.

[2] Si ces danses autour d'un tombeau étaient légitimées par l'histoire, il n'y avait là rien de bien répréhensible. « Encore aujourd'hui, dit Voltaire, à l'article *Messe* du *Dictionnaire philosophique*, dans la Palestine, les femmes assemblées auprès des tombeaux de leurs proches, dansent d'une manière lugubre et poussent des cris lamentables. » Ces danses légendaires, introduites dans un drame, feraient un effet saisissant.

des monstres, des palais formés et détruits en un clin d'œil. On tolère ces extravagances [1], on les aime même, parce qu'on est là dans les pays des fées ; et pourvu qu'il y ait du spectacle, de belles danses, une belle musique, quelques scènes intéressantes, on est content. »

On ne courait donc pas à l'Opéra par désœuvrement ; l'Opéra ne causait nul ennui ; il n'était point un monstre révoltant ; il ne méritait guère d'être dévoré par le feu du ciel ! Pour être juste, j'ajouterai que la critique passionnée de Voltaire, au fur et à mesure que l'on avançait dans le XVIIIe siècle, devenait de moins en moins imméritée et partiale. L'Opéra marchait insensiblement vers la décadence, et l'artiste exécutant aussi bien que l'artiste compositeur contribuaient à sa chute.

Un littérateur d'un sens fin et délicat, de Cahusac, remonte ainsi à la source du mal : « Sur un théâtre créé par le génie, pour mettre dans un exercice continuel la prodigieuse fécondité des arts, on n'a chanté, on n'a dansé, on n'a entendu, on n'a vu constamment que les mêmes choses et de la même manière, pendant le long espace de plus de soixante ans. Les acteurs, les danseurs, l'orchestre, le décorateur, le machiniste ont crié au schisme, et presque à l'impiété, lorsqu'il s'est trouvé par hasard quelqu'esprit assez hardi pour tenter d'agrandir et d'étendre le cercle étroit dans lequel une sorte de superstition les tenait renfermés. Ainsi, les défauts actuels dérivent presque tous du vice primitif [2]. »

Un quart de siècle après, l'anarchie musicale est au comble partout, et le docteur Burney dont on ne niera

---

[1] Pourquoi extravagances, puisque « c'est à l'Opéra, c'est à ce spectacle consacré aux fables que ces enchantements conviennent, et que c'est là qu'ils ont été le mieux traités ? » Remarques de Voltaire sur *Médée*.

[2] *La danse ancienne et moderne*. La Haye, 1754, t. III, p. 101.

pas la compétence en cette matière, se voit obligé de formuler cette appréciation sévère, au sujet du Concert spirituel de Paris :

« Le concert se termina par un *Beatus vir,* motet à grand orchestre mêlé de solos et de duos. La principale haute-contre chanta un solo, dans lequel elle beugla aussi fort qu'elle aurait pu faire, si on lui eût mis le couteau sur la gorge et qu'il se fût agi de sa vie. Quoique je fusse étourdi de tout ce bruit, je n'eus pas de peine à m'apercevoir par la satisfaction qui régnait sur toutes les physionomies et par la manière dont le morceau avait été accueilli par les $^{99}/_{100}$ de l'auditoire, que c'était là ce qu'ils sentaient et ce qui leur convenait le mieux. C'est superbe ! fut l'écho qui retentit, d'un bout de la salle à l'autre ; mais le dernier chœur mit le comble à tout. De ma vie, je n'ai entendu un pareil charivari. J'avais trouvé que les chœurs de nos oratorios étaient plutôt trop fournis et trop bruyants ; mais, à les comparer avec ceux-ci, c'est une musique douce et mélodieuse, telle qu'il la faudrait pour inviter au sommeil l'héroïne d'une tragédie [1]. »

Et le jeune Mozart, que ne dit-il pas à son tour ? Je me bornerai à transcrire seulement quatre lignes caractéristiques : « S'il y avait quelqu'un ici qui eût des oreilles pour entendre, un cœur pour sentir, et seulement quelque idée de l'art, je me consolerais de toutes mes disgrâces ; mais les hommes avec qui je suis, sont des brutes quant à la musique [2]. »

Je finirai cette revue rétrospective, déjà trop longue peut-être, par une mercuriale moins importante, moins autorisée, mais, à coup sûr, aussi sincère, aussi juste. Elle émane de Mme du Deffand, et nous rapproche conséquemment de

---

[1] *De l'état présent,* etc. t. I, p. 21 et 22. Traduction de BRACK.
[2] Extrait d'une lettre datée du 1er février 1778.

notre objectif principal, Voltaire : « J'ai eu autrefois des plaisirs indicibles aux opéras de Quinault et de Lulli, et au jeu de Thévenard et de la Le Maure, — écrit-elle à Henri Walpole, à sept jours de distance du futur auteur de *Don Juan*. — Pour aujourd'hui, tout me paraît détestable : acteurs, auteurs, musiciens, beaux-esprits, philosophes, tout est de mauvais goût, tout est affreux, affreux [1]. »

[1] 8 février 1778. Parmi les quatre hautes-contre que l'Opéra possédait, vers cette époque, une seule, Le Gros, mérite d'être citée. Doué d'un organe admirable, Le Gros manquait, par malheur, de ce goût exquis que Jéliotte, son prédécesseur avait porté au suprême degré. La basse-taille Larrivée soulevait, dans certaines rôles, le plus vif enthousiasme. Au nombre des femmes, on mentionne Sophie Arnould dont la voix touchante et onctueuse commençait à s'affaiblir, et Mlle Levasseur, formée par Gluck lui-même. Enfin, on comptait, dans le personnel du ballet, le fameux Vestris, Dauberval, Alard, Gardel, Despréaux, Mercadet, et Mlles Heinel, la reine de la pantomime, Allard et Pislin, dont la *Gargouillade* faisait valoir surtout les écarts, les tournoiements et les pirouettes. C'est à l'une de ces ballérines en vogue, que Voltaire fait allusion, dans une lettre ironique à l'impératrice de Russie, du 7 août 1771 : « Je veux aussi, madame, dit-il, vous vanter les exploits de ma patrie. Nous avons, depuis quelque temps, une danseuse excellente à l'Opéra de Paris. On dit qu'elle a de très beaux bras... »

IX. — L'Opéra-Comique.

L'écrivain le plus caustique de France fut longtemps à
ridiculiser un genre de spectacle où la gaieté, la sensibilité
et la grâce, servies par une musique similaire, s'allient,
dans une juste mesure, à une action vive et intéressante.

Au premier abord, cela paraît étrange, incroyable. Voltaire ne pouvait en vouloir sérieusement à l'une des plus
agréables manifestations de l'esprit. S'il a dit, dans ses
Commentaires sur Corneille, que « l'esprit est ce qui perd
la littérature [1], » il a bien dû savoir que lui-même était le
contrepied de cette assertion.

Aurait-il répudié la gaieté? En mille endroits de sa volumineuse correspondance, il vante le rire comme le remède
le plus efficace à opposer aux souffrances physiques et
morales. Que prétendait-il donc ?

D'après lui, « l'Opéra-comique n'est autre chose que la
Foire renforcée. » Soit ! S'inquiète-on de l'origine d'une
chose, quand elle vous enchante, vous séduit ? L'Opéra
« ce spectacle magique, » comme il l'appelle, a-t-il donc

[1] Au chapitre précédent, on a vu « que l'esprit ne gâtait que le goût. »

un passé si glorieux, si brillant ? N'a-t-il pas admis tous les genres, hors le genre ennuyeux ?

Bien plus. Comme si Voltaire avait voulu prouver qu'aucune des formes sous lesquelles peut se montrer le talent dramatique ne lui était restée étrangère, il écrivit lui-même des opéras-comiques, témoins le *Baron d'Otrante* et les *Deux Tonneaux.* Il est vrai que ces pièces ne servirent, ainsi que les comédies de *Charlot* et du *Dépositaire*, qu'à égayer le répertoire des hôtes de Ferney. Un auteur s'exprime ainsi, au sujet du *Baron d'Otrante :* « Il est assez remarquable que M. de Voltaire donna le premier opéra à Grétry, comme il avait donné, le premier, vers 1730, une tragédie lyrique [1] à Rameau, avant que ces deux grands musiciens se fussent encore exercés dans les genres où ils ont excellé. Le grand poëte découvrit leur génie et devina leurs succès [2]. Peut-être il détermina leur vocation, et, dans ce cas, la France lui serait en partie redevable des chefs-d'œuvre qu'ils lui ont donnés. Quel homme grave, à ce prix, ne pardonnerait à M. de Voltaire d'avoir fait des opéras-comiques ? »

Il n'y a guère de pardon qui tienne ici. On trouve tout simplement étrange qu'il ait flagellé un mode de spectacle si propre à une nation enjouée, légère, spirituelle. Ah ! s'il avait fait des opéras-comiques, ou bien des drames bigarés d'ariettes et de récitatifs, que de mécomptes il se fût peut-être épargnés !

Au fait, les motifs qui le portèrent à décrier l'opéra-comique ressemblent étonnamment à ceux qui l'induisirent à malmener l'opéra même. Il voyait, avec un sentiment de jalousie difficile à réprimer, la foule accourir à la Foire

[1] Celle de *Samson.*
[2] Voy. *Musique intime* et *Ramisme.*

et déserter la Comédie française. C'en était assez pour vouer aux pièces à couplets une haine implacable, envenimée encore par les embryons informes que la vogue favorisa d'abord, et qui fit murmurer peut-être l'homme de goût avant de froisser l'homme d'intérêt.

Ces murmures, ces persifflages donnaient, en quelque sorte, raison à Jean-Jacques, qui déniait aux Français toute musique possible. Je me trompe. Jean-Jacques, se contredisant une fois de plus, soutiendra, en face de Voltaire, qu'un « peuple badin veut de la plaisanterie et du ridicule, » en fait de spectacles, et que la diversité de ces spectacles naît selon les goûts particuliers des nations. Cela ne revient-il pas à dire que les Français, grâce à leurs opéras-comiques, ont trouvé le seul genre d'ouvrage lyrique qui convînt à leur caractère ? Voltaire le constatera plus loin, vaincu par l'évidence.

Ses premières pointes visent la Comédie italienne. Retiré à Sulli, en 1717, il y apprend, à sa grande surprise,

> Que tout Paris est enchanté
> Des attraits de la nouveauté ;
> Que son goût délicat préfère
> L'enjouement agréable et fin',
> De Scaramouche et d'Arlequin,
> Au pesant et fade Molière.

Le « pesant et fade Molière » jugea bon pourtant, plus d'une fois, d'emprunter ses types les plus saillants à la Comédie italienne. Il les transforma, il est vrai, en y imprimant la marque individuelle de son génie.

La cour partage l'engouement des Parisiens, ce qui contrarie au superlatif notre aristarque, toujours désireux d'y lancer quelque ouvrage d'une nature moins triviale. Il travaillait déjà à *Samson* et à *Éryphile*. Pouvait-il ne pas détester tous « ces Pantalons étrangers , » et déclarer médiocre, sans l'avoir vue, « une petite comédie allégorique intitulée *la Vérité fabuliste,* » donnée avec succès au Théâtre-Italien ?

Son admirateur, Frédéric II, se met à l'unisson de ces antipathies. A l'en croire, les acteurs français installés à Berlin , sont « proprement des danseurs dont la famille de La Cochois fait la comédie. » Pourtant, Voltaire, quelque temps auparavant, avait déclaré préférer « les fredons italiques » aux trompettes guerrières annonçant le carnage et la mort :

> J'aime mieux des soupers, des opéras nouveaux,
> Des passe-pieds français, des fredons italiques,
> Que tous ces bataillons d'assassins héroïques,
> Gens sans esprit et fort brutaux.

Comparaison un peu forcée et passablement blessante pour un souverain couronné de lauriers cueillis sur les champs de bataille. Aussi, le roi-philosophe la relève-t-il avec une juste fierté :

> N'insultez point , ami , l'intrépide courage
> Que mes vaillants soldats opposent à l'orage :
> L'intérêt n'agit point sur mes nobles guerriers...

Trente ans après , l'opinion du roi n'est point modifiée , au contraire ; il l'accentue avec une énergie que lui donne une sincère conviction, au défaut de l'acharnement persistant de Voltaire :

« Vos histrions welches se vouent tous à l'opéra-comique, et des platitudes mises en musique sont chantées par des voix qui hurlent et détonnent à donner des convulsions aux assistants. Durant le beau siècle de Louis XIV , ce spectacle n'aurait pas fait fortune. Il passe pour bon dans ce siècle de petitesses , où le génie est aussi rare que le bon sens , où la médiocrité en tout genre annonce le mauvais goût , qui probablement replongera l'Europe dans une espèce de barbarie dont une foule de grands hommes l'avaient tirée [1]. »

« Vos compatriotes, ou plutôt les Welches modernes, ont perdu le goût des bonnes choses. Ils sont rassasiés des chefs-d'œuvre de l'art, et la frivolité les porte à présent à protéger l'Opéra-comique, Fax-Hall [2], et les Marionnettes. Il ne méritaient pas que vous fussiez né dans leur patrie. Ce ne sera que la postérité qui connaîtra tout votre mérite [3]. »

Le roi de Prusse en voulait aux « bâteleurs de la Foire ; » Voltaire s'en prenait à « ces Pantalons étrangers. » Il ne se mêla toutefois que de loin en loin de la querelle des Bouffons. « Et *les Grands* et *les Petits Prophètes* [4], » demande-t-il presque indifféremment à d'Argental : « On dit que cela est fort plaisant ; c'est dans ces choses sublimes qu'on excelle à présent dans ma chère patrie. Adieu, mon adorable ange ; souvenez-vous de mon ancien testament. Je suis errant comme le Juif, et je n'ai guère d'espérance dans la loi nouvelle [5]. » Il comptait des amis dans les deux camps : Grimm « le Prophète » était un de ces amis. Il avait encore maudit les « Pantalons étrangers, » parce qu'ils parodiaient outrageusement ses œuvres. Mais, comprend-il quelque chose aux

---

[1] 2 janvier 1771.

[2] Le Waux-Hall fut érigé en 1768, par un nommé Torré. Plusieurs autres établissements du même genre se fondèrent depuis, et la foule y courut avec empressement. Plus tard, l'entreprise de Torré se fit une réputation équivoque.

[3] 18 avril 1772.

[4] Allusion à deux brochures bien connues relatives à cette célèbre querelle.

[5] 29 mai 1754.

beaux intermèdes que les Bouffons de 1729 exhibèrent à Paris, puisque Paris, tout en les applaudissant, ne les comprit guère lui-même, et n'en profita d'aucune façon pour la transformation de son art scénique ? Il jouera, plus tard, *la Serva Padrona* [1], quand la vogue l'aura consacrée. Tout le reste, y compris l'inimitable *Giocatore*, restera lettre close pour lui et pour son entourage.

Il n'aimait pas assez l'auteur de *Castor et Pollux*, après toutes ses défections, pour être

> En secret indigné que la scène avilie
> Se fût prostituée aux Bouffons d'Italie ;
> Que le Français, trompé par un charme nouveau,
> Eût pour de vains fredons abandonné Rameau.

Il prit le parti de la raison contre la folie, et chercha peut-être à jouer le rôle du juge dans *l'Huître et les Plaideurs*. Le médiateur s'affirme notamment en ces vers des *Cabales* :

> Je vais chercher la paix au temple des chansons ;
> J'entends crier : « Lulli, Campra, Rameau, Bouffons [2] ;
> « Êtes-vous pour la France ou bien pour l'Italie ? »
> Je suis pour mon plaisir, Messieurs. Quelle folie
> Vous tient ici debout, sans vouloir écouter ?
> Ne suis-je à l'Opéra que pour y disputer ?

[1] Voy. *Intermèdes de société*.

[2] Une note porte sur *Rameau, Bouffons* : « La même manie, y est-il dit, a passé à l'Opéra et a été encore plus tumultueuse. Mais les cabales au Théâtre-Français ont un avantage que les cabales de l'Opéra n'ont pas ; c'est celui de la satire raisonnée. On ne peut à l'Opéra critiquer que des sons. Quand on a dit : cette chaconne, cette loure me déplait, on a tout dit. Mais, à la Comédie, on examine des idées, des raisonnements, des passions, la conduite, l'exposition, le nœud, le dénouement, le langage. On peut vous prouver méthodiquement, et de conséquence en conséquence, que vous êtes un sot qui avez voulu avoir de l'esprit et qui avez assemblé quinze cents personnes pour leur prouver que vous en savez

Il résume ainsi, vers 1760, le tripot des théâtres parisiens : « Un entrepreneur des spectacles de la Foire tâche, à Paris, de miner les comédiens qu'on nomme Italiens ; ceux-ci veulent anéantir les comédiens français par des parodies ; les comédiens français se défendent comme ils peuvent ; l'Opéra est jaloux d'eux tous ; chaque compositeur a pour ennemis tous les autres compositeurs, et leurs protecteurs, et les maîtresses des protecteurs. »

S'il pouvait pêcher en eau trouble ! La réunion de la Foire et de la Comédie italienne lui ôte cette satisfaction. A *la Nouvelle Troupe*, comédie d'Auseaume et de l'abbé de Voisenon, représentée par les deux compagnies fusionnées, il y a une telle foule qu'on doit refuser des centaines de places. Décidément, Voltaire n'y tient plus. Il boucle ses malles, et s'en va aux Délices méditer, en philosophe, sur la frivolité des choses humaines en général et des choses parisiennes en particulier : « J'abandonne Paris à la Comédie italienne réunie avec l'Opéra-comique contre *Cinna* et contre *Phèdre*, dit-il à Mme de Fontaine. Je crois *Cassandre* très singulier, très théâtral, très neuf ; c'est précisément pour cela que je ne veux pas qu'on le joue [1]. » Au marquis Albergati Capacelli il fait à peu près la même déclaration :

plus qu'eux. Chacun de ceux qui vous écoutent, est, sans le savoir, un peu jaloux de vous ; il est en droit de vous critiquer et vous êtes en droit de lui répondre. Le seul malheur est que vous êtes souvent un contre mille.

» Il en va autrement en fait de musique ; il n'y a que le potier qui soit jaloux du potier, et le musicien du musicien, disait Hésiode. Il y faut seulement ajouter encore les partisans jaloux. Dans les talents de l'esprit, au contraire, tout le monde est jaloux en secret ; et voilà pourquoi tous les gens de lettres, méprisés quand il n'ont pas réussi, ont été persécutés dès qu'ils ont eu de la réputation. »

La première partie de cette note vient à l'appui de ce que je disais de l'ignorance où l'on était alors à Paris, en fait de musique sérieuse.

[1] 8 février 1762.

« Je ne sais s'il (le favori de Thalie) sera fort content de Paris ; il trouvera la Comédie italienne réunie avec la Foire, et ne donnant plus que des opéras-comiques. »

Tout cela est dans une gamme infiniment doucereuse, jusqu'au moment où le fougueux écrivain se voit contraint de renoncer à un espoir de revanche pour la tragédie et pour l'opéra. Alors, se mettant au ton de « l'Orphée couronné, » il dégaîne avec une exaspération peu dissimulée : « Oui, je mourrai dans l'opinion que c'est une barbarie welche d'étrangler, de tronquer, de mutiler les sentiments ; c'est l'opéra-comique, qui a mis à la mode cette abominable coutume. On ne veut plus rien aujourd'hui que par extrait ; et voilà pourquoi on n'a pas fait un bon ouvrage depuis trente ans, en prose ou en vers. O Welches ! vous êtes dans la décadence, et j'en suis bien fâché [1] ! »

Il va plus loin encore, et, s'épanchant dans le cœur de son intime d'Argental, il déclare que « les ordures » de l'opéra-comique anéantiront les sublimités de la comédie protégée par le roi :

« Quand une nation a eu un certain nombre de bons ouvrages, tout ce qu'on lui donne au-delà fait l'effet d'un second service qu'on présente à des convives rassasiés. Je vous le répète, l'opéra-comique fera tout tomber. Une musique agréable, de jolies danses, des scènes comiques, et beaucoup d'ordures forment un spectacle si convenable à la nation, que le *Petit Carême* de Massillon ne tiendrait pas contre lui. Je crois fermement qu'il faut que les comédiens ordinaires du roi aillent jouer dans les provinces, trois ou quatre ans ; s'ils restent à Paris, ils seront ruinés [2] »

Passe encore, s'il était jeune ! On débite, en effet, tant

[1] 6 juin 1764.
[2] 17 janvier 1765.

de polissonneries, à l'Opéra-comique, « l'une des deux abominations de la France [1], » qu'il n'y a vraiment que la
jeunesse qui puisse s'en accommoder : « Je ne me sens aucun
zèle pour le tripot de la Comédie française. Je sens que, si
j'étais jeune, j'aurais beaucoup de goût pour celui de
l'Opéra-comique. On y danse, on y chante, on y dit des
ordures ; tous les contes de La Fontaine y sont mis sur la
scène, et on m'assure qu'on y jouera incessament le *Portier
des Chartreux*, mis en vers par l'abbé Grizel [2]. » Ce *Portier
des Chartreux* est une fantaisie de sa façon. Est-ce pour la
voir en scène qu'il voudrait rajeunir ?

Voici le singe de Nicolet conspirant avec ce maudit
opéra-comique. Vous savez que ce singe savant, exhibé à la
Foire, faisait les délices des Parisiens. S'il en faut croire
Bachaumont, les femmes de la plus grande distinction
raffolaient de ces indécentes parades. On les préférait à
Arlequin lui-même, et la chanson l'a célébré plusieurs fois.
Les comédiens humiliés, firent interdire la parole à Nicolet
et à Taconet, auteur et acteur de la troupe. Voltaire mêlant
le tout, appelait « bâteleurs » les comédiens aussi bien que
les exhibeurs d'animaux apprivoisés. Sur ce thème, vingt
variations diverses. « Tout va au diable, hormis l'opéra-comique, » répète-t-il à satiété. Le succès du *Siége de Calais*,
de Dubelloi, dont le roi fut si émerveillé, comptait donc
pour rien ? Il est vrai que, sur la médaille commémorative
décernée à l'auteur, figuraient simplement les noms de
Corneille, de Racine et de Molière ! Ne voilà-t-il pas des
ruines et des abominations ! « L'Opéra-comique n'est autre
chose que la Foire renforcée. Je sais que ce spectacle est

---

[1] L'autre est, on le devine, le fanatisme.
[2] Au maréchal de Richelieu, 21 janvier 1765.

aujourd'hui le favori de la nation ; mais je sais aussi à quel point la nation s'est dégradée. »

Un retour à de meilleurs sentiments est proche, car voici le *nec plus ultrà* du dépit exhalé par le patriarche de Ferney : « On va à l'Opéra-comique, le jour qu'on brûle le chevalier de la Barre, et qu'on coupe la tête à Lally. Ah ! Parisiens, vous ne savez que danser autour des cadavres de vos frères ! »

L'Opéra-comique avait à enregistrer, de temps en temps, des succès auxquels Voltaire ne pouvait se défendre de souscrire symphatiquement, à raison de l'amitié qui l'unissait à ceux qui en étaient les héros. Le *Sylvain*, de Marmontel et de Grétry, eurent cette chance. De plus, on voit poindre, dans sa correspondance, certaines éclaircies, où la voix de l'équité se fait entendre par intervalles. Ne va-t-il pas jusqu'à avouer à d'Argental le « mérite éclatant de l'Opéra-comique et de *Fax-Hall*, » cela, pour y opposer, bien entendu, « un grand spectacle bien imposant et bien intéressant ? »

Le voici quasi épris d'une petite pièce : *les Ensorcelés*, due à une gracieuse actrice, Mme Favart, qui eut pour collaborateurs Guérin et Harni. Il ne dédaigna pas de la faire jouer à Ferney, on l'a vu, et d'y remplir lui-même un rôle. Le souvenir lui en vint, en 1774, où, d'après des bruits absurdes qui s'accréditèrent auprès de la meilleure compagnie, une famille entière aurait été ensorcelée aux environs de Rainci. Encore une boutade innocente contre les différentes représentations d'*Henri IV*, et la conversion est opérée : « Est-il vrai qu'on joue, à l'Opéra-comique ou à la Foire [1], *la Reddition de Paris à Henri IV* ? Sedaine ne devait-il pas donner cette tragédie en prose à la Comédie

[1] Dans une autre lettre, il ajoute le Pont-Neuf.

française ? Et le premier acte n'était-il pas composé de
bouchers et de rôtisseurs ? Voilà comme les beaux-arts se
perfectionnent en France, et ce qui arrive après les grands
siècles [1]. »

La réaction, une fois en train, sera aussi complète que
l'acrimonie a été violente. Il est juste de le dire : les farces
de bas étage disparaissaient ; le bon ton succédait aux sail-
lies bouffonnes d'un goût équivoque. De jolies comédies,
bien charpentées, bien ornées d'une musique facile et
agréable, avaient transformé l'opéra-comique au point
d'en faire un spectacle des plus attrayants. Voltaire pouvait-il franchement s'opiniâtrer à rester insensible, je ne
dis plus hostile, à une rénovation si heureuse ?

Il venait d'écrire au cardinal Bernis, qu'en France il y
avait « du moins des opéras-comiques et même de la
gaieté, » tandis que, « dans la patrie de Cicéron et d'Horace, il n'y avait plus que des cérémonies, » quand l'abbé
de Voisenon lui adressa l'opéra d'*Isabelle et Gertrude*, tiré
d'un conte intitulé l'*Éducation d'une fille*. Cette fois, il
n'y tient plus, et sa muse en veine lui dicte l'adorable
apologue qu'on va lire :

> J'avais un arbuste inutile
> Qui languissait dans mon canton ;
> Un bon jardinier de la ville
> Vient de greffer mon sauvageon.
> Je ne recueillais de ma vigne
> Qu'un peu de vin grossier et plat ;
> Mais un gourmet l'a rendu digne
> Du palais le plus délicat.
> Ma bague était fort peu de chose ;
> On la taille en beau diamant ;
> Honneur à l'enchanteur charmant
> Qui fit cette métamorphose !

[1] A de Thibouville, novembre 1775.

L'enchanteur Favart, « un des conservateurs des grâces et de la gaieté françaises, » comme dit Voltaire dans la lettre où se trouvaient les délicieux vers ci-dessus, fit, en réalité, une métamorphose double. La *Fée Urgèle*, devenue *Ce qui plaît aux dames*, et empruntée, pour le fond, à Voltaire, acheva la transformation. Le patriarche ne peut, à son âge, « se rengorger d'avoir fourni le canevas des divertissements de la Cour, » mais il est fort aise « que la Cour se réjouisse. » Déclaration modeste, qui cache une joie bien vive. Il ne s'en défend plus vis-à-vis de Favart lui-même :

« Je croyais, monsieur, être guéri de la vanité à mon âge ; mais je sens que j'en ai beaucoup avec vous. Non seulement vous avez flatté mon amour-propre en parlant de la bonne *Gertrude*, mais j'en ai encore davantage en lisant votre *Fée Urgèle*, car je crois avoir deviné tous les endroits qui sont de vous. Tout ce que vous faites me semble aisé à reconnaître ; et lorsque je vois, à la fois, finesse, gaieté, naturel, grâces, et légèreté, je dis que c'est vous, et je ne me trompe point. Vous êtes inventeur d'un genre infiniment agréable ; l'Opéra aura en vous son Molière, comme il a eu son Racine dans Quinault. Si quelque chose pouvait me faire regretter Paris, ce serait de ne pas voir vos jolis spectacles, qui ragaillardiraient ma vieillesse ; mais j'ai renoncé au monde et à ses pompes. Vous n'avez pas besoin du suffrage d'un Allobroge enterré dans les neiges du Mont-Jura. Quand il y aura quelque chose de votre façon, ayez pitié de moi. J'ai l'honneur d'être, etc. [1]. »

---

[1] 17 décembre 1765. Il accentue ce nouveau thème dans une autre lettre, en date du 3 octobre 1775, à propos d'un « ouvrage charmant, plein de grâces et de délicatesse, » que Favart avait fait « sur un canevas dont la toile était un peu grossière. » Il dit, entre autres : « Vous embellissez tout ce que vous touchez. C'est vous qui, le premier, formâtes un spectacle régulier et ingénieux d'un

Voilà Favart « inventeur d'un genre infiniment agréable, » et le « Molière de l'opéra-comique. » Voilà Voltaire, autrefois fuyant Paris, pour n'être pas témoin des succès des bâteleurs de la Foire, et regrettant à présent la grande cité, à « cause des jolis spectacles » de l'auteur de *Ce qui plait aux dames !*

A son tour, Mme Favart reçoit, à pleines mains, l'encens du philosophe. Peut-on adorer, avec plus de ferveur, le lendemain, ce que l'on a brûlé, la veille? « Ma, foi, il n'y a plus que l'opéra-comique qui soutienne le réputation de la France ! » Cette exclamation condamne un demi siècle de boutades injurieuses à l'adresse d'un genre de spectacle si éminemment approprié au génie des Français :

« Vous ne sauriez croire, madame, combien je vous suis obligé ; ce que vous avez bien voulu m'envoyer est plein d'esprit et de grâce, et je crois toujours que le dernier ouvrage de M. Favart est le meilleur. Ma foi, il n'y a plus que l'opéra-comique qui soutienne la réputation de la France. J'en suis fâché pour la vieille Melpomène, mais la jeune Thalie de l'hôtel de Bourgogne éclipse bien par ces agréments la vieille majesté de la reine du théâtre. Permettez-moi d'embrasser M. Favart [1]. »

Ce n'est pas tout. Sedaine, l'habile charpentier dramatique, obtient sa part du gâteau. Désormais, d'ailleurs, les compliments de ce genre ne discontinueront pas, et je n'aurai que l'embarras du choix à faire dans la foule des congratulations :

théâtre qui, avant vous, n'était pas fait pour la bonne compagnie. Il est devenu, grâce à vos soins, le charme de tous les honnêtes gens. Je vous avoue que je suis fort fâché de mourir, sans avoir joui des plaisirs que vous donnez à ceux qui sont dignes d'en avoir. »

[1] 23 mars 1768.

« Je vous ai plus d'obligations que vous ne croyez, monsieur. J'étais très malade, lorsque j'ai reçu les deux pièces que vous avez bien voulu m'envoyer ; elles m'ont fait oublier tous mes maux. Je ne connais personne qui entende le théâtre mieux que vous, et qui fasse parler ses acteurs avec plus de naturel. C'est un grand art que celui de rendre les hommes heureux pendant deux heures ; car, n'en déplaise à messieurs de Port-Royal, c'est être heureux que d'avoir du plaisir ; vous devez aussi en avoir beaucoup, en faisant de si jolies choses. Je suis fâché de n'applaudir que de si loin à vos succès [1]. »

Au fond, ces éloges sont-ils bien désintéressés ? N'y comptez jamais avec Voltaire. Il va, en effet, lui aussi, aborder l'opéra-comique. Son *Baron d'Otrante*, que l'on connaît déjà, subit l'épreuve de la Comédie italienne. Le récent succès du *Huron*, dont le sujet était emprunté à un conte, l'*Ingénu* de Voltaire, augmenta son estime pour le jeune Grétry, à qui il destinait son libretto : « Est-il vrai que la musique du *Huron* soit charmante, demande-t-il bénévolement à de Chabanon ? Elle est d'un petit Liégeois, que vous avez vu peut-être à Ferney [2]. » En même temps, un nouveau coup d'encensoir pour ce qu'il a abhorré jadis : « J'ai bien peur que l'opéra-comique ne mette un jour au tombeau le grand-opéra tragique. »

La *Pandore* devait être bien malade pour qu'il l'enveloppât ainsi dans un linceuil funèbre. Il ne se doutait guère de l'échec qui l'attendait pour son *Baron d'Otrante*. Il parle de ce ballon d'essai à son Papillon-philosophe, Mme de Saint-Julien, de façon à dégager sa responsabilité :

[1] 11 avril 1769.

[2] 9 septembre 1769. Ceci laisse à entendre que de Chabanon assista aux séances musicales données par Grétry à Ferney. Il y fut beaucoup question, en effet, de prosodie, sujet favori de de Chabanon.

« Voici le secret dont il s'agit. Mme Denis m'a mandé qu'un jeune homme a tourné en opéra-comique un certain conte intitulé *l'Éducation d'un prince*. Je n'ai point vu cette facétie, mais elle prétend qu'elle prête beaucoup à la musique. J'ai songé alors à votre protégé, et j'ai cru que je vous ferais ma cour, en priant Mme Denis d'avoir l'honneur de vous en parler. Tout ce que je crains, c'est qu'elle ne soit déjà engagée. Ne connaissant ni la pièce ni les talents des musiciens, j'ai saisi seulement cette occasion pour vous renouveler mes hommages ; l'état triste où je suis, ne me permet guère de m'amuser d'un opéra-comique [1]. »

Il y revient, à un intervalle assez long, toujours d'une façon mystérieuse : « Je vous avais bien dit, madame, que, pour vous plaire, je vous écrirais, dès que j'aurais des grâces à vous demander. Il ne s'agit ici ni de contrôleur-général, ni d'intendant de finances ; ce sont des choses bien plus sérieuses : c'est un opéra-comique. Un jeune homme est venu m'apporter cette esquisse ; je l'ai trouvée très favorable à la musique, et à des sortes de musique de toute espèce. Mme Denis dit qu'il faut suivre de point en point les directions de l'auteur. Il avait promis cet ouvrage à un autre musicien que M. de Montcivrey ; mais, nous avons jugé qu'il fallait lui donner la préférence sur tous les autres, non seulement parce qu'il est votre protégé, mais parce qu'il mérite de l'être [2]. »

Il glisse adroitement un mot aussi à son « héros, » en train d'organiser alors des divertissements à Versailles : « J'ai toujours un très joli sujet d'opéra-comique ou d'un petit opéra galant, qui pourrait fournir une fort jolie fête et qui n'exigerait que très peu de dépense. Ce dernier mérite plairait beaucoup à M. l'abbé Terrai ; mais, pourvu que je

[1] 30 septembre 1768.
[2] 30 août 1772.

puisse plaire à mon héros, je ne demande rien à personne [1]. »

On a, dans les lignes qui suivent, non seulement la clef des deux lettres énigmatiques adressées à Mme de Saint-Julien, mais le récit sommaire de tout ce qui se rattache au *Baron d'Otrante* :

« Cette petite pièce fut faite pour M. Grétry, qui, avant de venir à Paris, avait passé six mois à Genève, d'où il se rendait fréquemment à Ferney [2]. M. de Voltaire et Mme Denis, sur quelques essais qu'il leur fit entendre, conçurent une si grande espérance de ses talents, qu'ils le pressèrent vivement d'aller les exercer dans la capitale ; et, pour le déterminer d'autant mieux, M. de Voltaire s'offrit de travailler dans un genre nouveau, dont il n'osait espérer, disait-il, d'atteindre la sublimité. Il donna, en effet, *le Baron d'Otrante* à M. Grétry, qui vint le présenter aux comédiens italiens, comme l'ouvrage d'un jeune homme de province. Les comédiens refusèrent la pièce, en avouant cependant que l'auteur n'était pas sans talent, et qu'il promettait beaucoup. Ils engagèrent même M. Grétry à mander au jeune homme que, s'il voulait se rendre à Paris, on pourrait lui indiquer des changements nécessaires pour faire admettre et représenter sa pièce, et que, moyennant un peu d'étude de leur théâtre et de la docilité, il pourrait lui être utile par ses travaux et se rendre digne d'y être attaché.

---

[1] 13 juillet 1772. Il s'agit ici apparemment du conte *la Bégueule*, qui avait été offert, le 20 avril précédent, à l'abbé de Voisenon pour être mis en opéra-comique : « Je crois avoir entendu dire, lui mande-t-il, que vous aviez un ami qui daignait quelquefois inspirer les muses badines de l'opéra-comique et leur prêter des grâces... Peut-être le contraste du palais de Psyché et d'un charbonnier ferait un plaisant effet ; peut-être les dames du bon ton ne seraient pas fâchées de voir une bégueule doucement punie et corrigée. » Le 4 mai suivant, il en avait écrit à Mme du Deffand, en l'appelant « la farce après la tragédie. »

[2] Voy. *Concerts intimes*.

« Le jeune auteur reconnut son insuffisance, et ne jugea pas à propos de se déplacer. Il aima mieux renoncer à une gloire qu'il désespérait d'obtenir. Cet événement empêcha M. Grétry de mettre la pièce en musique, et M. de Voltaire de faire d'autres opéras que *ie Baron d'Otrante* et *les Deux Tonneaux*, qu'il avait commencés [1]. »

Encore une illusion détruite ! Cela n'empêche pas Voltaire de continuer à exalter le spectacle en faveur. Tout en louant son confrère Marmontel de « s'amuser à l'Opéra-comique, » il se déclare d'un autre avis que lui, quant à la musique italienne, et il avoue, cette fois, d'accord en cela avec Jean-Jaques Rousseau, qu'il est ouvertement sympathique au parti de la musique nationale : « Les Italiens, dit-il, se moquent de nous, et nous regardent comme de mauvais singes. »

En quoi il se sépare de l'auteur d'*Émile*, c'est à propos de la *Lettre sur les spectacles*, qui attira sur le paradoxal écrivain un déluge de récriminations parfaitement hors place ici. La réfutation qu'en fait un certain Bordes, de Lyon, auteur d'un divertissement intitulé : *le Soleil vainqueur des nuages*, lui suggère ces réflexions : « Jean-Jacques, que vous avez si bien réfuté, met tout en combustion dans sa petite république; il traite le petit conseil de Genève, comme il avait traité l'Opéra de Paris. Il avait voulu persuader au parterre que nous n'avions point de musique, et il veut persuader à la ville de Genève qu'elle n'a que des lois ridicules. »

Mais, Jean-Jacques ayant démontré lui-même ce dont la France était capable, en fait de musique scénique, témoin son *Devin de Village* [2], dont le succès fut considérable, même à la Cour, l'approbation de Voltaire pour cette jolie

---

[1] Préface des éditeurs du *Baron d'Otrante*, « opéra buffa. »

[2] Voy. encore, aux *Notes biographiques*, verbo ROUSSEAU (Jean-Jacques).

bergerie, qu'il appelle pourtant quelque part « un grave opéra, » ne se fit pas attendre : « Vous savez probablement, écrit-il à Damilaville, que Jean-Jacques est à Strasbourg, où il fait jouer le *Devin de Village* ; cela vaut mieux que de chercher à mettre le trouble dans Genève, et d'être lapidé à Mortiers-Travers [1]. »

Voici Marmontel recevant les félicitations empressées du vieux solitaire de Ferney, au sujet d'un gracieux opéra-comique qu'il avait écrit pour Grétry : « Vous m'avez envoyé, mon cher ami, un opéra qui me paraît précisément ce qu'il faut aujourd'hui. C'est un spectacle charmant, c'est un dialogue coupé, ce sont des vers délicieux, faits pour la musique. Partout du sentiment et des tableaux ; partout des grâces ; Grétry vous a bien des obligations. Je vous avais prié de faire de *jolis riens* ; et, au lieu de m'accorder ma requête, vous faites de très jolies choses [2]. » Le canevas de ces « jolies choses » avait été fourni, on le devine aisément, par l'illustre ami et confrère de Marmontel.

« Que deviendrions-nous sans l'opéra-comique, qui sauve un peu notre gloire ? » « J'aime cent fois mieux un opéra-comique que toutes vos fades pièces de la Chaussée. » « Il n'y a plus de gaieté qu'à l'opéra-comique. » « Je répète, à mes anges (les d'Argental), que la nation a enfin trouvé son vrai génie, sa vraie gloire, qui est l'opéra-comique. » — Tels sont, entre cent, les dithyrambes réparateurs que Voltaire entonne à l'honneur d'une spécialité dramatique où peut-être il eût excellé, s'il en avait connu ou cultivé davantage les délicats ressorts. Il en farcit même son *Dictionnaire philoso-phique,* où l'on peut lire, à article *Lieux communs en*

---

[1] 25 novembre 1765.
[2] 15 janvier 1774.

littérature : « L'opéra-comique prend la place d'*Iphigénie*
et d'*Éryphile*, de *Xipharès* et de *Monime*. Avec le temps,
cet opéra-comique devient lieu commun à son tour, et Dieu
sait alors à quoi on aura recours. »

A quoi on aura recours, après l'opéra-comique ? Voltaire,
redevenu prophète inspiré, le sait si bien qu'il a déjà ré-
pondu victorieusement d'avance à la question posée : « Le
Kain est allé chercher des acteurs en province ; il n'en
trouvera pas ; il n'y en a que pour l'opéra-comique. C'est
le spectacle de la nation, en attendant Polichinelle. »

Pulcinella ! Voilà Offenbach, voilà Lecocq, Hervé *e tutti
quanti,* qui, secouant leurs grelots, ramènent l'opéra-comique, dès longtemps fourvoyé dans les grosses machines
de la tragédie lyrique, à son origine première, c'est-à-dire
à la gaieté folle, aux danses abracadabrantes, aux parodies
insensées..... Chassez le naturel, il revient au galop ! Tant
pis encore, ma foi, pour le vrai opéra-comique.

X. — **Musique instrumentale**.

En 1774, Mme la marquise du Deffand préparait, à Chanteloup, une petite fête de Noël. Voulant ménager aux Choiseul une surprise agréable, pendant le souper, elle s'était assuré le concours du « fameux Balbâtre [1], » qui devait jouer « sur son piano-forté [2] » des noëls et des airs choisis « dont il avait composé la plupart pour Chanteloup. » Elle s'adressa à son ami Voltaire, pour en obtenir quelques couplets destinés à être adaptés à « cette longue suite de noëls. » Le tout pour contenter « le grand papa, la grand' maman et madame de Grammont [3]. »

Voltaire, après avoir « invoqué l'ombre de Pellegrin, »

[1] Bordenave et de Piis le chantent dans leurs poëmes bien connus. Mairet le cite, à diverses reprises, dans les notes jointes à son *Éloge de Rameau*, et Burney en parle longuement dans ses relations de voyages. A la date du 7 mai 1755, le correspondant parisien du duc de Cobenzl, à Bruxelles, Pierre Clément, écrit au sous-gouverneur général des Pays-Bas : « Point de nouvelles de la Comédie; un nommé Balbâtre, joueur d'orgue, s'est fait admirer. »

[2] Puisque Balbâtre passe, en France, pour avoir, le premier, fait « organiser » le piano, il pourrait bien s'être servi d'un piano-orgue pour l'accompagnement des noëls à Chanteloup.

[3] *Correspondance de Mme la marquise du Deffand*, etc.

s'exécuta sans désemparer. Seulement, au lieu de composer des couplets inoffensifs sur « la joie du retour, » le malin vieillard en fit de très galants, voire même de très libres sur l'épisode de la crèche. La quatrième strophe devait se chanter, selon le vœu du poëte, par toutes les voix réunies « en chœur, » avec la recommandation expresse de n'en rien montrer à « l'ingénieux Fréron, qui a les petites entrées chez madame la marquise du Deffand, et qui ne manquerait pas de dire beaucoup de mal de son cuisinier et de son faiseur de noëls, quoiqu'il ne se connaisse ni en bonne chère ni en bon vers. »

La marquise qui, effectivement avait demandé des « noëls pour un souper, » se scandalisa, et en demanda d'autres, en termes très vifs. Voltaire s'emporta aussi, et tout en gourmandant sa « despotique » correspondante de s'être mal expliquée et de n'avoir point stipulé bien expressément « qu'on ne voulait dans des noëls, ni crèche, ni Jésus, ni Marie, » il en improvisa de plus convenables. « Ces couplets-ci, écrivit-il, ne valent pas les premiers, il s'en faut bien. Cela ressemble à une fête de Vaux, mais cela est assez bon pour un piano-forté, qui est un instrument de chaudronnier en comparaison du clavecin. »

Le mot est lâché. Le piano, récemment inventé, ressemblait à un chaudron ; le maigre clavecin, aux sons nasillards, aux touches clapottantes, figurait sans doute la lyre idéale d'Orphée. Ce que c'est que la prévention !

Faut-il redire que le piano, malgré les imperfections qui le déparaient à son apparition, constituait, dans le domaine des instruments à touches, un progrès énorme ? Le clavecin, trop automate, avait pu satisfaire les oreilles délicates de Louis XIV et de Louis XV. Il devait fatalement céder la place à son redoutable adversaire. Les progrès de l'harmonie appelaient impérieusement le concours d'un instrument, qui, au lieu de permettre au virtuose de pincer simplement les cordes, l'autorisait à les frapper à pleine volée ; delà naissait un volume de son plus intense, plus nourri, et, j'ajouterai, plus varié. Le marteau pulsateur étant aux ordres de celui qui savait le maîtriser, on en obtenait une sorte de coloration magique, affectant tous les caractères, toutes les nuances, du *forté* au *piano*. Quels gigantesques progrès il a accompli aujourd'hui ! C'est, je crois, le summum de la perfection [1].

A toute époque, la routine s'est acharnée contre la nouveauté hardie. Celui qui stigmatisa tant d'abus et qui porta la cognée dans tant de choses surannées, eût dû, le dernier de tous, lancer l'anathême contre la transformation si miraculeuse du clavecin vieillot. A-t-il consulté, en cette occurence, Mme Denis « qui se connaissait en musique ? » Le cas échéant, elle aura sanctionné les antipathies de l'oncle, ce qui ne donne pas précisément une haute idée des facultés artistiques de la nièce. En cette question encore, Rousseau devait se trouver en dissidence d'opinion avec son émule en littérature : « Il y a des instruments, tels que le clavecin, dit-il, qui sont à la fois sourds et aigres ; et c'est le plus mauvais tymbre [2]. »

De Piis préconise ainsi la supériorité du piano sur le clavecin :

> Jusqu'à ce que Pleyel sous ses doigts le retienne,
> Avec un flegme anglais le forté se promène
> Et nargue, fils ingrat, le rude clavecin.

[1] A en croire le *Dictionnaire de musique* d'Escudier, le piano ne commença et se répandre en France que vers 1780. Le contraire est démontré par les faits que je rapporte. Depuis plusieurs années, le nouvel instrument était connu en Angleterre, en Allemagne et en Belgique. Voy. ma *Musique aux Pays-Bas*, t. III, p. 345.

[2] *Dictionnaire de musique*, au mot TYMBRE.

L'édition de 1785 de *l'Harmonie imitative* offre cette variante curieuse du premier vers cité :

Fier des sons moëlleux qu'il enfante sans peine...

Pleyel a disparu. Pourquoi ? C'est le secret du poëte. Il suffit qu'il ait caractérisé, en quelques coups de pinceau, le plus harmonieux, le plus complexe et le plus populaire des instruments modernes.

Pendant qu'il courtisait Orphée-Rameau, Voltaire devait rompre une lance en faveur de son collaborateur lyrique, en s'immisçant dans la discussion qui surgit entre l'inventeur de la basse fondamentale et l'inventeur du clavecin oculaire : « Vous devriez bien vous égayer à m'envoyer la discussion d'Orphée-Rameau avec Euclide-Castel, mande-t-il, le 18 novembre 1736, à Thiriot. On dit qu'Orphée a battu Euclide. Je crois, en effet, notre musicien bien fort sur son terrain. »

Cela n'est point contestable. Le père Castel, de son côté, n'était pas le premier venu en fait de physique mathématique. Doué d'un esprit facile, hardi et investigateur, il se laissait entraîner malheureusement par la vivacité de son imagination, et ce n'est qu'à la suite de longs tâtonnements et d'essais vingt fois abandonnés et repris, qu'il parvenait à réaliser ses systèmes. Ayant découvert, dans la *Musurgia* de Kircher, une sorte d'embryon de basse fondamentale, comme on y trouve l'idée première d'un harmonica à tubes de verre[1], Rameau lui lança une réponse aussi fière qu'abrupte, à laquelle le vaillant acousticien répliqua, à son tour, d'une façon passablement catégorique, en démontrant à son

---

[1] J'ai publié, à ce sujet, dans *l'Écho du Parlement belge*, une série de recherches qui seront utilisées ailleurs.

contradicteur que, au point de vue de la modulation, ses principes fondamentaux, d'ailleurs fort ingénieusement présentés, ne mènent, en somme, à rien qui vaille.

Voltaire, peu versé, d'après son humble aveu, dans le *C sol ut*, vit-il son Apollon en danger? Sentit-il le besoin de l'obliger étroitement? Le fait est qu'il intervint dans le débat, après s'être borné d'abord à quelques escarmouches générales, faute de posséder en nature les éléments du débat : « Comment pourrait-on avoir par écrit le procès de Castel et de Rameau ? » demande-t-il, le 12 décembre 1736, à Berger. Entretemps, son Euclide est traité de dure façon : « Pareilles impertinences (celles du père Regnault, auteur des *Entretiens physiques*, où il dit, entr'autres, que le vide n'existe ailleurs que dans la bouteille ou dans la bourse), pareilles impertinences, s'écrie Voltaire, se trouvent dans le père Castel, qui, dans un livre de mathématiques, pour faire comprendre que le cercle est un composé d'un infini de lignes droites, introduit un ouvrier faisant un talon de soulier, qui dit qu'un cône n'est qu'un pain de sucre...., et que ces notions suffisent pour être bon mathématicien [1]. »

Puis, Euclide devient Zoïle, et le manifeste est lancé timidement, avec toutes les précautions d'un anonymat prudent : « On m'a fait voir une lettre à Rameau sur le révérend père Castel, qui m'a paru plaisante, et qui vaut bien une réplique sérieuse ; mais je n'ose même l'envoyer, de peur qu'une tracasserie me passe par les mains. Si vous étiez homme à promettre, *jure jurando*, secret profond et inviolable, je pourrais vous envoyer cela : car si promettez, tiendrez [2]. » Il écrit au même correspondant :

---

[1] Au marquis d'Argens, 22 juin 1737.
[2] A Thiriot, 28 mars 1738.

« Vous verrez ci-jointe la lettre d'une bonne âme à
Orphée-Rameau sur Zoïle-Castel : *secretum petimusque
damusque vicissim.* Ce Castel-là est un chien enragé, c'est
le fou des mathématiques, et le tracassier de la société [1]. »

Thiriot avait son gîte chez le fermier-général de La
Popelinière, où Rameau, comme il a été dit, tenait ses
séances musicales. La lettre y aura donc circulé, même en
dépit du mutisme de Rameau lui-même, avant de passer
dans le domaine public. Plaisante plutôt que « sérieuse, »
et parsemée de ces rapprochements vifs et piquants que
Voltaire excellait à faire naître, mais qui ne sauraient tenir
lieu de raisons péremptoires et solides, telle est, au fond,
cette fameuse lettre. On verra d'ailleurs plus loin que si le
malin pamphlétaire essaie de démontrer l'absurdité d'un
clavecin oculaire, il s'est amusé lui-même à en préconiser
les éléments [2].

A. M. RAMEAU,

sur le père Castel et son clavecin oculaire.

Mars.

« Je vous félicite beaucoup, monsieur, d'avoir fait de
nouvelles découvertes dans votre art, après nous avoir fait
entendre de nouvelles beautés. Vous joignez aux applaudissements du parterre de l'Opéra, les suffrages de l'Académie
des sciences ; mais surtout vous avez joui d'un honneur que
jamais, ce me semble, personne n'a eu avant vous. Les
auteurs sont commentés d'ordinaire, des milliers d'années
après leur mort, par quelque vilain pédant ennuyeux ; vous
l'avez été de votre vivant, et on sait que votre commen-

---

[1] A Thiriot, le 10 avril 1738.
[2] Voy. au chapitre *Acoustique.*

tateur est quelque chose de très différent, en toute manière, de l'espèce de ces messieurs [1].

« Voilà bien de la gloire ; mais le R. P. Castel a considéré que vous pourriez en prendre trop de vanité, et il a voulu, en bon chrétien, vous procurer des humiliations salutaires. Le zèle de votre salut lui tient si fort à cœur, que, sans trop considérer l'état de la question, il n'a songé qu'à vous abaisser, aimant mieux vous sanctifier que vous instruire.

« Le beau mot, *sans raison*, du P. Canaye, l'a si fort touché, qu'il est devenu la règle de toutes ses actions et de tous ses livres, et il fait valoir si bien ce grand argument, que je m'étonne comment vous aviez pu l'éluder.

« Vous pouvez discuter contre nous, monsieur, qui avons la pauvre habitude de ne reconnaître que des principes évidents, et de nous traîner de conséquence en conséquence.

« Mais, comment avez-vous pu disputer contre le R. P. Castel ? En vérité, c'est combattre comme Bellérophon. Songez, monsieur, à votre téméraire entreprise ; vous vous êtes borné à calculer les sons, et à nous donner d'excellente musique pour nos oreilles, tandis que vous avez affaire à un homme qui fait de la musique pour les yeux. Il peint des menuets et de belles sarabandes. Tous les sourds de Paris sont invités au concert qu'il leur annonce depuis douze ans ; et il n'y a point de teinturier qui ne se promette un plaisir inexprimable à l'opéra des couleurs que doit représenter le révérend physicien avec son clavecin oculaire. Les aveugles mêmes y sont invités [2] ; il les croit d'assez

---

[1] Mlle Deshaye, depuis Mme de La Popelinière. Voy. ce dernier nom, aux *Notes biographiques*.

[2] Allusion aux *Lettres au président de Montesquieu*, où le père Castel dit que les aveugles mêmes sauront juger de son clavecin.

bons juges des couleurs. Il doit le penser, car ils en jugent à peu près comme lui de votre musique. Il a déjà mis les faibles mortels à portée de ses sublimes connaissances. Il nous prépare, par degrés, à l'intelligence de cet art admirable. Avec quelle bonté, avec quelle condescendance pour le genre humain, daigne-t-il démontrer dans ses lettres, dont les journaux de Trévoux sont dignement ornés, je dis démontrer par lemmes, théorèmes, scolies : 1º que les hommes aiment les plaisirs ; 2º que la peinture est un plaisir ; 3º que le jaune est différent du rouge, et cent autres questions épineuses de cette nature.

« Ne croyez pas, monsieur, que pour s'être élevé à ces grandes vérités, il ait négligé la musique ordinaire ; au contraire, il veut que tout le monde l'apprenne facilement, et il propose, à la fin de sa *Mathématique universelle*, un plan de toutes les parties de la musique, en cent-trente-quatre traités, pour le soulagement de la mémoire ; division certainement digne de ce livre rare, dans lequel il emploie trois-cent-soixante pages avant de dire ce que c'est qu'un angle [1].

« Il faut bien, monsieur, que vous succombiez sous le géomètre et sous le bel esprit. Ce nouveau père Garasse, qui attaque tout ce qui est bon, n'a pas dû vous épargner. Il est encore tout glorieux des combats qu'il a soutenus contre les Newton, les Leibnitz, les Réaumur, les Maupertuis. C'est le don Quichotte des mathématiques, à cela près que don Quichotte croyait toujours attaquer des géants, et que le révérend père se croit un géant lui-même.

« Ne le troublons point dans la bonne opinion qu'il a de lui ; laissons en paix les mânes de ses ouvrages, ensevelis dans le *Journal de Trévoux*, qui, grâces à ses soins, s'est

---

[1] Je supprime ici tout ce qui ne se rapporte pas directement à l'objet de ce chapitre.

si bien soutenu dans la réputation que Boileau lui a donnée,
quoique, depuis quelques années, les mémoires modernes
ne fassent point regretter les anciens. Il va écrire peut-être
une nouvelle lettre, pour rassurer l'univers sur votre musique, car il a déjà écrit plusieurs brochures pour rassurer
l'univers, pour éclairer l'univers. Imitez l'univers, monsieur,
et ne lui répondez point. »

Le père Castel dépensa, dit-on, beaucoup de temps et
d'argent, pour réaliser pratiquement la proposition de Newton, relative aux sept couleurs primitives considérées comme
échelle musicale. Son projet, longuement développé dans le
Journal de Trévoux, fut, en fin de compte, jugé impraticable,
et ne remplit ni le désir de l'auteur ni ne satisfit l'attente
curieuse du public. Utile tentative pourtant, puisqu'elle
mena à des découvertes importantes, sans compter la réputation énorme qu'elle procura à l'auteur [1]. »

La petite philippique manqua son effet ; elle fut jugée
maladroite, inopportune. Aussi, l'auteur, qui espérait toujours pouvoir atteler Rameau à sa *Pandore,* se hâta-t-il
d'en répudier la paternité. Il employa encore, en cela,
Thiriot-la-Trompette : « Mme du Châtelet et moi, dit-il,

---

[1] Le manuscrit du clavecin des couleurs se trouve à la Bibliothèque de Bourgogne, à Bruxelles, sous le n° 15746. Au même fonds de la Bibliothèque royale,
on conserve un autre manuscrit du père Castel, intitulé : *Du clavecin organique,*
n° 20754. Dans le clavecin oculaire, la touche, en pressant une targette, ouvre
une soupape de manœuvre. En même temps, un cordon de soie, tirant ou pous-
sant la touche, ouvre un compartiment illuminé de couleurs. De façon que, dès
l'instant où vous entendez un son, vous voyez une couleur relative à ce son. Un
son bas coïncide avec une couleur foncée, un son haut avec une couleur claire,
un son moyen avec une couleur moyenne. Quand deux, trois, quatre sons se produisent, on aperçoit simultanément deux, trois, quatre couleurs. En liant les
sons, les couleurs se trouvent aussi liées. L'âme reçoit ainsi, par la diversité des
couleurs, une impression à peu près semblable à celle qu'elle éprouve par la
diversité des sons.

avec un semblant de dépit parfaitement formulé, nous serions cruellement mortifiés qu'on imputât à Cirey la lettre que vous nous avez envoyée sur le père Castel, et à laquelle nous n'avons d'autre part que de l'avoir lue. Il serait bien cruel qu'on pût avoir sur cela le moindre soupçon. Vous savez, mon cher ami, ce que vous nous avez mandé, et votre probité et votre amitié sont mes garants. Je suis bien sûr que si les jésuites m'imputent cet ouvrage, vous ferez ce qu'il faudra pour leur faire sentir combien je suis sensible à cette calomnie [1]. »

Il n'en discontinua pas moins de harceler le pauvre jésuite acousticien partout où il le pouvait : « Le père Castel a peu de méthode dans l'esprit ; c'est le rebours de l'esprit de ce siècle... Les Regnaults et les Castels n'empêcheront pas à la longue le triomphe de la raison [2]. » Jusque dans son extrême vieillesse, le philosophe poursuit son homme et l'accable de sarcasmes. Le voici devenu un singe de Newton : « Tout le monde convient que ce grand siècle passé fut celui du génie ; mais, après les hommes qu'on regarde comme inventeurs, viennent souvent, je ne dis pas des disciples formés dans l'école de leurs maîtres, ce qui serait louable, mais des singes qui s'efforcent de gâter l'ouvrage de ces maîtres inimitables. Ainsi, après que Newton a découvert la nature de la lumière, arrive un Castel, qui veut enchérir, et qui propose un clavecin oculaire [3]. »

Grétry n'était nullement de cet avis. Avec sa pénétration si fine et si juste, il suppose le clavecin du père Castel représentant le corps sonore et ses aliquotes, par les couleurs du prisme ou de l'arc-en-ciel, et formant ensuite, par un

[1] 21 mai 1738.
[2] 7 août 1738.
  Au baron de Fougères, officier de marine.

ingénieux mélange des couleurs primitives, le reste de l'octave. Puis, l'auteur des *Essais sur la musique* se demande comment le père Castel expliquait ses harmonies, c'est-à-dire ses appogiatures de couleurs, et se berçant de l'espoir qu'un jour le génie humain trouvera des instruments susceptibles de s'adapter à nos cinq sens, il propose un clavecin spécial pour chacun d'eux, soit un clavecin des sons, des couleurs, des saveurs, des odeurs, du tact ou du toucher. *Quod erat demonstrandum.*

Qu'eût dit Voltaire de cette étrange utopie ? Jean-Jacques, en tout cas, se mit de son bord, en déclarant fausse l'analogie entre les couleurs et les sons, et absurde la manie de vouloir « chanter aux yeux. » Il dit notamment, au chapitre XVI de son *Essai sur l'origine des langues :* « J'ai vu ce fameux clavecin, sur lequel on prétendait faire de la musique avec des couleurs. C'était bien mal connaître les opérations de la nature, de ne pas voir que l'effet des couleurs est dans leur permanence, et celui des sons dans leur succession. » Cette thèse est ensuite démontrée par des raisons assez péremptoires [1].

Adversaire déclaré du piano-forté et du clavecin oculaire, Voltaire se mit à célébrer, dans son *Sixième discours sur la nature de l'homme*, les inventions, à coup sûr admirables, du mécanicien Vaucanson :

> .... D'une main stérilement vantée,
> Le hardi Vaucanson, rival de Prométhée,
> Semblait, de la nature imitant les ressorts,
> Prendre le feu des cieux pour imiter les corps.

[1] Inutile de citer les autres travaux français sur l'analogie des couleurs et des sons, les mémoires de de Mairan, par exemple, ceux de de La Rue, professeur de philosophie à Caen, etc.

Vaucanson n'était pourtant connu alors que par son Flûteur, son Tambourin et ses Canards automates. Depuis, il surpassa non seulement sous ses rivaux en ce genre, mais il mit le comble à sa gloire, en appliquant ses merveilleuses facultés créatrices au perfectionnement des arts utiles. C'est peut-être sous ce dernier point de vue que son panégyriste l'envisage, en affirmant, un peu hyperboliquement, que l'ingénieux mécanicien soutenait presque seul la réputation de la France [1]. Il mande encore au prince de Prusse, en 1739 : « Votre Altesse Royale sait que Bouchardon et Vaucanson font des chefs-d'œuvre, chacun dans leur genre. Rameau travaille à mettre à la mode la musique italienne. »

Il put contempler de près d'autres merveilles mécaniques, puisqu'il eut, plus tard, dans sa manufacture de montres, le seul artiste qui travaillât alors « aux montres en bague, à répétition, à secondes, à quart, et demi-quart avec un carillon, le tout orné de diamants. « Ces petits prodiges, ajoute-t-il, avec une fierté satisfaite, ne se font que dans mon village. »

En essayant de résoudre quelques étymologies, dans son *Dictionnaire philosophique*, Voltaire épluche certains termes de guerre, qu'il prétend être d'origine allemande : marche, halte, bivouac, reître, lansquenet, etc. Je laisse aux spécialistes le soin de s'édifier sur cette provenance, pour ne relever qu'un seul terme, qui nous appartient de droit : fifre. Ce mot pittoresque ne semble-t-il pas dériver à la fois soit du *fife* anglais, soit du *pfeife* allemand ou du *fijfer* flamand [2] ? Ou bien ne peut-on pas le rattacher au *piffero*

---

[1] Voy. LE MAURE (Mlle), aux *Notes biographiques*.

[2] *Musique aux Pays-Bas*, t. IV, chapitre II, *passim*. Le sens de l'allégorie qui suit, nous échappe complètement : « Vous faites mieux des vers que l'homme dont vous me parlez ; mais je ne crois pas que vous augmentiez votre fortune comme

italien ou à la *fistula* latine ? Le terminologue n'a donc raison qu'en partie.

Ici, il a complétement tort, et lui-même se charge de nous le prouver : « TAMBOUR, terme imitatif, qui exprime le son de cet instrument guerrier, inconnu aux Romains, et qui nous est venu des Arabes et des Maures. C'est une caisse ronde, exactement fermée, en-dessus et en-dessous, par un parchemin de mouton bien épais, tendu à force sur une corde à boyau. Le tambour ne sert, parmi nous, que pour l'infanterie ; c'est avec le tambour qu'on l'assemble, qu'on l'exerce, qu'on la conduit. *Battre le tambour, le tambour bat, il bat aux champs, il appelle, il rappelle, il bat la générale, la garnison marche, sort tambour battant.* »

Le conte allégorique du *Taureau blanc* fait défiler des tambours, des trompettes, des fifres, des psaltérions, des cithares, des sambuques, des sistres, des castagnettes, des tambourins, des cornemuses et des harpes. A l'aide de cet appareil sonore, Amasis, roi de Tanis, monté « sur un cheval caparaçonné d'une housse écarlate brodée d'or, » se montre majestueusement à ses sujets assemblés. Nous sommes ici, par bonheur, dans le domaine de l'imagination, autrement l'absurdité de cet amalgame instrumental serait pàr trop choquante. Heureusement aussi, le bon Horace a tout permis aux peintres et aux poëtes, aux poëtes surtout qui abhorrent les instruments de la famille de la harpe.

il arrondit la sienne. Votre lyre est plus harmonieuse ; il a pour lui la flûte, le tambour et le coffre-fort. » Au marquis de Ximenès, 31 octobre 1772. Cela signifie-t-il que de Ximenès est plus éloquent, mais moins en position de s'amuser, de dépenser ?

C'est encore au bruit des tambourins et des castagnettes que, dans les *Dialogues et entretiens philosophiques*, les prêtres et les prêtresses d'Isis faisaient leurs exorcismes. En place de castagnettes, j'eusse mis crotales, pour être plus en harmonie avec la légende antique. Précisément, à propos des Égyptiens ou des Zingaris, qui, au XVe siècle, « allaient, par troupes, d'un bout de l'Europe à l'autre, avec des tambours de basque et des castagnettes, » Voltaire, recourant à Apulée, pour déterminer l'origine des chants et des « danses singulières des Bohêmes, » ajoute que « leurs castagnettes et leurs tambours de basque sont les cymbales et les crotales des prêtres isiaques et syriens [1]. » A la bonne heure ! Nous voilà parfaitement d'accord.

Les virtuoses de *la Princesse de Babylone* exécutent, pendant le repas, « cet air célèbre qu'on appela, dans la suite des siècles, *les Folies d'Espagne.* » Il doit y avoir ici quelque allusion maligne, ou bien la licence dépasse toute permission. Et, de fait, la série des siècles n'a pas dû être bien considérable, puisque *les Folies d'Espagne* sont attribuées à Corelli, mort en 1713. L'attribution, faite par Grétry, a rencontré, je le sais, des contradicteurs. Mais, sans recourir à des origines personnelles, et abstraction faite de toute période de temps nettement déterminée, il suffit, je crois, de jeter un coup-d'œil sur cette mélodie qui a tant exercé le caprice de la virtuosité, au siècle dernier, pour se convaincre pleinement qu'elle est loin d'accuser un âge qui compte « une suite de siècles. » Castil-Blaze hasarde la date de 1689, — celle ou le claveciniste d'Anglebert publia ses vingt-deux curieuses variations sur *les Folies d'Espagne*, — tout en affirmant ailleurs que l'air célèbre est d'origine réel-

---

[1] *Essai sur les mœurs et l'esprit des nations,* chapitre CIV.

lement espagnole. J'attends toujours les preuves de cette double allégation [1].

Le Cerf de la Vieville qui, lui, n'avait pas le bénéfice du vers si tolérant de l'*Art poétique*, a été plus maladroit que Voltaire, en lançant, en 1704, cet anachronisme : « Jamais la musique ne fut plus en vogue que du temps de Néron. Au dire de Martial, il suffisait de savoir jouer du violon, pour y faire fortune. » Voici mieux encore : « Si Adam, au paradis terrestre, avait voulu faire un instrument, il aurait fait une viole ! » Sur cette naïveté, toute primitive, du mélomane Jean Rousseau — rien de Jean-Jacques — fermons la parenthèse, et poursuivons notre petite organographie voltairienne.

Dans *la Pucelle d'Orléans*,

> Le souper fait, on eut une musique
> Italienne en genre chromatique ;
> On y mêla trois différentes voix
> Aux violons, aux flûtes, aux hautbois.

[1] Ce qui suit n'est, de la part de Voltaire qu'une simple inexactitude historique : « Il n'était pas nécessaire que Jéricho tombât au son des cornemuses, puisque Josué avait des intelligences dans la ville par le moyen de Rhabab. » 1767, à Béraud. S'est-il abstenu d'employer, cette fois, son instrument de glorification, la trompette, comme instrument de distinction ?

En tout cas, il est parfaitement à l'unisson de la science moderne, en déclarant, d'un côté, que les anciens Grecs ne chantaient guère à accords simultanés, et, de l'autre, qu'ils connaissaient et pratiquaient l'harmonie, évidemment par le secours de leurs instrumentistes ou accompagnateurs nommés citharèdes. « La musique, dit-il, dans son *Essai sur les mœurs et l'esprit des nations*, ne fut bien cultivée qu'après le seizième siècle ; mais les plus fortes présomptions font penser qu'elle est très supérieure à celle des Grecs, qui n'ont laissé aucun monument par lequel on pût soupçonner qu'ils chantassent en parties. » D'autre part, dans une remarquable lettre à de Chabanon, du 9 mars 1772, où il discute la question des odes chantées chez les Grecs et les Romains, on trouve ces lignes explicites : « Il est très probable que les Grecs connaissaient cette harmonie que nous leur nions avec beaucoup d'impudence. Platon le dit expressément, et en termes formels. » Il se montre également favorable à l'existence d'une harmonie chez les Grecs, dans la préface de sa tragédie d'*Oreste*.

L'auteur remarque, à propos du « chromatique , » que ce genre « procède par plusieurs demi-tons consécutifs, et produit une musique efféminée , très convenable à l'amour. » Il eût mieux fait de prévenir le lecteur, qu'il n'entendait nullement démontrer comme quoi, en plein moyen-âge, le mode diatonique avait cédé le pas au mode chromatique.

C'était la coutume, de temps immémorial en France , d'égayer la villégiature par des divertissements nocturnes , donnés, dans des parcs pittoresques , à la lueur des flambeaux ou des lampions, et aux sons d'une bruyante musique instrumentale : « Vous serez peut-être étonnée , mande Voltaire , en 1717 , à la marquise de Mimeure , si je vous disais que , dans ce beau bois (de Sulli), nous avons des nuits blanches comme à Sceaux. Mme de la Vrillière qui vint ici, pendant la nuit, faire tapage avec Mme de Listenai, fut bien surprise d'être dans une grande salle d'armes, éclairée d'une infinité de lampions , et d'y voir une magnifique collation servie au son des instruments, et suivie d'un bal où parurent plus de cent masques habillés de guenillons superbes [1]. »

Saviez-vous que « c'était autrefois un bien vilain mot que celui de guimbarde ? » Voltaire l'affirme à Mme du Deffand, en s'empressant d'ajouter « que les mots et les idées changent souvent en France. » Passe pour la dernière réflexion ; mais, quant à l'autre, je cherche vainement dans le *Dictionnaire de Trévoux* et dans d'autres lexiques du temps,

---

[1] « La musique instrumentale , dit-il dans le *Siècle de Louis XIV*, s'est ressentie un peu de la monotonie et de la lenteur qu'on reproche à la vocale ; mais, plusieurs de nos symphonies, et surtout nos airs de danse ont trouvé plus d'applaudissements chez les autres nations. On les exécute dans beaucoup d'opéras italiens. »

de quoi justifier cet ostracisme dont frappe l'Allobroge de Ferney un terme musical ayant pour équivalent celui de chariot. S'il s'agit, par hasard, de la danse appelée guimbarde, ou du jeu de cartes ainsi nommé, y a-t-il là matière à scandale, à répulsion ? La réplique de Mme du Deffand n'en est pas une : « Ce mot de guimbarde...., pour avoir acquis une nouvelle signification, n'a pas perdu l'ancienne. » Comprenne qui veut ou qui sait ! Le terme de guimbarde s'applique, encore aujourd'hui en France, à un petit instrument en acier et à languette, dont on joue en mettant ses deux branches entre les dents, et en touchant la languette avec le bout du doigt [1]. Voilà tout.

L'auteur anonyme d'un *Système sur l'origine des cloches* se voit rangé, par Voltaire, au nombre des folliculaires qui lancent leurs compilations « dans l'idée d'avoir du pain, parce qu'ils n'ont pas de métier [2]. » L'exacte bibliographie de Forkel se tait sur ce livre, qui pourrait bien être le petit *Traité des cloches*, par Thiers, opuscule qui, dans sa spécialité, offre un côté intéressant, utile. Cela n'empêche pas le vieillard d'alléguer bravement, dans son *Essai sur les mœurs et l'esprit des nations*, que l'usage des cloches est, chez les Chinois, de la plus haute antiquité, et que l'on n'a eu « des cloches, en France, qu'au sixième siècle de notre ère. » Sans taxer Voltaire de folliculaire, j'oserai croire qu'en fouillant davantage les petits traités spéciaux, si injustement houspillés par lui, il serait parvenu, quant à l'origine des cloches, à formuler des faits plus sérieux et plus dignes de foi.

Je ne connais que d'une façon indirecte l'opuscule suivant, qui, par malheur, est hors de ma portée : *Lettre de mon-*

---

[1] Voy. mes *Aldenardiana*, t. II, p. 85.
[2] *Dictionnaire philosophique*, au mot MÉTIER.

sieur l'abbé Carbassus à monsieur de *** , *auteur du Temple du Goust, sur la mode des instruments de musique.* — Paris, veuve Allouel, 1739, in-8° [1]. Blankenburg, comme l'observe Lichtenthal — qui, soit dit en passant, cite très inexactement le titre de la brochure, — pense que l'auteur en est l'abbé Goujet [2]. Fétis, avec raison peut-être, conteste cette paternité, attendu, dit-il, que le *Dictionnaire* de Barbier ne fait aucune mention du petit ouvrage, et que l'abbé Goujet, à en juger par la liste de ses écrits, donnée dans l'un des suppléments de Moréri, ne s'est guère occupé de musique. Kastner, le premier, nous en apprend le contenu sommaire. Carbassus s'y moque, d'une façon amusante et éloquente à la fois, de l'engouement qui s'était emparé de toute la France, sous le règne de Louis XV, pour la vielle et pour la musette [3].

Est-ce tout, par hasard, et l'opuscule énigmatique ne se rattache-t-il à quelques autres points de l'organographie voltairienne effleurés ici? Mon ignorance aurait, du moins, une compensation suffisante. Peut-être s'agit-il là de la trompette de la renommée que l'auteur du *Temple du Goût* aura embouchée trop bruyamment pour les uns, et du sifflet désapprobateur qu'il aura fait retentir outre mesure pour les autres. Aux bibliophiles, en ce cas, à résoudre la difficulté.

---

[1] KASTNER , *Danse des morts* , p. 260. Je vois figurer l'opuscule dans le catalogue-Fétis, sous le nom de *Carbasus.*

[2] Voy. la nouvelle édition de la *Théorie des beaux-arts,* de SULZER.

[3] Voy. *Locutions.*

Voltaire, en étudiant la géométrie et la physique, devait aborder la musique autrement qu'à titre de poëte, de critique ou d'esthéticien. Il en pesa ses lois constitutives, en scruta ses arcanes secrets, en marqua son échelle mathématique.

« Chaque siècle a sa marotte ! » On essaie aujourd'hui « d'arranger l'univers, tandis que d'autres, aussi modestes, veulent réformer les empires par de nouvelles lois. » Lui aussi, fut pris dans le « tourbillon » de la philosophie expérimentale ; il le fut avec une femme distinguée que l'on connaît déjà : Mme du Châtelet, « l'illustre newtoleibnitzienne, » comme l'appelle son passionné admirateur.

Les sciences étaient alors très à la mode chez les dames de la haute volée. Quelques-unes, Mme de Richelieu, entre autres, s'étaient déclarées pour la philosophie corpusculaire. Voltaire, dans une lettre du 25 juin 1735, la proclame « assez bonne newtonienne. » La plupart optaient pour Leibnitz, « l'apôtre des monades. » Dans le nombre se trouvait notamment la princesse de Columbrano. L'auteur de *la Henriade* les appelait plaisamment « forcevivières, » c'est-à-dire partisanes des forces vives. Comme il différait d'opinion avec Mme du Châtelet, il ne lui ménageait guère les épithètes piquantes. A l'occasion de la dispute surgie entre la newtoleibnitzienne et le savant de Mairan, au sujet des forces motrices, il vint à titrer sa trop vaillante amie de « brodeuse de toiles d'araignées. » Au fond, Voltaire avait raison, car la manie d'affirmer, d'établir des systèmes, régnait au milieu de cette phalange de philosophes en côtillon, qui s'imaginaient avoir tout dit, tout prouvé, en résolvant, à leur manière, les tourbillons de Descartes, les vides de Gassendi, les monades de Leibnitz, l'attraction de Newton.

C'est dans cette aimable compagnie de raisonneuses, que le poëte, destiné à présider à l'épanouissement de toutes les idées généreuses et utiles, « remit sa lyre dans son étui, et tira son compas, » voulant ne point encourir lui-même l'anathème lancé « à versificateur qui n'est que versificateur. » Son attention fut particulièrement attirée vers l'analogie des sons et des couleurs, analogie formulée, « le premier » par le créateur de la philosophie naturelle, Newton, et que le P. Castel essaya de modifier, comme on va voir.

Le savant acousticien prétend que Newton s'est trompé, en admettant sept couleurs primitives — le rouge, l'orangé, le jaune, le vert, le bleu, l'indigo ou pourpre, et le violet, — parce que, selon lui, il n'y en a que trois : le bleu, le jaune et le rouge, et que les autres couleurs sont composées de celles-là. L'orangé, par exemple, est demi-jaune et demi-rouge ; le vert est demi-bleu et demi-jaune ; l'indigo et le violet sont aussi composés de bleu et de rouge. A la distance de vingt, cinquante ou cent pas du prisme, on voit à la vérité, dit le P. Castel, dans la lumière qui a passé au

travers du prisme, les sept couleurs du fameux philosophe
anglais, parce qu'à cette distance, les couleurs primitives,
au nombre de trois seulement, se mêlant différemment,
font paraître les autres couleurs ; mais, à la distance d'un
pas ou de deux, on ne voit point les sept couleurs voulues.

Le P. Castel réfute Newton par une expérience concluante.
Si l'on regarde, au travers d'un prisme triangulaire, quelque
objet, les bords de cet objet paraissent colorés et dentelés,
et le milieu paraît de la même couleur qu'on le voit sans
prisme.

Le P. Castel et Newton veulent qu'il existe une parfaite
analogie entre les tons et les couleurs. Voici comment le
premier écrivain explique cette analogie : « Le ton, dit-il, est
à la couleur, comme le grave-aigu est au clair-obscur. »
Il y a, dans la nature, un ton fondamental qu'on nomme *ut*.
Il y a aussi une couleur tonique originale, qui sert de base
et de fondement à toutes les couleurs, c'est le bleu. Il y a
trois sons essentiels qui dépendent du son fondamental *ut*,
et qui composent l'accord parfait et original, qui est *ut*, *mi*,
sol. On compte de même trois couleurs primitives dépen-
dantes du bleu, qui ne sont composées d'aucune autre couleur, et qui, par leur mélange, les produisent toutes ; ces
trois couleurs sont le bleu, le jaune et le rouge. Le bleu est
la note du ton, le rouge est la quinte, le jaune est la tierce.

La gamme est composée de cinq tons entiers, qui sont
ut, *ré*, *mi*, *sol*, *la*, et deux demi-tons naturels, qui sont *fa*
et *si*. Il y a pareillement cinq couleurs toniques, auxquelles,
pour l'ordinaire, toutes les autres se rapportent : le bleu, le
vert, le jaune, le rouge, le violet ; et deux couleurs demi-
toniques ou équivoques : l'aurore et le violant, qui est formé
de bleu et de rouge, mais qui a plus de bleu que de rouge.
Des cinq tons entiers et des deux demi-tons naît l'échelle

diatonique : *ut*, *ré*, *mi*, *fa*, *sol*, *la*, *si*. De même, des cinq couleurs entières ou toniques, et des deux demi-couleurs, vient la graduation des couleurs qui se suivent : bleu, vert, jaune, aurore, rouge, violet et violant. Les tons entiers se partagent en demi-tons, et les cinq tons entiers de l'échelle ou gamme, y compris les deux demi-tons naturels, font douze demi-tons, savoir : l'*ut* naturel, l'*ut* dièze, le *ré*, le *ré* dièze, le *mi*, le *fa*, le *fa* dièze, le *sol*, le *sol* dièze, le *la*, le *la* dièze et le *si*. Il y a pareillement douze demi-couleurs ou douze demi-teintes, et il ne peut y en avoir ni plus ni moins, selon l'aveu des spécialistes. Ces douze demi-couleurs sont le bleu, le céladon, le vert, l'olive, le jaune, l'aurore, l'orangé, le rouge, le cramoisi, le violet, l'agathe, et le violant. Le bleu conduit au céladon, qui est un bleu verdâtre ; le céladon mène au vert ; le vert à l'olive, qui est un vert jaunâtre ; l'olive conduit au jaune, le jaune à l'aurore, l'aurore à l'orangé ; l'orangé mène au rouge couleur de feu ; celui-ci au rouge cramoisi, qui est un rouge mêlé avec un peu de bleu ; le cramoisi conduit au violet, qui est un rouge plus bleu ; le violet à l'agathe, ou violet bleuâtre ; l'agathe au violant, ou bleu violant, qui est un bleu tant soit peu ardent.

La marche des sons se fait dans un cercle, et, comme ils sortent de *l'ut*, leur progression les y ramène : *ut*, *mi*, *sol*, *ut* ; ou, *ut*, *ré*, *mi*, *fa*, *sol*, *la*, *si*, *ut*. On appelle cela une octave, dans laquelle le dernier *ut* est de moitié plus aigu et plus retentissant que le premier. Les couleurs forment de même leur progression dans un cercle qui commence au bleu et y finit pareillement ; car le bleu violant, où il y a seulement un œil de rouge, conduit au bleu, qui est de moitié plus tranchant et plus clair que le premier bleu par où l'octave a commencé. Toutes les couleurs, à proportion qu'on y mêle du blanc, deviennent plus claires, et plus sombres, à mesure qu'on y mêle du noir.

Deux choses constituent les sons : la diversité du ton et celle du grave et de l'aigu ; de même deux choses constituent les couleurs : la diversité du coloris et celle du clair-obscur. Cette analogie est incontestable, dit le père Castel : « le ton est à la couleur, comme le grave aigu est au clair-obscur, » puisque le grave répond au sombre, et l'aigu au clair. Un tuyau ou une corde de moitié plus courte qu'une autre, rend un son du double plus aigu. C'est ce qu'on appelle une octave, ou ton éloigné d'un autre de huit degrés. Il ne paraît pas possible de fabriquer des tuyaux de plus de soixante-quatre pieds, puisqu'on se borne à trente-deux et communément à seize ; et il semble tout au moins aussi difficile d'en faire de plus courts que d'un soixante-quatrième de pied, qui est deux lignes et $\frac{1}{4}$, puisque le larigot, que les facteurs d'orgues disent le plus haut, a quatre ou cinq lignes.

C'est sur ces principes que le P. Castel a imaginé le clavecin oculaire déjà décrit. Voltaire les commente à son tour, en prenant Newton pour base, c'est-à-dire en admettant les sept couleurs primitives [1]. Laissons-le développer sa thèse, avec la clarté précise qu'il apporte dans tous ses écrits. Nous marquerons après ce qu'il y aura à admettre ou à rejeter.

Beuchot dit, relativement à cette dissertation : « Dans les éditions de 1738, et même dans celle de 1741, le chapitre XIII finissait par une variante. Après quoi venait un chapitre XIV, que l'auteur a supprimé après 1741. » C'est le chapitre qui suit :

---

[1] En 1763, il partageait encore cette opinion : « Nous avons pris aux Anglais les annuités, les rentes tournantes, les fonds d'amortissement, la construction et la manœuvre des vaisseaux, l'attraction, le calcul différentiel, les sept couleurs primitives.... » A Hélvetius, 15 septembre.

« *Du rapport des sept couleurs primitives avec les sept tons
de la musique. — Chose très remarquable dans Kircher.
— Manière de connaître les proportions des couleurs
primitives de la lumière. — Analogie des tons de la
musique et des couleurs ; idée d'un clavecin oculaire.*

« Vous savez que, très longtemps avant Descartes, on
s'était aperçu qu'un prisme exposé au soleil donne les couleurs de l'arc-en-ciel. On avait vu souvent ces couleurs se
peindre sur un papier blanc, dans un ordre qui est toujours
le même ; bientôt on alla, d'expérience en expérience,
jusqu'à mesurer l'espace qu'occupe chacune de ces couleurs ;
enfin, on s'est aperçu que ces espaces sont entre eux les
mêmes que ceux des longueurs ·d'une corde qui donne les
sept tons de la musique.

« J'avais toujours entendu dire que c'était dans Kircher que
Newton avait puisé cette découverte de l'analogie de la
lumière et du son. Kircher, en effet, dans son *Ars magna
lucis et umbræ* et dans d'autres livres encore, appelle le -
son le singe de la lumière. Quelques personnes en inféraient
que Kircher avait connu ces rapports ; mais il est bon, de
peur de méprise, de mettre ici sous les yeux ce que dit
Kircher, page 146 et suivantes. « Ceux, dit-il, qui ont une
voix haute et forte, tiennent de la nature de l'âne : ils sont
indiscrets et pétulants, comme on sait que sont les ânes ;
et cette voix ressemble à la couleur noire. Ceux dont la
voix est grave d'abord, et ensuite aiguë, tiennent du bœuf ;
ils sont, comme lui, tristes et colères, et leur voix répond
au bleu celeste. »

« Il a grand soin de fortifier ces belles découvertes du
témoignage d'Aristote. C'est là tout ce que nous apprend le
P. Kircher, d'ailleurs l'un des plus grands mathématiciens

et des plus savants hommes de son temps ; et c'est ainsi, à peu près, que tous ceux qui n'étaient pas savants, raisonnaient alors. Voyons comment Newton a raisonné.

« Il y a, comme vous savez, dans un seul rayon de lumière, sept principaux rayons, qui ont chacun leur réfrangibilité : chacun de ces rayons a son sinus, chacun de ces sinus a sa proportion avec le sinus commun d'incidence ; observez ce qui se passe dans ces sept traits primordiaux, qui s'échappent en s'écartant dans l'air.

« Il ne s'agit pas ici de considérer que, dans ce verre même, tous les traits sont écartés, et que chacun de ces traits y prend un sinus différent ; il faut regarder cet assemblage de rayons dans le verre comme un seul rayon, qui n'a que ce sinus commun A B. Mais à l'émergence de ce cristal, chacun de ces traits s'écartent sensiblement, prend chacun son sinus différent : celui du rouge (rayon le moins réfrangible) est cette ligne C B ; celui du violet (rayon le plus réfrangible) est cette ligne C B D.

« Ces proportions posées, voyons quel est ce rapport, aussi exact que singulier, entre les couleurs et la musique. Que le sinus d'incidence du faisceau blanc des rayons soit au sinus d'émergence du rayon rouge, comme cette ligne A B est à la ligne A B C.

Sinus donné dans le verre A B.

Sinus donné dans l'air A B C.

« Que ce même sinus A B d'incidence connue soit au sinus de réfraction du rapport violet comme la ligne A B est à la ligne A B C D :

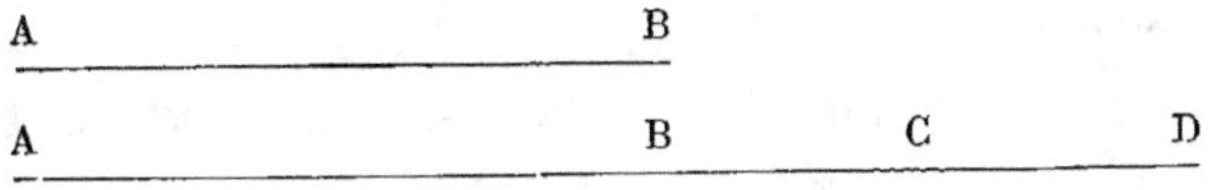
A
B
A
B
C
D

« Vous voyez que le point C est le terme de la plus petite réfrangibilité, et D le terme de la plus grande : la petite ligne C D contient donc tous les degrés de réfrangibilité des sept rayons. Doublez maintenant C D ci-dessus, en sorte que I en devienne le milieu, comme ci-dessous :

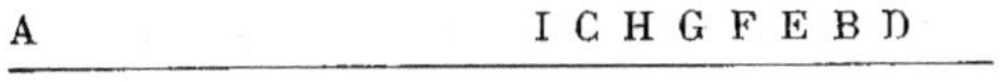
A
I C H G F E B D

« Alors la longueur depuis A en C fait le rouge ; la longueur de A en H fait l'orangé ; de A en G, le jaune ; de A en F, le vert ; de A en E, le bleu ; de A en B, le pourpre ; de A en D, le violet. Or, ces espaces sont tels que chaque rayon peut bien être réfracté, un peu plus ou moins, dans chacun de ces espaces; mais jamais il ne sortira de cet espace qui lui est prescrit : le rayon violet se jouera toujours entre B et D ; le rayon rouge, entre C et I ; ainsi du reste, le tout en telle proportion, que si vous divisez cette longueur depuis I jusqu'à D, en trois cent-soixante parties, chaque rayon aura pour soi les dimensions que vous voyez dans la grande figure ci-jointe.

« Ces proportions sont précisément les mêmes que celles des tons de la musique. La longueur de la corde qui, étant pincée, fera *ré*, est la corde qui donnera l'octave de *ré*, comme la ligne AI, qui donne le rouge I, est à la ligne AD, qui donne le violet en D ; ainsi les espaces qui marquent les couleurs, dans cette figure, marquent aussi les tons de la musique.

« La plus grande réfrangibilité du violet répond à *ré* ; la plus grande réfrangibilité du pourpre répond à *mi* ; celle du bleu répond à *fa* ; celle du vert, à *sol* ; celle du jaune, à *la* ; celle de l'orangé à *si* ; celle du rouge à l'*ut* ; et enfin la plus petite réfrangibilité du rouge se rapporte à *ré*, qui est l'octave supérieure. Le ton le plus grave répond ainsi au violet, et le ton le plus aigu répond au rouge. On peut se former une idée complète de toutes ces propriétés, en jetant les yeux sur la table que j'ai dressée, et que vous devez trouver à côté.

« Il y a encore un autre rapport entre les sons et les couleurs ; c'est que les rayons les plus distants (les violets et les rouges) viennent à nos yeux en même temps, et que les sons les plus distants (les plus graves et les plus aigus) reviennent aussi à nos oreilles en même temps. Cela ne veut pas dire que nous voyons et que nous entendons en même temps à la même distance ; car la lumière se fait sentir six cent mille fois plus vite, au moins, que le son ; mais cela veut dire que les rayons bleus, par exemple, ne viennent pas du soleil à nos yeux plutôt que les rayons rouges, de même que le son de la note *si* ne vient pas à nos oreilles plus tôt que le son de la note *ré*.

« Cette analogie secrète entre la lumière et le son, donne lieu de soupçonner que toutes les choses de la nature ont des rapports cachés, que peut-être on découvrira quelque jour. Il est déjà certain qu'il y a un rapport entre le *toucher* et la *vue*, puisque les couleurs dépendent de la configuration des parties ; on prétend même qu'il y a eu des aveugles-nés qui distinguaient au toucher la différence du noir, du blanc, et de quelques autres couleurs.

« Un philosophe ingénieux [1] a voulu pousser ce rapport des

[1] Le père Castel. L'éditeur Beuchot énumère, à ce sujet, d'une façon exacte, les diverses appellations que Voltaire donna successivement à l'auteur du clavecin

sons et de la lumière peut-être plus loin qu'il ne semble permis aux hommes d'aller : il a imaginé un clavecin oculaire, qui doit faire paraître successivement des couleurs harmoniques, comme nos clavecins nous font entendre des sons. Il y a travaillé de ses mains ; il prétend enfin qu'on jouerait des airs aux yeux. On ne peut que remercier un homme qui cherche à donner aux autres de nouveaux arts et de nouveaux plaisirs ; il y a eu des pays où le public l'aurait récompensé. Il est à souhaiter sans doute que cette invention ne soit pas, comme tant d'autres, un effort ingénieux et inutile ; ce passage rapide de plusieurs couleurs devant les yeux semble peut-être devoir étonner, éblouir et fatiguer la vue : nos yeux veulent peut-être du repos pour jouir de l'agrément des couleurs. Ce n'est pas assez de nous proposer un plaisir, il faut que la nature nous ait rendus capables de recevoir ce plaisir ; c'est à l'expérience seule à justifier cette invention. En attendant, il me paraît que tout esprit équitable ne peut que louer l'effort et le génie de celui qui cherche à agrandir la carrière des arts et de la nature [1]. »

oculaire. Transcrivons-les d'après lui. Le P. Castel est nommé *Euclide*-Castel, dans sa lettre à Thiriot, du 18 novembre 1738 ; dans la lettre du 22 mars, c'est *Zoïle*-Castel ; dans celle à Rameau, de mars 1738, c'est le *bon Quichotte des mathématiques* ; enfin, dans la lettre à Maupertuis, du 15 juin 1738, il désavoue l'éloge qu'il avait fait du savant acousticien, et qu'il laissa pourtant subsister encore en 1741.

« Dans l'édition de 1741, dit Beuchot, la fin de ce dernier alinéa fut abrégé. Après les mots *nouveaux arts et nouveaux plaisirs,* on lisait seulement : « Au » reste, cette idée n'a point encore été exécutée, et l'auteur ne suivait pas les » découvertes de Newton. En attendant, il me paraît que tout esprit équitable » ne peut que louer l'effort et le génie de quiconque cherche à agrandir la car-» rière des arts et de la nature. » Dans les éditions de 1738, comme dans celle de 1741, après ces derniers mots, étaient les trois derniers alinéas du chapitre XIII. Cette disposition est dans l'édition de 1748. »

Table des couleurs et des tons de la musique.

	C	H	G	F	E	B	D
A							

ROUGE	ORANGÉ	JAUNE	VERT	BLEU	POURPRE	VIOLET
se joue de ce demi-cercle en C.	de C en H	de H en G	de G en F	de F en E	de E en B	de B en D
45	27	48	60	60	40	80 — 360
$\frac{1}{2}$	$\frac{9}{16}$	$\frac{3}{4}$	$\frac{1}{3}$	$\frac{3}{4}$	$\frac{5}{6}$	$\frac{8}{9}$ 1
ré	ut	si	la	sol	fa	mi ré
la plus grande réfrangibilité du rouge répond à	celle de l'orangé à	celle du jaune à	celle du vert à	celle du bleu à	celle du pourpre à	celle du violet à
ut	si	la	sol	fa	mi	ré

La donnée, fournie par Voltaire, équivaut à celle-ci :

$$360 = \tfrac{1}{2} \quad \dots\dots\dots\dots\dots \quad ré.$$
$$+\ 45 = 405 = \tfrac{9}{16} \quad \dots\dots\dots\dots \quad ut.$$
$$+\ 27 = 432 = \tfrac{3}{5} \quad - \ (\text{et non } \tfrac{3}{4}) \ - \quad si.$$
$$+\ 48 = 480 = \tfrac{2}{3} \quad - \ (\text{et non } \tfrac{1}{3}) \ - \quad la.$$
$$+\ 60 = 540 = \tfrac{3}{4} \quad \dots\dots\dots\dots \quad sol.$$
$$+\ 60 = 600 = \tfrac{5}{6} \quad \dots\dots\dots\dots \quad fa.$$
$$+\ 40 = 640 = \tfrac{8}{9} \quad \dots\dots\dots\dots \quad mi.$$
$$+\ 80 = 720 = 1 \quad \dots\dots\dots\dots \quad ré.$$

Elle a pour point de départ la division des longueurs des cordes, déjà en usage au temps des Grecs, et qui s'est maintenue jusqu'à la découverte des lois suprêmes de la mécanique par Newton et Descartes, où se révèle, entre autres, ce principe : que les nombres de vibration des cordes sont en raison inverse de leur longueur [1]. Une nouvelle ère s'ouvrit alors pour les théoriciens musicaux. L'organe en jeu étant l'oreille, et non les yeux, il était naturel de considérer le phénomène des vibrations qui frappe directement l'ouïe comme base des investigations théoriques de l'art. Évidemment, l'oreille ne saurait constater des rapports de longueur de cordes dans les sons qu'elle entend, tandis qu'elle peut apprécier des rapports de nombres de vibrations, celles-ci allant fidèlement ébranler la membrane du tympan.

En tête des géomètres et des acousticiens qui ont bâti des doctrines sur cette action occulte des nombres, il convient de placer le célèbre Euler, le même qui remporta le premier prix au concours académique où luttèrent Voltaire et Mme du Châtelet [2]. Il eut la gloire de tracer aux physiciens la voie à suivre pour le développement de leurs démonstrations du calcul des vibrations. La longueur des cordes est abandonnée aujourd'hui.

---

[1] En possession de la démonstration de Rameau contre Newton, Voltaire se mit à dresser son formulaire qu'il appelle « la vraie table telle qu'il l'a pu faire pour ajuster les idées de Newton aux règles de la musique. » Il ajoute, dans sa lettre à Thiriot du mois de juin 1738 : « Montrez cela à Orphée-Euclide. Si, à quelques commas près, cela n'est pas juste, c'est Newton qui a tort. Et pourquoi non ? Il était homme, il s'est trompé quelquefois. »

[2] Le sujet proposé était l'origine du feu. Voltaire parle assez dédaigneusement de son compétiteur : « Notre Académie, écrit-il en 1739 au roi de Prusse, a des gens dont l'un dit que le feu est un composé de bouteilles, et l'autre, que c'est une machine à cylindre. » Pourquoi ne mentionne-t-il pas la belle formule d'Euler sur la propagation du son, à laquelle l'Académie adjugea le prix ?

En traduisant, selon la méthode moderne, les divisions de Voltaire, j'obtiendrai :

ré	mi	fa	sol	la	si	ut	ré
1	$^9/_8$	$^6/_5$	$^3/_4$	$^3/_2$	$^5/_3$	$^{16}/_9$	$^2/_1$

en nombres entiers : 360 405 432 480 540 600 640 720.

Les mêmes nombres, on le voit, se retrouvent heureusement dans un ordre identique, par le renversement en question. Pour l'effectuer, il fallait choisir la note *ré* comme initiale et finale de la série. On avait ci-dessus, en longueurs de cordes :

ré	ut	si	la	sol	fa	mi	ré
360	405	432	480	540	600	640	720

Si l'on tient compte de l'état arriéré de la science musicale, à l'époque où Voltaire essaya d'en sonder les lois exactes, il y a lieu vraiment d'admirer l'esprit inventif qu'il déploie dans ses recherches physiologiques de l'art des sons. Cette science, avant de revêtir un caractère vrai et solide, avait à traverser une foule d'hypothèses, de tâtonnements et d'essais infructueux, que l'on conservera précieusement, ne fût-ce que comme curiosité historique. A ce titre, les innocentes études de Voltaire ont leur mérite, et l'on pourrait, à bon doit, reporter sur notre acousticien d'occasion les paroles élogieuses qu'il décerne lui-même au patient constructeur du clavecin oculaire. Si, de nos jours, les investigations scientifiques de l'art offrent prise à l'imagination, celles du siècle dernier n'auront pas peu contribué à amener ce résultat, grâce à l'audace inventive qui les distingue. On faisait absolument, comme ces chercheurs de la légende, qui supposent des trésors enfouis au fond de la mer, à la suite d'un prétendu naufrage. Ils s'informent srupuleusement du départ du navire imaginaire, et scrutent en tous sens les registres maritimes. Qu'arrive-t-il ?

Un beau jour des plongeurs, mieux avisés, se décident à explorer la mer elle-même, et ne tardent pas à voir la réalité...

Grâce aux études assidues et approfondies de l'habile acousticien, M. Charles Meerens, nous pouvons apprécier, de la façon la plus exacte, les phénomènes physiologiques qui se rattachent aux diverses combinaisons de rapports numériques des sons, et, entre autres, la tonalité, la physionomie et la fonction tonale de chaque degré de la gamme, le sentiment de repos de l'accord parfait du premier degré, les tendances résolutives des dissonances, les accents mélancoliques du mode mineur, toutes observations métaphysiques actuelles des musiciens, dont Voltaire était loin de pressentir l'existence, comme il a pressenti les géniales créations qui ont porté aujourd'hui le drame au point culminant de sa transformation.

Est-il besoin d'ajouter que le choix de la note *ré*, la fondamentale nécessaire pour justifier le rapprochement entre les couleurs à l'aide de valeurs ascendantes et descendantes symétriquement disposées, n'est rien moins qu'arbitraire ? Tout au plus évoque-t-il le premier mode du plain-chant, dont la signification se traduit par une gamme imparfaite de *ré* mineur.

En convertissant toutefois les rapports, de manière à faire tomber l'unité 1 sur la tonique *ut*, j'aurai :

ut	*ré*	*mi*	*fa*	*sol*	*la*	*si*	*ut*	*ré*
(320)	360	405	432	480	540	600	640	720
1	$9/8$	$81/64$	$27/20$	$3/2$	$27/16$	$15/8$	2	

qui représentent, hormis le troisième degré *mi*, $81/64$ au lieu de $5/4$, toutes les valeurs exactes de la gamme établie si lumineusement par M. Meerens, gamme où le quatrième degré *fa* est mis en relation directe $9/5$ avec la dominante grave *sol* $3/4$, soit $9/5 \cdot 3/4 = 27/20$, et où le sixième degré

$^{27}/_{16}$ emprunte le caractère de neuvième majeure de dominante conforme à la décomposition mentale que subissent les combinaisons numériques des sons en les percevant.

On sait que la gamme généralement adoptée par les physiciens s'exprime par :

ut	*ré*	*mi*	*fa*	*sol*	*la*	*si*	*ut*
1	$^9/_8$	$^5/_4$	$^4/_3$	$^3/_2$	$^5/_3$	$^{15}/_8$	2

où, évidemment, le 4me et le 6me degrés sont défectueux, et partant incapables de répondre au sentiment qu'ils devraient inspirer, comme le démontrent les analyses scientifiques de l'auteur de l'*Hommage à Delezenne.*

Le troisième degré de la gamme voltairienne $^{81}/_{64}$ appartient à la doctrine pythagoricienne. C'est le *mi* issu d'une suite de quintes $^3/_2$, soit *ut, sol, ré, la, mi.* Il est trop aigu d'un comma $^{81}/_{80}$, et, en vérité, sans cette malencontreuse note de la série adoptée, il y aurait lieu de s'étonner de cette bizarre coïncidence d'une donnée exacte, ayant pour principe un fait d'optique complètement étranger à nos sensations auditives. L'analogie entre les couleurs et les sons procède, on l'a vu, d'une propriété purement physique. Or, les lois naturelles des corps sonores n'entrent pour rien dans les combinaisons artificielles qui constituent le charme de la musique.

L'auteur des *Éléments de Newton* connaissait le mécanisme de la progression triple de Pythagore, dont découle le *mi* $^{81}/_{64}$. Il la mentionne dans un dialogue philosophique, reproduit en grande partie au chapitre final de ce livre. Avait-il, au fond, conscience de tous les faits qui constituent sa gamme éclectique, où, d'une part, le *si* $^{15}/_8$ déroge à la règle pour justifier la doctrine pythagoricienne ; où d'autre part, le *mi*, le *fa* et le *la* favorisent la gamme des physiciens ;

où en troisième lieu, le *mi* sanctionnant la gamme logique de
M. Meerens ? Je n'oserais l'affirmer. Ce qui est incontestable,
c'est qu'il s'allie aux théoriciens musicaux par une spécu-
lation étrange et digne d'être signalée.

L'engouement de Voltaire pour les sciences naturelles fut
de courte durée. La mort imprévue de Mme du Châtelet
vint ralentir son ardeur ; puis, l'esprit vif de l'écrivain ne
pouvait se prêter longtemps, avec la même complaisance,
à des études dont il n'entrevoyait pas les limites. « J'ai aimé
la physique, dit-il, le 22 août 1741, à d'Argental, tant qu'elle
n'a pas voulu dominer sur la poésie ; à présent qu'elle écrase
tous les arts, je ne veux plus la regarder que comme un
tyran de mauvaise compagnie... On ne saurait parler physique
un quart d'heure, et s'entendre. On peut parler poésie,
musique, histoire, littérature, tout le long du jour [1]. »

Il en vint jusqu'à nier l'attraction newtonienne. « Nous
avons d'autres génies bien plus sublimes, marque-t-il, en
1768, à Thiriot ; ils vous créent un monde aussi aisément
que l'abbé de l'Attaignant fait une chanson, ils se servent
pour cela de machines qu'on n'a jamais vues. D'autre viennent ensuite qui vous peuplent ce monde par attraction... »
C'était, en un mot, d'après lui, « une dispute sur la quadra-
ture du cercle. » Quel bonheur, pour les lettres, qu'il ait
retiré sa lyre de son étui et remis son compas !

---

[1] C'est presque avec insouciance qu'à propos d'un livre à sensation : la *Lettre
d'un Théologien*, dont il répudie la paternité, il écrit à ce même d'Argental, le
17 août 1774 : « L'ouvrage est d'un homme qui a sans doute autant d'esprit que
Pascal et qui est aussi bon géomètre. Il dit que d'Alembert « a résolu le premier,
d'une manière générale et satisfaisante, le problème des cordes vibrantes, » et
qu'il a inventé le calcul de différences partielles. Je n'ai jamais lu ces cordes
vibrantes ni ces différences partielles de M. d'Alembert. Il y a près de quarante
ans que vous m'avez fait renoncer à la sécheresse des mathématiques. »

XII. — **Locutions**.

Voltaire souhaitait aux Allemands plus d'esprit et moins de consonnes. Comme si l'esprit des Allemands était l'esprit des Français ! Pourquoi juger d'ailleurs la langue par la vue ? Beaucoup de consonnes pourraient nous offusquer. Apprécions-la surtout par l'oreille : les duretés choquantes se fusionneront dans l'accent tonique.

Christ ist erstanden ! Voilà, dit M. Pierron, un vers qui paraît affreux. Et pourtant Goëthe n'a pas eu tort de le faire chanter par un chœur des anges. Il y a de l'harmonie, et de l'harmonie ravissante. A quoi bon parler de ce que l'on n'entend pas ? « On parle facilement, dit Voltaire, une langue qu'on a longtemps apprise, comme la main du musicien se promène sans fatigue sur un clavecin. » A la bonne heure !

Suivons-le dans quelques-unes de ces locutions empruntées à la langue des sons, même quand elles affectent la forme négligée du style familier, comme c'est le cas ici : « Il faut avouer que le ton de la plaisanterie est, de toutes les clefs de la musique française, celle qui se chante le plus aisément. » Un ton, qui est une clef qui se chante... !

La lumineuse précision de Voltaire fait défaut, et Mme du Deffand est bien mieux inspirée quand elle écrit à son ami Walpole : « A l'égard de Jean-Jacques, c'est un sophiste, un esprit faux et forcé ; son esprit est un instrument discord ; il en joue avec beaucoup d'exécution ; mais il déchire les oreilles de ceux qui en ont. » Si le style n'est guère correct, l'idée est nette et exacte. Que Gluck et Rousseau étaient donc cruels !

« Ces thermomètres quadrent-ils avec ceux de Réaumur ? Ces instruments ne conviennent qu'autant qu'ils sonnent la même octave. » Voltaire fait allusion aux expériences du monocorde. C'est d'abord le physicien qui parle ; c'est ensuite l'artiste qui s'intéresse à la dispute de Rameau et de Castel. Nul mieux que Voltaire n'a reflété plus vivement le milieu où il vivait.

Lorsque son imagination est assaillie d'idées noires, il a recours souvent à l'onomatopée d'instruments rauques, fêlés ou brisés : « Je ne suis point comme Amphion, qui reconstruisait au son du violon. Mon violon et ma truelle sont cassés. » Ce violon d'Amphion, j'ai déjà fait une remarque semblable, me paraît un anachronisme assez ridicule. Le patriarche a sans doute songé à ces monuments où on représente Orphée tenant une viole d'une main et un archet de l'autre ; ou aux tableaux italiens, dont un de Raphaël, entre autres, qui a mis, dans les mains de son Apollon, un violon au lieu d'une lyre. « Mon timbre commence à être un peu fêlé, et sera bientôt cassé tout-à-fait. » Cette expression prend une nuance différente, appliquée aux fonctions d'historiographe de l'auteur : « Il me paraît que je méritais assez une charge de trompe dans la troupe des rois de France. J'ai sonné à m'époumoner pour Henri IV Louis XIV et Louis XV, et je n'en ai qu'une fluxion aux bords de la Sprée. » A la distance de quelques mois, l'expression reparaît sous cette forme : « Je devrais chanter les louanges de votre Éminence (le cardinal Quirini) ; mais, lorsqu'on est livré à la fièvre et à Gallien, l'on perd le chant, et la voix devient rauque. »

Dans une lettre à Deodati Tovazzi sur la langue italienne, le poëte préconise l'*e* muet, tandis qu'ailleurs, ainsi qu'on l'a vu, il ridiculise ce même *e* muet, à titre de désinence des vers lyriques. Cela lui fournit, du moins, une assez jolie allégorie : « Vous nous reprochez, monsieur, nos *e* muets, comme un son triste et sourd qui expire dans notre bouche ; mais c'est précisément dans ces *e* muets que consiste la grande harmonie de notre prose et de nos vers. *Empire, couronne, diadème, flamme, tendresse, victoire...* toutes ces désinences heureuses laissent dans l'oreille un son qui subsiste encore après le mot prononcé, comme un clavecin qui résonne encore quand les doigts ne frappent plus les touches. »

L'étouffoir n'était point encore inventé. C'est vainement qu'on a essayé de l'appliquer aux cloches. Aussi le tintamarre d'un carillon a-t-il donné facilement naissance à une locution pittoresque dont Voltaire se sert à diverses reprises, et notamment pour dépeindre la rage inassouvie de ses ennemis : « Tout ce que je sais, écrit-il à d'Argental, c'est que si jamais on me soupçonnait de connaître seulement M. Duroncel, je serais sifflé à triple carillon, par une armée de Pompignans, de Frérons, de Cléments *e tutti quanti.* » Le Sage dit également : « Je suis heureux d'avoir été sifflé à double carillon, » dans le sens de fortement, excessivement, coup sur coup.

Le terme « mon violon, » où perce une idée d'abaissement, de dégradation, se complète par une phrase de Mme du Deffand : « Nous ne sommes que des violons de village. » Qui ignore que le violon était regardé jadis comme un instrument de laquais? Voilà pourquoi Voltaire y attache l'idée d'un écrivain, d'un poëte appartenant à un ordre inférieur. L'adjonction du mot « village » le rapproche de la signification de « musette. » Parfois aussi, « violon » se traduit par joie, volupté, et l'expression « donner les violons » s'entendait de la dépense que l'on faisait d'un bal, pour complaire à quelque dame aimable, comme dans ce passage d'une lettre à de Chabanon : « Je me flatte que vous pourrez nous donner des violons dans notre enceinte des montagnes. » Ou je me trompe, ou il est permis d'en inférer que le solitaire de Ferney comptait que son ami irait le divertir dans sa résidence. La sœur du musicographe et virtuose devait, en effet, acheter une terre aux environs du château de Voltaire, qui s'attendait naturellement à pouvoir jouir de quelques joyeux passetemps. Mon interprétation se confirme encore par ces mots au marquis de Chauvelin : « Vous m'avez prié de revenir à la paix (à Ferney) ; la voilà faite. Quand ferons-nous venir les violons pour l'orchestre ? »

Voltaire venait de passer un mois à l'abbaye de Senones, en vue d'y travailler à son *Histoire générale,* et il avait à se rendre à Plombières, où l'attendait son confident d'Argental. Fatigué et souffrant, il écrit à Mme du Deffand : « M. d'Alembert m'a demandé un article sur *l'esprit* (pour *l'Encyclopédie)* ; c'est comme s'il l'avait demandé au père Mabillon ou au père Montfaucon. Il se repentira d'avoir demandé des gavottes à un homme qui a cassé son violon. » Jolie allégorie qui correspond à celle de l'époumonement de l'historiographe de France.

A propos de gavottes, glissons, en passant, deux figures tirées de la danse, et appliquées à la littérature. Le poëte limait assidûment sa *Zaïre*. Pour essayer de persuader à de Cideville, qui s'intéressait à la pièce, que, pour le style, il ne fallait pas s'attendre à celui de la *Henriade* : « Une loure, dit-il, ne se joue point sur le ton de *la Descente de Mars*. » Puis, complétant son idée par quelques citations : « Ne me reprochez donc pas, ajoute-t-il, de détendre un peu les cordes de ma lyre : les sons en eussent paru aigres, si j'avais voulu les rendre forts en cette occasion. » C'est dans le même sens qu'il parle à Helvétius de Boileau, de ses idées peu élevées, mais nettes et correctes : « Votre danse haute ne doit pas se permettre un faux pas. Il (Boileau) n'en fait jamais dans ses petits menuets. »

Revenons au violon. « La société vous est nécessaire, marque-t-il encore à Mme du Deffand, comme un violon à Guignon, parce qu'il est le roi du violon. » Il est trop connu que ce Guignon fut le dernier musicien qui tint le sceptre du violon. Les professeurs et même les amateurs étaient sous sa dépendance. Il fallait obtenir des licences de ce potentat, lui payer un tribut annuel, pour pouvoir exercer librement son talent en public ou dans les sociétés particulières. L'allusion de Voltaire porte la date du 19 mai 1754. Guignon était encore en pleine jouissance de sa souveraineté. Quelques années plus tard, sa déchéance commence, et la musique s'affranchit insensiblement du joug qu'elle portait depuis 1331. Ce roi sonnant abdique enfin. Sur-le-champ, rapporte Castil-Blaze, un arrêt du conseil d'État, du 15 mars 1773, supprime pour toujours la royauté grotesque des violons et des ménétriers.

Une preuve bien évidente que Voltaire n'envisageait point le violon comme un instrument de distinction, c'est l'usage burlesque auquel il l'adapte, dans ces vers satiriques de *la Pucelle* :

> O Chapelain ! toi , dont le violon
> De discordante et gothique mémoire ,
> Sous un archet maudit par Apollon ,
> D'un ton si dur a raclé son histoire.

Le violon est cité, même à propos d'anatomie : « Les uns font des nerfs un canal par lequel passe un fluide invisible, les autres en font un violon dont les cordes sont pincées par un archet qu'on ne voit pas davantage. »

Voici maintenant un ami de l'auteur qui « donne des coups d'archet... » Citons : « Je rends mille grâces à M. de Marmontel de m'avoir fourré dans ses caquets d'une manière si agréable, et de m'honorer des sons les plus flatteurs de sa lyre, quand il donne à d'autres des coups d'archet sur les doigts. » Si donner les violons veut dire, au figuré, « surprendre quelqu'un par quelque action imprévue, désagréable, » les « coups d'archet » me semblent renforcer cette expression. Mais, d'autre part, « donner de l'archet, » peut signifier danser, et, par extension, se divertir :

> Le Grand [1] en a perdu courage ;
> Et cet archet qui faisait rage,
> Cet infatigable poignet ,
> Qui pour vous ne s'épargnait ,
> Qui nuit et jour entrait en danse,
> Découragé par votre absence ,
> Engourdi , pesant , abattu ,
> N'a plus ni force ni vertu.

Au figuré et dans le sens moderne, le terme « archet, archet de***, » c'est, dit Kastner, « l'inspiration active qui enfante les œuvres du génie, qui fait vibrer la pensée

---

[1] Le Grand, valet de chambre, violoniste de Mme la duchesse du Maine.
[2] *Les Plaisirs de Sceaux*, 1702.

dans cette boîte sonore qu'on appelle cerveau humain, et qui en tire des accords non moins ravissants que ceux que produit le violon sous l'archet. » C'est quasi la signification que Voltaire attache à ce vers :

> Du dieu de l'harmonie il fait frémir l'archet.

Dans ce sens encore, mais sous forme d'ironie et en envisageant l'archet comme instrument de petite poésie, de médiocre versification, l'écrivain lance cette tirade contre trois rimeurs du temps :

> Dépêchez-vous, monsieur Titon [1],
> Enrichissez votre Hélicon,
> Placez-y sur un piedestal
> Saint-Didier, Danchet et Nadal ;
> Qu'on voie armés du même archet
> Nadal, Saint-Didier et Danchet ;
> Et, couverts du même laurier,
> Danchet, Nadal et Saint-Didier.

« Voltaire a pris soin d'illustrer Danchet, observe Castil-Blaze, en plaçant le nom de ce parolier dans une épigramme, et il l'a sauvé des outrages du temps [2]. » Castil-Blaze se trompe. L'*Épitre à d'Alembert* ne dit-elle pas ?

> A Danchet, à Brunet, le pont-neuf me compare.

Le pont-neuf, c'est à dire la chanson populaire, le couplet trivial. A propos de Danchet, la Harpe raconte que le frère de Voltaire, qui ne se connaissait pas autrement en vers, croyait louer beaucoup le jeune auteur d'*Œdipe*, en disant que cette tragédie était « du beau Danchet [3]. »

---

[1] Titon du Tillet, auteur du *Parnasse françois.*
[2] *Académie impériale de musique*, t. I, p. 102.
[3] *Cours de Littérature.*

« Jouez du flageolet pour elle (pour votre maîtresse), et du violon pour vous. Cultivez les beaux-arts, jouissez de la vie. » En s'adressant ainsi à de Chabanon, Voltaire savait parfaitement qu'il avait affaire à un habile virtuose. Il entend toutefois, selon moi, donner un sens figuré aux mots « violon » et « flageolet, » pour dire : Divertissez-vous... faites-lui un doux babil, tenez-lui un langage séduisant.

> Nous ne sommes point beaux-esprits,
> Et notre flageolet timide
> Doit céder cet honneur charmant
> Au luth aimable, au luth galant
> Qui dans votre temple réside [1].

Le luth, comme la lyre, a été le symbole du génie poétique et de l'éloquence oratoire. Dans ce fragment d'épître au prince de Vendôme, Voltaire oppose au luth le flageolet timide, dont on connaît la signification allégorique. Les différentes acceptions sont groupées dans une autre épître à Saint-Lambert :

> Le Temps, dont je subis les lois,
> Sur ma lyre a glacé mes doigts,
> Et des organes de ma voix
> Fait frémir la sourde cadence.
> Les Grâces, dans ces beaux vallons,
> Les dieux de l'amoureux délire,
> Ceux de la flûte et de la lyre,
> T'inspirent tes aimables sons,
> Avec toi dansent aux chansons,
> Et ne daignent plus me sourire...

[1] L'abbé de Chaulieu, qui demeurait au Temple. Dans son *Temple du goût,* Voltaire parle du flageolet de Marot, c'est-à-dire de ses poésies champêtres. Pris dans ce sens, flageolet est pour ainsi dire synonyme de musette. « Comptez que le compas ne m'a point fait abandonner ma musette. »

> Et chante-lui [1] sur ta musette
> Ces beaux airs que l'amour répète.

Monter et descendre la lyre, ou les cordes de la lyre, ont encore, chez Voltaire, leurs spécimens particuliers :

> Sur vingt tons différents tu sus monter ta lyre,

dit-il dans l'*Épître à Horace*. Par contre, l'*Épître au comte de Tressan* porte :

> Le temps, la triste adversité
> Détend les cordes de ma lyre.

Une nuance du plus au moins, entre la lyre et le luth, caractérise l'*Épître à Mme Denis* sur l'Agriculture :

> C'est ainsi qu'on peut vivre à l'ombre des bois,
> En guerre avec les sots, en paix avec soi-même,
> Gouvernant d'une main le soc de Triptolème,
> Et de l'autre essayant d'accorder sur ses doigts
> La lyre de Racine et le luth de Chapelle.

La lyre, non moins que la trompette, célèbre les hauts faits des guerriers et des souverains :

> Brisons ma lyre et ma trompette,
> Laissons les héros et les rois [2].

L'invention de la lyre a été attribuée à Amphion ou à Mercure. Cependant, d'après la Fable, c'est Mercure qui

---

[1] Chante à Émilie (Mme du Châtelet). Cette épître a été composée vers 1736.

[2] A de Cideville, le 19 février 1756. Il emploie encore la cloche comme instrument de divulgation, dans une lettre adressée à l'impératrice de Russie, le 5 décembre 1777, au sujet de l'écrit philosophique : *le Prix de la Justice et de l'Humanité* : « C'est une petite cloche, lui marque-t-il, qui annonce vos bienfaits au genre humain. »

enseigna la musique au fils de Jupiter et d'Antiope, et lui donna une lyre, aux accords de laquelle les pierres venaient se ranger d'elles-mêmes pour former les murs de Thèbes. Avions-nous tort, tout à l'heure, de ne point regarder comme sérieuse l'attribution d'un violon à Amphion ? Voltaire rectifie d'ailleurs son singulier anachronisme, en mandant à Sénac de Meilhan : « J'ai bâti un château dans le pays de Gex ; mais ce n'est point avec la lyre d'Amphion : son secret est perdu. »

Il s'agit là encore d'inspiration, comme au temps où Voltaire désignait Diderot pour remplacer l'abbé de Saint-Cyr à l'Académie : « Quelques ornements d'or à notre lyre sont convenables ; mais, il faut que les cordes soient de boyau, et qu'elles soient sonores. » En voici une de métal : « La corde d'argent est cassée sur la Fontaine ; adieu les tragédies [1].

Les poëtes des siècles derniers ont largement usé du droit d'identifier leur inspiration avec les accords de l'instrument sacré : « Monseigneur, écrit le patriarche au cardinal de Bernis, *les Chevaux et les Anes* étaient une petite plaisanterie ; je n'en avais que deux exemplaires ; on s'est jeté dessus, car, nous avons des virtuoses. » Cette expression doit-elle se comprendre dans le sens de l'*Asinus ad Lyram*, de Varron, image qui répond à la locution française et allemande : qu'a de commun l'âne avec la lyre [2] ? Le mot virtuose voulait dire autrefois « excellent musicien, » comme aujourd'hui il signifie « bon exécutant. » Ici, il peut être entendu dans le sens plus étendu de « talent pour les beaux-arts, » y comprises la poésie aussi bien que la musique. Cela semble résulter d'une autre phrase de Vol-

---

[1] A d'Argental, 1763.
[2] Voy. *Esprit et raison.*

taire : « Le Temple du goût était environné d'une foule de virtuoses, d'artistes, de juges de toutes espèces, qui s'efforçaient d'entrer, mais qui n'entraient point. » Frédéric II, dans sa correspondance avec Voltaire, n'emploie pas autrement le terme de virtuose : d'abord virtuoso, son ortographe originaire, puis avec la désinence française *e*, sous la plume de Molière.

Les conseils que Voltaire donne à la Clairon, sont émaillés de termes musicaux qui aident efficacement à rendre les nuances multiples de la déclamation tragique. Ici, entr'autres, il reproche à l'actrice de mettre trop d'*adagios*. Ailleurs, il lui indique une série d'expressions variées, répondant « à l'*allégro* et au *piano* des musiciens. » Il n'ignore pas qu'il s'adresse à une ci-devant cantatrice de la Comédie italienne et de l'Opéra. Aussi, le « claironnien Voltaire, » comme il se nomme, n'hésite-t-il pas à fabriquer le mot de « claironnade, » pour indiquer une tirade de l'artiste aimée : « Par tous les saints, s'écrie-t-il, la fin de *Tancrède* est une claironnade triomphante ! » A coup sûr, l'actrice qui faisait retentir cette sorte de sonnerie militaire, méritait l'appellation de « virtuose, » appellation, doublement justifiée, que son admirateur lui octroie à diverses reprises.

Dans l'*Épitre à Marmontel,* il se sert du mot « bémol, » pour remplacer celui d'air, de motif ou d'accord :

> Lorsque les chantres du printemps
> Réjouissent de leurs accents
> Mes jardins et mon toit rustique,
> Lorsque mes sens en sont ravis,
> On me soutient que leur musique
> Cède aux bémols des Monsignis
> Qu'on chante à l'Opéra-comique.

« Se mettre au ton d'orchestre » et « chanter sa gamme, » telles sont deux expressions que Voltaire paraissait affectionner : « Je suis très aise, écrit-il de Potsdam à Mme Denis, du retour de frère Isaac d'Argens. Il a été d'abord un peu ébouriffé ; mais, il s'est remis au ton d'orchestre. Je l'ai repatrié avec Algarotti. » Notez que cette locution, aujourd'hui si en vogue, est faite à propos d'un amateur de viole. Au comte d'Argental il écrit : « Quant aux *Filles de Minée* et autres rogatons, si j'étais à votre place, je ferais mettre sur-le-champ mes chevaux, et j'irais chez M. de la Reynière lui chanter sa gamme. » C'est-à-dire lui faire de durs reproches.

« Chanter pouilles, » pour dire des injures, est une vieille locution que Voltaire glisse aussi sous sa plume : « Messieurs du quatuor, fait-il à d'Argental, j'ai montré au jeune avocat Duroncel les pouilles que vous lui chantiez. » Dire des pouilles constitue une variante également employée par le fécond écrivain. La détermination exacte en est faite, dans ces lignes adressées au même d'Argental : « Je n'ai point reçu cette lettre où vous me chantiez pouilles : apparemment que vos gens, voyant que vous me grondiez, n'ont pas cru que la lettre fût de moi. »

Le 1er décembre 1763, Mme du Deffand, cacochyme, comme on sait, reçoit du vieillard de Ferney, privé momentanément de la vue, par l'accumulation des neiges autour des Alpes, cette boutade : « Il faut que les aveugles (pour s'amuser) fassent des contes, ou qu'ils jouent de la vielle. » Pris au figuré, « jouer de la vielle » signifie lanterner, lambiner, répéter toujours la même chanson, en termes vulgaires, radoter. Au propre, cette locution remémore un caprice de la mode qui, au siècle de Voltaire, fit « vieller » les gens du bel air, et surtout les petites maîtresses, avec une ardeur fébrile. Les railleries dont un pareil engoûment folâtre fut bientôt l'objet, mirent fin, dit Kastner, à cette « viellerie » musicale. L'instrument fut repoussé par les blanches mains qui l'avaient accueilli avec tant de faveur. Voltaire entend donc que, dans la triste situation où il se voit réduit avec son amie et confidente, il n'est guère possible à tous deux d'échapper à une distraction oiseuse, sinon ridicule.

Voici encore, pour finir, quatre manières de dire familières, empruntées à la musique : « Les cabales battent le tambour. » « Les jésuites missionnaires me tympanisent un peu, dans leurs *Lettres édifiantes*. » « On entend, dans quelques pièces de morale, les sons du sifflet de Rabelais. » « Baste, ce sera pour l'antiphone du second volume (des *Commentaires sur Corneille*) ! »

Ces citations, faites entre mille, suffisent à marquer la prodigieuse variété du style de Voltaire, rien que sous le point de vue où j'avais à le caractériser. Échappées à la verve de l'écrivain, la plupart en pleine confidence intime, ces locutions, si diverses et si lumineuses, offrent, à mon sens, assez d'intérêt, soit comme métaphores, soit comme onomatopées ou comme proverbes, pour faire l'objet d'une étude approfondie et servir d'appoint à une terminologie pittoresque des arts et des sciences. Il en est, dans le nombre, j'ose le dire, qui sont de vraies créations de génie.

XIII. — **Notes biographiques**.

Il nous est resté des nombreuses relations de Voltaire avec les artistes et les amateurs musiciens de son temps, quelques particularités biographiques que j'ai pieusement recueillies. Je les donne ici sous la forme qu'elles revêtent : la plupart apparaissent dans des correspondances.

On en a déjà vu, plus haut, qui se rattachent étroitement aux diverses matières abordées par le polygraphe [1]. Le tout forme une source d'informations qui ne saurait être négligée par ceux qui cultivent ce genre de souvenirs. Elles redressent certains faits ; elles en complètent d'autres. On aura même du neuf à glaner par-ci par-là. Et qui sait ? Une fois lancé dans la voie des comparaisons, on estimera peut-être, après un mûr examen, qu'il n'y a guère à faire fi de bien des révélations fournies par notre écrivain.

Je ne m'attacherai qu'aux données sommaires de la musique et de la danse proprement dites. A quoi bon s'aventurer, par exemple, sur un terrain qui n'est point le mien, en alignant des notes, plus ou moins circonstanciées, sur

[1] Consultez, pour plus de précision, la table onomastique.

Mlles Dangeville, Quinault, Gaussin, Clairon. Si toutes ces artistes, plus ou moins célèbres, ont appartenu, pendant un certain temps, à des scènes lyriques, en revanche, leur renommée a été conquise principalement dans le domaine de la comédie et de la tragédie.

On verra quelques renseignements bibliographiques disséminés au milieu des notices concernant la biographie spéciale. Trois mots, empruntés aux lexiques, suffiront pour établir l'identification des personnes.

ARGENS (marquis d'), chambellan de Frédéric II. « Jouez de la basse de viole, » lui dit Voltaire, à diverses reprises, et notamment quand il se trouvait à Potsdam (mai 1753). Le talent du marquis devait être bien distingué, pour être ainsi l'objet des sollicitations réitérées d'un amateur de musique qu'une sonate de Corelli mettait en fuite [1].

La viole était alors à la mode, et la noblesse surtout se piquait d'honneur d'en jouer. L'abbé de l'Attaignant célèbre, dans ses chansons, un financier appelé Joly, qui jouait du dessus de viole, chez Mme Bertin de Blagny. Le dessus de viole était au nombre des instruments que maniait Mme dé Genlis.

Aux concerts intimes de Frédéric II, on n'employait qu'un seul premier et un seul second violon, une basse de viole, un violoncelle, un fortépiano de Silbermann, une flûte ou deux, quand le roi jouait des trios avec le célèbre Quantz [2]. Apparemment, le marquis d'Argens y tenait-il sa partie, car les instruments à cordes ne servaient que pour l'accompagnement, et il ne fallait, pour ce rôle effacé, qu'un mince talent de virtuose.

BEAUCHAMPS (Pierre-François **Godard de**), littérateur. « J'ai reçu les *Recherches sur les Théâtres* de ce Beauchamps, et il n'y a pas grand profit à en faire. C'est le sort de la plupart des livres. » Voltaire à Damilaville, le 24 août 1761.

---

[1] Voyez, plus haut, au chapitre : *Profession de foi*. Voltaire lui écrit encore en février 1753 : « J'aurais de quoi vous amuser ; mais vous aimez mieux à présent la basse de viole. »

[2] BLAZE DE BURY, *le Chevalier de Chasot*. Paris, Michel Lévy, 1862.

BEYREUTH (Mme la marcgrave **de**), sœur de Frédéric II. Voltaire l'appelle « une grande musicienne, » dans une lettre, de 1743, à Ulrique de Prusse, depuis reine de Suède [1]. Étant à Colmar, en 1754, il mande à d'Argental : « Je vous remercie d'aimer *Sémiramis*. Mme de Bareith en a fait un opéra italien, qu'on a joué à Bareith et à Berlin. Tâchez qu'on donne la pièce française à Paris. » Il avait déjà vent de cette entreprise, dès 1750, car il morigène ainsi Frédéric II, à ce sujet : « Continuez à faire de beaux vers ; mais ne mettez jamais la tragédie de *Sémiramis* en opéra italien, quand même la marcgrave (de Beireuth) vous en prierait ; c'est un ouvrage diabolique. »

Consignons encore un extrait d'une lettre d'Ulrique de Prusse à Voltaire, en date du 29 octobre 1750 : « Ma sœur implore le secours d'Euterpe pour animer les enfants de Terpsichore. La composition des ballets est à présent son occupation. Comme vous êtes le favori des neuf sœurs, je vous prie d'intercéder en sa faveur pour la réussite de l'ouvrage. »

La marcgrave de Beyreuth avait, ou affectait d'avoir une teinture d'histoire musicale, puisqu'elle dit, dans sa lettre à Voltaire, du 10 décembre 1750 : « Nos entretiens me semblent comme la musique chinoise, où il y a de longues pauses qui finissent par des sons discordants. »

Elle protégea efficacement la musique et la littérature, témoin, entre autres, ce passage d'une lettre de Voltaire : « Il y a, dans Bareith, opéra italien et comédie française, avec une jolie bibliothèque dont la princesse fait un très bon usage. »

BLAMONT (François **Colin de**), compositeur et surintendant de la musique de Louis XIV. Il donna, en 1723, à l'Opéra, avec Fuzelier pour les paroles, les *Fêtes grecques et romaines*, ballet, destiné primitivement au théâtre des Tuileries, et qui eut du succès. Voltaire en écrit à Mme la présidente de Bernières : « Les *Fêtes grecques et romaines*, de Fuzelier et de Colin-Tampon, sont jouées à l'Opéra, et sifflées par les honnêtes gens. M. le duc d'Orléans a chanté : *Ah ! Colin, tais-toi.* Colin aurait dû répondre : J'en connais bien d'autres qui *sont comme moi.* » Ce sont là probablement des refrains de quelques vaudevilles du temps. Pourquoi cette opposition à un ouvrage favorablement reçu ? Dans la même lettre,

---

[1] Voltaire écrit le 30 octobre 1743 : « J'ai suivi à Bareith l'Orphée couronné (Frédéric II) ; j'y ai vu une Cour où tous les plaisirs de la société et tous les goûts de l'esprit sont rassemblés. Nous y avons des opéras, des comédies, des chasses, des soupers délicieux. »

se trouve peut-être la réponse. « J'ai promis, dit Voltaire, de faire un opéra pour pot de vin. »

Il fut plus équitable, en 1745, pour l'ouvrage de *Jupiter vainqueur des Titans*, représenté le 11 décembre, à Versailles, à l'occasion du mariage du dauphin. « On donnera, dit-il (dès le mois d'avril de la même année), un magnifique ouvrage composé par M. Bonneval des Menus, et mis en musique par Colin. Vous savez que *le Sylphe* réussit. Cela fait, ce semble, un joli spectacle. »

Ce Bonneval est-ce le même que celui qu'il prétend, en 1738, ne connaître que « pour l'avoir vu une fois chez Mme De Prie, » où le dit Bonneval lui emprunta dix louis qu'il ne lui rendit jamais? Est-ce le même que celui qu'il nomme, plus tard, « le Turc, » à cause du séjour que Bonneval fit à Constantinople, d'où il se réfugia à La Haye, impliqué, disait-on, dans les affaires véreuses? Je l'ignore.

A l'égard du *Sylphe*, qui n'est autre que le ballet de *Zélindor*, *roi des Sylphes*, paroles de Moncrif, musique de Rebel et Francœur [1], Voltaire s'en montre également satisfait, et il ajoute à sa missive écrite, de Versailles, au président de Hénault : « Venez donc le voir. » Pris, quelques mois après, dans le tourbillon du *Temple de la Gloire*, il n'a pu formuler son jugement, après coup, sur *Jupiter vainqueur des Titans*.

BLAVET (Michel), flûtiste et compositeur. De Cideville avait fait le libretto d'un opéra : *le Triomphe de la beauté*. Voltaire, dans une lettre du 2 octobre 1731, adressée à son ami rouennais, lui parle de l'artiste désigné pour la musique de son poëme :

« Je dis, sans vous nommer, qu'un de nos amis s'était amusé à faire un opéra plein de galanterie, de tendresse et d'esprit, sur les trois sujets que j'expliquai, et dont je me hasardai de dire le plan. Tout fut extrêmement goûté, et il n'y eut personne qui ne témoignât son chagrin de voir que nous n'ayons point de musicien capable de servir un poëte si aimable. Mgr. le comte Clermont, qui était de la compagnie (chez Mme la princesse de Guise, à Arceuil), et à la tête de ceux qui avaient grande impatience d'entendre l'ouvrage, envoya sur-le-champ chercher à Paris un musicien qui est à ses gages, et exigea de moi que j'engageasse mon ami à se servir de cet homme. C'est un nommé Blavet, excellent pour la flûte, et peut-être fort médiocre pour un opéra. Mais, heureusement, M. le comte de

---

[1] A l'article FRANCŒUR de la *Biogr. univ. des musiciens*, Fétis donne erronément l'année 1744, comme date de l'apparition de *Zélindor*.

Clermont, qui, quoique prince, entend raison, nous promet que, si on n'était pas content de la première scène de notre homme, il serait cassé aux gages, et que la pièce serait remise entre les mains d'un autre. Voilà ce que je vous mande, sans que mon esprit républicain soit le moins du monde amolli par un prince, ni asservi à la moindre complaisance en fait de beaux-arts. Je ne connais personne ; ainsi je ne vous demande rien pour le sieur Blavet, mais je vous demande beaucoup pour moi ; c'est que je puisse enfin voir le *Triomphe de la beauté* et le vôtre. »

Les trois parties de l'opéra étaient : *Daphnis et Chloé*, *Antoine et Cléopâtre*, et *Io*. Voltaire y fait allusion, dans ce quatrain du 27 février 1732 :

> La beauté qu'en secret Cideville idolâtre,
> Voit en lui deux talents réunis :
> Le cœur aimable de Daphnis,
> Et l'esprit du héros qui charmait Cléopâtre.

Il y revient, le 17 avril suivant, en ces termes : « Je vous renverrai votre opéra, puisque vous le redemandez ; mais ce ne sera pas sans regretter infiniment l'acte de Daphnis et de Chloé, qui est certainement très joli, et sur lequel on ne pouvait pas faire de méchante musique. »

Voltaire, à Berlin, jugea ainsi le talent de virtuose de son royal ami : « Frédéric joue de la flûte comme Blavet. »

BOESSET, (Jean-Baptiste), surintendant de la musique de Louis XIV, auteur, selon Voltaire, d'un chœur pour l'*Andromède* de Corneille :

« Ce fut, dit-on, Boissette qui mit ce chœur (Reine de Paphe et d'Amathonte) en musique. On ne connaissait presque, en ce temps-là, qu'une espèce de faux-bourdon, qu'un contrepoint grossier. C'était une espèce de chant d'église ; c'était une musique de barbares, en comparaison de celle d'aujourd'hui. Ces paroles : *Reine de Paphe*, sont aussi ridicules que la musique. Il n'y a rien de moins musical, de moins harmonieux, que : *D'où le mal procède, part aussi le remède* [1]. »

BRASSAC (le chevalier de), officier supérieur de l'armée et compositeur de musique. Voltaire faisait infiniment de cas de son influence et de son talent. Il écrit, tour à tour, à Thiriot : « Ne m'oubliez pas auprès

---

[1] *Commentaires sur Corneille ;* remarques sur *Andromède*, acte I⁰ʳ, vers 1. Voy. aussi CASTIL-BLAZE, *Théâtre Italien*, p. 113 et 114. On prétend aujourd'hui que la musique d'*Andromède* est de Dassoucy.

de la muse Deshayes [1], d'Orphée-Rameau, et de l'imagination du petit B(rassac) ; » et : « Ménagez-moi toujours des juges et des amis comme Pollion [2] et le petit B(rassac). »

A de Moncrif, auteur des paroles de l'opéra l'*Empire de l'Amour*, mis en musique par de Brassac, il mande le 15 avril 1733 : « Hier, l'opéra [3] alla fort bien. J'allai, sur la fin, savoir comme les choses s'étaient passées, et j'appris de fort bonnes nouvelles. Le public s'attend aux changements du troisième acte. Mais, il faudra une musique bien vive et bien saillante. Je ne dois avoir de crédit sur l'esprit de M. le chevalier de B(rassac), que par mon tendre dévouement pour lui. Je ne suis point connaisseur en musique ; mais j'ai des oreilles, et je vois quel est le goût du public. J'oserai prier notre aimable chevalier, au nom de ce même public, de joindre un peu de vivacité et de fracas à la douceur, aux grâces, à la galanterie de sa musique. Si le troisième acte fait l'effet brillant qu'il doit faire, j'espère cinquante représentations. Ah ! quel plaisir, quand nous aurons confondu les sots et les malins ! »

Dans une autre lettre à de Moncrif, Voltaire appelle de Brassac « Lull-Brass. » Ailleurs encore, il lui donne, à ce qu'il semble, l'épithète ironique de « Ballot l'*Imagination*. »

L'opéra du chevalier « raccomodé à force » par Voltaire, « fut sifflé indignement le premier jour, » puis « eut un grand succès. » « Ceux, continue Voltaire à Thiriot, qui l'ont condamné, sont aussi honteux que ceux qui ont approuvé *Gustave* [4]. »

Voltaire publiait alors son *Temple du Goût*. Le comte de Caylus, habile graveur, s'étant senti blessé dans sa modestie, par quatre vers consacrés à son talent distingué, le poëte y substitua le vers suivant :

Chantez, Brassac ; gravez, Caylus.

Le poëte dit en note : « Le chevalier de Brassac a non seulement le talent très rare de faire la musique d'un opéra, mais il a le courage de le faire jouer, et de donner cet exemple à la noblesse française. » Double compliment digne d'un gentilhomme de la chambre.

---

[1] Plus tard Mme de La Popelinière.

[2] M. de La Popelinière.

[3] Précédemment Voltaire avait appelé l'*Empire de l'Amour* « un petit ballet. »

[4] *Gustave Wasa*, tragédie de Piron, accueillie très favorablement et redonnée souvent.

BUSSI. « Pour me consoler, dit Voltaire à d'Argental, le 25 juillet 1760, il faut que je vous parle d'un petit garçon de douze ans. Il s'appelle Bussi ; il est fils d'une comédienne ; il a de grands yeux noirs, joue joliment Clistorel, chante, a une jolie voix, est fait à peindre, est doux, poli et bien élevé, et réduit, je crois, à l'aumône. Corbi n'a-t-il pas l'Opéra-comique ? Corbi n'est-il pas votre protégé ? Ne pourrais-je pas lui envoyer ce petit garçon ? Il ferait une bonne emplette. Daignerez-vous lui en parler ? » Rien de plus sur cet artiste en herbe, sinon que, vers le milieu du mois d'août 1761, il jouait, avec une troupe de comédiens de province, la tragédie de *Tancrède*, à la quelle son protecteur assista. Celui-ci en dit simplement : « Le petit Bussi n'est pas du tout attendrissant. »

CAMARGO. (Mlle de) danseuse de l'Opéra. Voltaire a chanté son grâcieux talent dans plusieurs de ses œuvres. Le madrigal, où il fait une ingénieuse comparaison entre les deux plus habiles ballérines de son siècle, la Camargo et la Sallé [1], bien que très connu, a naturellement sa place ici :

> Ah ! Camargo, que vous êtes brillante !
> Mais que Sallé, grands Dieux, est ravissante !
> Que vos pas sont légers, et que les siens sont doux !
> Elle est inimitable et vous êtes nouvelle,
> > Les Nymphes sautent comme vous,
> > Et les Grâces dansent comme elle.

Castil-Blaze observe, à ce propos : « Quoiqu'en dise Voltaire, Mlle de Camargo dansait admirablement et ne sautait pas. Un poëte résiste difficilement à l'attrait d'un bon mot, d'une antithèse, qu'il s'empresse d'ajuster en rimes, sans se soucier de la justesse de ses conclusions. »

Il n'y a plus d'antithèse, dans ces deux vers du *Temple du Goût*, relatifs à l'artiste belge, et pourtant le verbe « sauter » y est maintenu :

> Légère et forte en sa souplesse,
> La vive Camargo sautait
> A ces sons brillants d'allégresse
> Et de Rebel [2] et de Mouret [3].

---

[1] Voy. ce nom plus loin.

[2] Idem.

[3] MOURET, compositeur, qui devint surintendant de la musique de la duchesse du Maine, et qui écrivit, pour les *Nuits de Sceaux* ainsi que pour l'Opéra, plusieurs divertissements dont les thèmes devinrent populaires. On a vu, plus haut, que Voltaire parle de « la gaieté de Mouret. »

Ce même verbe « sauter » est l'attribué à la Camargo , dans les *Chansons* de l'abbé de l'Attaignant[1]. Cette concordance de termes ne donne-t-elle pas tort à Castil-Blaze ? La Camargo reparaît dans *le Mondain :*

> Le plaisir presse, il vole au rendez-vous,
> Chez Camargo, chez Gaussin, chez Julie.

Plus tard , Voltaire semble regretter les applaudissements décernés à la Camargo , alors que le célèbre Corneille , auteur de tant d'œuvres de génie, en recevait à peine autant : « Quant aux honneurs qu'on rendait à ce grand homme, je sais qu'on battait des mains quelquefois quand il reparaissait après une absence; mais on en fait autant à Mlle Camargo. »

Piron, on le sait, chanta la critique d'une tragédie de Voltaire, sur un duo de *Pyrame et Thisbé*, dansé par Mlle Camargo, tandis que deux Égyptiens en exécutaient les parties vocales :

> Que n'a-t-on pas mis
> Dans *Sémiramis* ?

Voltaire , qui remua ciel et terre, pour empêcher les parodies de son ouvrage, a dû être piqué au vif, en voyant la Camargo se prêter ainsi avec complaisance à la charge extrêmement mordante de son terrible adversaire.

CAMPRA (André), compositeur dont Voltaire vante la « fertilité [2]. » A l'occasion de la reprise d'un des opéras de ce maître, en 1740, Voltaire écrit, avec une certaine humeur, à Thiriot : « On joue les *Fêtes Vénitiennes* détestablement ; il n'y a point de comédie ; tout Paris meurt de langueur. » Campra risqua sa place de maître de chant à Notre-Dame, pour avoir écrit la partition de l'*Europe Galante*. Travenol, père , qui eut des démêlés avec Voltaire [3], l'en avertit par ce couplet bien connu :

> Quand notre archevêque saura
> L'auteur du nouvel opéra,
> Monsieur Campra décampera,
> Alleluia !

CHABANON (Michel-Paul-Gui **de**), musicologue et compositeur. Ses relations avec Voltaire furent assez étendues , et on a pu voir précédemment divers extraits de lettres que ce dernier lui adressa.

[1] Tome II, p. 326.
[2] Voy. *Profession de foi* , etc.
[3] Voy. plus loin Travenol (Louis).

Le 2 mai 1769, Voltaire écrivait à de Chabanon : « Oui, j'attends la scène d'*Eudoxie* et le divertissement que vous mettez en musique.... » Nulle part, que je sache, il n'est fait mention de cet intermède.

La *Correspondance générale* de Voltaire nous éclaire sur infiniment de particularités de la vie de ce poëte-musicien. Elle nous montre aussi le cas que Voltaire faisait de de Chabanon, et comme artiste et comme ami : « J'apprends qu'on se bat au Parnasse, lui dit-il en octobre 1777, pour des croches et des rondes. Vous qui êtes un vrai maître dans tous les arts de ce Parnasse, c'est à vous à juger les combattants. » Et, le 19 novembre suivant, à de La Harpe : « J'ai été informé des petites tracasseries qu'on m'a faites auprès de M. de Chabanon. On a voulu le rendre mon ennemi en le rendant mon confrère, lui que j'ai toujours reçu chez moi avec la plus tendre amitié ; cela est bien injuste. »

Lorsqu'en décembre 1764, de Chabanon lui adressa son *Éloge de Rameau*, le philosophe s'occupa bien plus de l'opuscule que du grand musicien qui en était l'objet. « Il y aurait bien du plaisir à mourir, dit-il, si l'on était sûr d'avoir après sa mort des panégyristes tels que vous. » Il ajoute, en guise de conclusion : « Après l'éloge que vous avez fait de Rameau, je ferai toujours le vôtre. »

CHATEAUNEUF (l'abbé de). Voy. Lenclos (Ninon).

COLASSE (Pascal), compositeur, et l'un des maîtres attachés à la musique de chambre de Louis XIV. Voltaire dit, au sujet d'un opéra de ce musicien (paroles de Fontenelle), lequel opéra fut représenté, pour la première fois, en 1689, et repris sept fois : « *Thétis et Pélée* me font trembler pour ma vieillesse. Il est triste que ce qui a été beau ne le soit plus ; mais ce n'est point M. de Fontenelle qui est tombé, ce sont les acteurs de l'opéra. »

Voltaire n'a garde d'ajouter : « et la musique, » bien que, dans un de ses contes en vers : *les Chevaux et les Anes ou Étrennes aux sots*, il confonde Colasse avec les Gauchat, les Le Dain, etc., noms ridicules ou odieux :

> Que de Frêlons vont pillant les abeilles !
> Que de Pradons s'érigent en Corneilles !
> Que de Gauchats semblent des Massillons !
> Que de Le Dains succèdent aux Bignons !
> Virgile meurt, Bavius le remplace :
> Après Lulli nous avons vu Colasse.

« Vu » et « entendu, sans doute, car, en mars 1736, Voltaire assista à la reprise du meilleur ouvrage de Colasse, et fut témoin d'un vrai succès musical. Colasse figure au *Temple du Goût*, et est exclu, par un étrange caprice, du *Siècle de Louis XIV*.

DESHAYES (Mlle). Voy. La Popelinière (Mme de).

DESTOUCHES (André), compositeur de musique. Voltaire à de Formont, le 29 mai 1732 : « Nous attendons l'opéra des cinq ou six *Sens*. La musique est de Destouches ; les paroles, de Roi, qui se cache de peur que son nom ne lui nuise. »

A de Cideville : « On joue les *Cinq sens* à l'Opéra, à la Comédie française, à l'italienne, et à la Foire. On ne saurait trop parler de ces messieurs-là, à qui vous avez plus d'obligation qu'un autre. »

Voyez, au chapitre *Anecdotes*, etc., le curieux apologue de Voltaire concernant Destouches. On aura déjà remarqué les vers où Voltaire célèbre la « fertilité de Campra, » la « gaieté de Mouret » et « les grâces de Destouches [1]. »

DUBOS (Jean-Baptiste), abbé académicien, auquel on doit, entre autres, les *Réflexions sur la Poésie et la Peinture*, etc., et dont Voltaire touche quelques mots au marquis d'Argens : « J'aurais été bien fâché d'acheter un tableau sur la parole de l'abbé Dubos. Il ne s'y connaissait point du tout, non plus qu'en musique et en poésie ; mais il réfléchissait beaucoup sur tout ce qu'il avait lu et entendu dire, et il a trouvé le secret de faire un livre très utile, où il n'y a de mauvais que ce qui est uniquement de lui. » Août 1752.

Quiconque a lu les chapitres de l'académicien Dubos, relatifs à la musique, souscrira pleinement à cette appréciation sensée.

DUPRÉ, célèbre danseur et compositeur de ballets de l'Opéra, au sujet duquel Voltaire écrit, le 27 décembre 1742, à d'Argental : « Voici une triste nouvelle pour la Comédie et pour l'Opéra. Le roi de Prusse (Frédéric II) n'est pas content d'avoir pris la Silésie, il me mande qu'il prend Dupré et Lanoue. Le héros tragique n'est pas si bien fait que le héros dansant, et c'est faire venir un singe de loin. » Ailleurs, il met Lulli et Dupré sur la même ligne que Locke et Newton : « Nous dansons mieux qu'eux (les Anglais), je l'avoue ; c'est un grand mérite, mais il ne suffit pas. Locke et Newton valent bien Dupré et Lulli [2]. »

[1] Voy. *Profession de foi*, etc.
[2] 13 janvier 1765, à Élie de Beaumont, avocat.

DURANCY (Mlle), célèbre cantatrice de l'Opéra. A d'Argental, le 25 juillet 1760 : « Est-il vrai qne vous vous êtes opposé à la réception de la petite Durancy ? Pourquoi ? Il me semble qu'on en peut faire une très jolie laideron de soubrette. » Le 15 juin 1761, même demande formulée, cette fois, avec une sorte de curiosité insistante : « Protégez-vous la petite Durancy ? »

DUVAL (Mlle), artiste des chœurs de l'Opéra, et très entendue, dit Léris, dans la composition. Le bruit du succès de son opéra des *Génies*, donné en 1736, étant parvenu aux oreilles de Voltaire, celui-ci en écrivit de Cirey, à Berger, directeur de l'Académie royale de musique : « Peut-on ne pas s'intéresser tendrement aux gens que l'amour et les arts rendent heureux ? Si un opéra d'une femme réussit, j'en suis enchanté ; c'est une preuve de mon petit système que les femmes sont capables de tout ce que nous faisons, et que la seule différence qui est entre elles et nous, c'est qu'elles sont plus aimables. Comment appelez-vous par son nom cette nouvelle muse qu'on appelle *la Légende*? Grégoire VII n'a rien fait de mieux qu'un opéra. »

Voyez, au sujet de Mlle Duval, l'*Histoire de l'Opéra*, 2me partie p. 52; de La Borde, t. III, p. 417, et le *Dictionnaire des musiciens*, de Choron et Fayolle.

FRANCŒUR (François), surintendant de la musique du roi. Voyez BLAMONT (François COLIN DE).

FRÉDÉRIC II, dit *le Grand*, roi de Prusse. Une des fortes passions de ce monarque philosophe, fut la flûte, où il excellait, selon Burney. Il est bien entendu qu'il s'agit ici de la flûte traversière, aussi appelée flûte allemande [1]. J'ai déjà dit que, d'après Voltaire, son royal ami en jouait comme Blavet [2]. Voltaire, dans ses *Mélanges littéraires* [3], esquisse ainsi les concerts « où le roi jouait de la flûte aussi bien que le meilleur artiste » :

« Après le repas, il (Frédéric) se retirait seul dans son cabinet, et faisait des vers, jusqu'à cinq ou six heures. Ensuite, venait un jeune homme nommé Darget, ci-devant secrétaire de Valori, envoyé de France, qui faisait la lecture. Un petit concert commençait à sept heures ; le roi y jouait de la flûte aussi bien que le meilleur artiste. Les concertants exécutaient

---

[1] L'authenticité de la flûte d'ivoire de Frédéric II, conservée au musée de Berlin, a été contestée très indûment par une partie de la presse française, en 1867.

[2] Voyez *Notes biographiques*, au nom BLAVET.

[3] Au *Commentaire historique sur les œuvres de l'auteur de la Henriade*.

souvent de ses compositions, car il n'y avait aucun art qu'il ne cultivât, et il n'eût pas essuyé, chez les Grecs, la mortification qu'eut Epaminondas d'avouer qu'il ne savait pas la musique. »

Ceci est bien mesuré, en regard des éloges hyperboliques suivants :

« Vous êtes le seul homme sur la terre qui sachiez employer ainsi votre peu de loisir. C'est Achille qui joue de la flûte, en revenant de battre les Troyens. Les Autrichiens valent bien les troupes de Troie, et votre lyre est bien au-dessus de la flûte d'Achille. » Lettre du 17 mars 1749.

Frédéric connaissait les principes de la composition. Outre la musique qu'il ajusta à la poësie sur Adrienne Lecouvreur [1], on lui doit mainte autre production musicale. Bornons-nous, pour ne point outrepasser nos limites, à mentionner les pièces dont Voltaire vante le mérite :

> Mon prince à son peuple qui l'aime,
> Libéralement donnera
> Un nouvel et bel opéra,
> Qu'il aura composé lui-même.

Opéra est entendu ici à la fois comme libretto et comme partition. Le roi de Prusse mit en libretto la *Mérope* de Voltaire, de même qu'il adapta de la musique, son maître de chapelle aidant, à la *Clemenza di Tito*, de Métastasio. Les *Mélanges littéraires* constatent encore ce fait :

« Sa majesté se plaisait à dire que c'était pour M. de Voltaire qu'il faisait jouer la *Clemenza di Tito*, opéra plein de beauté, du célèbre Métastasio, mis en musique par le roi lui-même, aidé de son compositeur. »

Il écrivit, à ce sujet, à Maupertuis, le 16 octobre 1743 : « J'ai été encore plus frappé de l'opéra de *Titus*, qui est un chef-d'œuvre de musique ; c'est, sans vanité, une galanterie que le roi m'a faite, ou plutôt à lui ; il a voulu que je l'admirasse dans sa gloire. »

Rien dans Fétis ni ailleurs, relativement à cette composition royale. Un des principaux collaborateurs de Frédéric fut le célèbre Graun, le même qui mit en musique la *Mérope* de Voltaire, adaptée à la scène, comme on a vu, par ledit Frédéric : « Le roi de Prusse, écrit à ce sujet Voltaire, le 2 juin 1756, me fait savoir qu'il fait jouer, le 27 de ce mois, son opéra de *Mérope*. Il ne tient qu'à moi d'aller entendre à Berlin de la musique italienne. »

---

[1] Voy. *Musique intime*.

Voici le superlatif, en fait d'éloges adressés à Frédéric II , par le poëte-courtisan : « Vous avez tellement réussi dans la musique , lui écrit-il , que votre difficulté à présent sera d'avoir auprès de vous un musicien qui vous surpasse. »

Formey, dans ses *Lettres sur l'état présent des sciences et des mœurs*, constate qu'à l'égard de la musique, comme en tant d'autres choses, Berlin tenait alors un rang éminent. Graun, on le sait , y avait établi un Théâtre Italien. Voltaire se montre enthousiaste de tout ce qu'il entend, en fait de musique, à Berlin ; seulement une réaction se manifeste dans son admiration pour les vers de « l'Orphée couronné. »

« Le roi de Prusse , dit-il à Thiriot en 1743 , daigne , en quatre jours de temps , faire ajuster sa magnifique salle de machines, et faire mettre au théâtre le plus bel opéra de Métastasio et de Hasse ; le tout, parce que je suis curieux. »

Puis, à Mme Denis, le 22 août 1750 : « Je reçois votre lettre en sortant de *Phaéton*. C'est un peu Phaéton travesti. Le roi a un poëte italien, nommé Villati , à quatre cents écus de gages. Il lui donne des vers pour son argent, qui ne coûtent pas grand chose ni au poëte, ni au roi. Pour la musique, on dit qu'elle est bonne. Je ne m'y connais guère ; je n'ai jamais trop senti l'extrême mérite des doubles croches [1]. Je sens seulement que la signora Astrua et *i signori castrati* ont de plus belles voix que vos actrices, et que les airs italiens ont plus de brillant que vos pont-neufs que vous nommez ariettes. J'ai toujours comparé la musique française au jeu de dames , et l'italienne au jeu des échecs. Le mérite de la difficulté surmontée est quelque chose. Votre dispute contre la musique italienne est comme la guerre de 1701 ; vous êtes seuls contre toute l'Europe. »

Il y revient le 26 décembre suivant : « Rien n'est plus beau que la décoration du palais du Soleil dans *Phaéton*. Mme Astrua est la plus belle voix de l'Europe. »

C'est le tour de l'*Iphigénie en Aulide*, également refaite par le roi, et qu'il ne mentionne que pour le libretto , en omettant la musique due à Graun : « Nous avons eu, dit-il , le 12 septembre 1750 , l'opéra d'*Iphigénie en Aulide*. Quinault n'a plus à se plaindre ; Racine a été encore plus maltraité que lui. Je vous avouerai, si vous le voulez, que les vers des opéras qu'on donne ici, sont dignes du temps d'Hugues-Capet ; mais, en vérité, Berlin est un petit Paris. »

---

[1] On sait déjà ce que valent ces excuses. *Phaéton* avait été refait par le roi.

Suit l'éloge de la salle de théâtre que Frédéric faisait construire, et que Voltaire jugea, étant achevée, « la plus belle de l'Europe. » A d'Argental : « Le roi de Prusse donne un bel exemple à mes chers compatriotes : il fait bâtir une salle, dont les quatre faces seront sur le modèle des portiques du Panthéon ; et, à Paris, vous savez qu'on entre dans une vilaine salle par un vilain égoût. Cela me fait saigner le cœur, car je suis très bon Français. » Voltaire fait allusion au Théâtre de la rue des Fossés-Saint-Germain, à Paris, qui ne fut démoli qu'en 1770.

Qui le croirait ? Le monarque philosophe, qui pouvait donner une large impulsion à la musique allemande, se complut dans la musique transalpine. Voltaire l'a déjà complimenté à ce sujet. Laissons Frédéric II dessiner lui-même ses convictions :

« Je me souviens, écrit-il à l'hôte de Cirey en 1738, d'avoir été présent à une dispute où il s'agissait de la préférence que l'on devait, ou à la musique française ou à la musique italienne. Celui qui faisait valoir la française se mit à chanter misérablement une ariette italienne, en soutenant que c'était la plus abominable chose du monde ; de quoi on ne disconvenait pas. Après quoi, il pria quelqu'un qui chantait très-bien en français, et qui s'en acquitta à merveille, de faire les honneurs de Lulli. Il est certain que, si on avait jugé de ces deux musiques différentes sur cet échantillon, on n'aurait pu que rejeter le goût italien, et au fond je crois qu'on aurait mal jugé. »

Le ballet de l'Opéra, à Berlin, se composait, entr'autres, de douze danseurs bien dressés. Voltaire raille Frédéric II là-dessus : « Au lieu de douze bons académiciens, vous avez donc, sire, douze bons danseurs. Cela est bien plus aisé à trouver, et beaucoup plus gai. On a vu quelquefois des académiciens ennuyer un héros, et des acteurs de l'Opéra le divertir. »

On y comptait, en 1759, la fameuse danseuse Barberini, qui s'était réfugiée dans Glogau à l'approche des Russes : « Qui croirait, s'écrie Voltaire, que la Barberini va être assiégiée par mes Russes, et dans Glogau ? O destinée ! [1] »

Voltaire résume ainsi son panégyrique, en appelant Frédéric II « le prince philosophe qui prend toujours bien son temps pour donner des batailles et des opéras, qui sait faire la guerre, la paix, et des vers et de la musique, qui réforme les abus de la justice, et qui est le plus bel esprit de l'Europe.»

A d'Argental.

GOUET (Mlle). Voltaire au maréchal de Richelieu, le 26 décembre 1755 : « Est-il bien vrai, monseigneur, que je prends la liberté de vous demander vos bontés pour Mme ou Mlle Gouet ? Quel intérêt ai-je à cela ? On dit qu'elle est jeune et bien faite ; c'est votre affaire et non la mienne. Elle veut chanter les *Cantiques* de Moncrif chez la reine ; elle demande à entrer dans la musique, et il faut que, du pied du mont Jura, je vous importune pour les plaisirs de Versailles. On s'imagine que vous avez toujours quelque bonté pour moi, et on me croit en droit de vous présenter des requêtes. Mais si Mlle Gouet est bien faite, et si elle a une belle voix, la liberté que je prends est très inutile ; si elle n'avait, par malheur, ni voix ni figure, cette liberté serait plus inutile encore. » Cette recommandation voltairienne a-t-elle abouti ?

GOUDIMANCHE (le curé de). « Nous avons de fondation un grand homme qui excelle en ces deux genres (poésie et musique). C'est le curé de Goudimanche. Ce bonhomme a la tête tournée de vers et de musique, et on le prendrait volontiers pour l'aumônier du cocher de M. de Vertaumont. » Ainsi s'exprime Voltaire, à propos d'une fête donnée à Bellebat, en 1724, en l'honneur de S. A. S. Mlle Clermont, et pour laquelle Voltaire avait été invité de composer un petit impromptu. L'aumônier auquel le curé de Goudimanche est comparé, était un chansonnier du pont-neuf, très célèbre alors, comme le Savoyard, dont parle Boileau, l'avait été de son temps. Depuis, on le sait, les chansonniers quittèrent le pont-neuf pour l'opéra-comique.

HAENDEL (George-Frédéric), célèbre compositeur allemand. Voltaire le cite, dans son *Épître au roi de Prusse*.

> Son Dauphin [1], comme vous, appelle
> Auprès de lui les beaux-arts
> De Le Brun, de Lulli, d'Handelle...

L'auteur du *Messie* figure ici seulement pour la rime, selon moi. Il était peu ou point connu en France. Voltaire s'en souvient, pour avoir assisté, sans doute à Londres, à quelque grand succès du maître. On sait, en effet, que Voltaire se trouvait en Angleterre, de 1726 à 1728. A chacune de ces dates, se place un nouvel opéra italien de Haendel. D'ailleurs, en correspondance active, plus tard, avec de hauts personnages anglais, le poëte n'aura pas ignoré les grands triomphes remportés, à Londres, par les oratorios du compositeur.

---

[1] Le fils de Louis XIV.

Voltaire confond apparemment Purcell avec Haendel, à propos de l'auteur de la musique de la *Fête d'Alexandre*. Voy. PURCELL (Henri).

JÉLIOTTE, célèbre chanteur de l'Opéra, qui fut professeur de la Pompadour, et premier violoncelle de l'orchestre du Théâtre des Petits Cabinets.

A propos d'hémistiche, Voltaire propose quelques vers techniques pour montrer comment on doit rompre la monotonie à la moitié de chaque vers. On y lit, en ces termes, l'éloge du talent de Jéliotte :

> Que votre phrase heureuse, et clairement rendue,
> Soit tantôt terminée et tantôt suspendue ;
> C'est le secret de l'art. Imitez ces accens
> Dont l'aisé Géliotte avait charmé nos sens.
> Toujours harmonieux, et libre sans licence,
> Il n'appesantit point ses sons et sa cadence.

A de Cideville, il écrit le 3 juillet 1733 : « Il y a ici une haute-contre, nommée Jéliotte, qui est très étonnante. Notre petit Tribon est enterré de cette affaire-là. Pour Mlle Pélissier [1], elle se soutient encore, attendu que le chevalier de Brassac la... (protége) ? »

LAMBERT (Michel), maître de chant à Paris, au XVIIe siècle. L'*Épître à Mlle Clairon* (1756), de Voltaire, contient ces vers :

> Que ce conteur qui plaisamment chanta
> Le démon Belphégor et madame Honesta,
> L'Ésope des Français, le maître de la fable,
> Ait de la Champmêlé vanté la voix aimable,
> Ses accens amoureux et ses sons affectés,
> Écho des fades airs que Lambert a notés ;
> Tu n'étais pas alors ; on ne pouvait connaître
> Cet art qui n'est qu'à toi, cet art que tu fais naître.

Le conteur en question est La Fontaine, qui, dans un prologue de Belphégor, dédié à la Champmêlé, célèbre actrice de son temps, avait vanté la déclamation « chantante » de l'artiste. Les airs de Lambert jouissaient d'une grande vogue avant Lulli. Voltaire a-t-il eu ses raisons pour les trouver insipides ? Lambert les arrosait pourtant du bon jus de la treille.

---

[1] Biographiée dans Fétis, où il est parlé de ses aventures d'éclat qui la firent renvoyer de l'Opéra le 15 février 1734. Une étude sur Jéliotte, par M. Jules Carlez, a paru dans la *France musicale*. Grétry loue le dévoûment de ce charmant artiste.

Castil-Blaze reproche à Voltaire d'avoir pris Lambert pour Cambert, fondateur de l'Opéra. Simple faute d'impression, à mon avis [1], que ne comportent d'ailleurs guère les éditions que j'ai interrogées.

LA POPELINIÈRE (Mme **de**), femme du fermier général de ce nom, connue, avant son mariage, dans le monde artistique sous l'appellation de Mlle Deshayes. On lui doit un épitome des principes de Rameau. Voltaire, qui nommait la jeune artiste « la muse Deshayes,» fit le plus grand cas de son opuscule : « Vous avez, écrit-il à l'inventeur de la basse fondamentale, joui d'un honneur que jamais, ce me semble, personne n'a eu avant vous. Les autres sont commentés, d'ordinaire, des milliers d'années après leur mort, par quelque vilain pédant ennuyeux. Vous l'avez été de votre vivant, et on sait que votre commentateur est quelque chose de très différent en toute manière de l'espèce de ces messieurs [2]. »

Il parle encore de cet abrégé, dans une lettre à Thiriot du 3 novembre 1737 : « Je lus, il y a quelques mois, le petit extrait que Mlle Deshayes avait fait de l'ouvrage d'Euclide-Orphée, et je dis à Mme du Châtelet : je suis sûr qu'avant qu'il soit peu, Pollion [3] épousera cette muse-là. Il y avait, dans ces trois ou quatre pages, une sorte de mérite peu commun ; et cela, joint à tant de talents et de grâces, fait en tout une personne si respectable, qu'il était impossible de ne pas mettre tout son bonheur et toute sa gloire à l'épouser.... »

Voltaire prédit non seulement le mariage de Mlle Deshayes avec de La Popelinière, mais il le célébra dans une série de vers aimables et élégamment tournés :

« Je suis bien impertinent, dit-il à Thiriot, le 6 décembre suivant, de rester dans le silence, quand les savants et les princes s'empressent à rendre hommage à Mme de La Popelinière :

> Mais quoi ! si ma muse échauffée
> Eût loué cet objet charmant,
> Qui réunit noblement
> Les talens d'Euclide et d'Orphée,
> Ce serait un faible ornement
> Au piédestal de son trophée.
> La louer est un vain emploi ;

---

[1] *Molière musicien*, t. I, p. 427.
[2] Voy. chap. *Musique instrumentale*.
[3] De La Popelinière.

> Elle régnera bien sans moi
> Dans ce monde et dans la mémoire ;
> Et l'heureux maître de son cœur,
> Celui qui fait seul son bonheur,
> Pourrait seul augmenter sa gloire.

En faisant allusion au *Neutonianismo per le Dame*, d'Algarotti, qui venait de paraître (mai 1738), il dit, toujours à son ami Thiriot : « Il (ce livre) n'est pas pour les dames. Mais, je suis sûr que le commentateur charmant ou charmante de Rameau l'entendra et le jugera. »

En une autre circonstance, il rend un hommage égal à la virtuosité et aux lumières étendues de sa « muse. » « Je prétends, assure-t-il, que Polymnie entendra toute cette philosophie, comme elle exécute une sonate. » Voltaire entend ici la philosophie de Newton, dont il essayait alors d'approfondir les mystères. Il résume le triple talent de Mme de La Popelinière en ces lignes : « Je vous prie, mon ancien ami (Thiriot), de présenter mes hommages à la chimiste, à la musicienne, à la philosophe chez qui vous vivez. »

Il est assez connu que Rameau fut le maître de clavecin de Mme de La Popelinière. Ce qui l'est moins, c'est que M. de La Popelinière, qui entretenait un orchestre à son service et donnait des concerts dans son hôtel à Paris et dans sa ville à Passy, fournit, comme il a été constaté plus haut, des ariettes à la *Princesse de Navarre* de Voltaire. La musique d'un fermier général coudoyant celle d'un Orphée !

Voltaire se plaint, enfin, dans une lettre au duc de Richelieu, d'une pièce de vers burlesques où M. et Mme de La Popelinière étaient ridiculisés de la plus cruelle façon : « Que dites-vous d'une infâme *calotte* qu'on a faite contre M. et Mme de La Popelinière, pour prix des fêtes qu'ils ont données ? Ne faudrait-il pas pendre les coquins qui infectent le public de ces poisons ? »

LA VALLIÈRE (le duc **de**), bibliophile distingué. Voltaire au comte d'Argental, le 26 mars 1760 : « M. le duc de La Vallière a donc fait l'*Histoire chronologique de l'Opéra*. C'est quelque chose ; il y a encore du génie en France. » Ces deux lignes déplaisent à Castil-Blaze, qui prétend que « Voltaire se moque ainsi d'un catalogue rédigé par le noble compilateur[1]. » Voltaire s'était plaint, depuis longtemps, de la rareté des bons livres, et surtout des livres utiles. Il vante, outre mesure, celui du duc de La Vallière,

---

[1] *Académie impériale de musique*, t. II, p. 214.

en habile courtisan qu'il est. Voilà tout. Il aurait dû mettre *talent* à la place de *génie*. Mais, sous sa plume, bien des fois *génie* signifie talent.

A Richelieu, le 18 janvier 1768 : « M. le duc de La Vallière enrichit votre bibliothèque de l'*Histoire du Théâtre*. Ce qu'il a amassé est prodigieux. Il faut qu'il lui soit passé plus de trois mille pièces par les mains ; cela est tout fait pour un premier gentilhomme de la chambre. » Fétis assure que l'éminent bibliophile a eu quelques collaborateurs pour cet ouvrage.

L'ÉCLUSE (de), excellent acteur de l'Opéra-comique, d'après Léris, et, depuis, chirurgien-dentiste. Étant établi à Genève, il fut mandé à Ferney par Voltaire, qui le chargea de raccomoder les dents de Mme Denis, sa nièce. Son talent de dire la chansonnette lui captiva facilement les grâces du patriarche, et Marmontel raconte qu'à table, au dessert, il fallait applaudir l'artiste à outrance pour plaire à l'amphitryon [1]. Voltaire même imitait de l'Écluse jouant *le Remouleur* [2], et chantait, de sa voix sépulcrale, les couplets :

> Je ne savais où la mettre
> Ma jeune fillette...

Pendant qu'il exerçait sa profession de dentiste à Paris, de l'Écluse s'y était fait une réputation comme auteur de chansons grivoises et poissardes. Fréron profita de ses relations avec Voltaire, pour lancer contre son adversaire une imputation des plus graves : « Thiriot me mande, écrit ce dernier, que le digne Fréron a fait une espèce d'accolade de la descendante du grand Corneille et de l'Écluse, excellent dentiste, qui, dans sa jeunesse, a été acteur de l'Opéra-comique. Si cela est, c'est d'une insolence très punissable, et dont les parents de Mlle Corneille devraient demander justice. L'Écluse n'est point dans mon château ; il est à Genève, et y est très nécessaire. C'est un homme d'ailleurs supérieur dans son art, très honnête homme, et très estimé. La licence d'un tel barbouilleur de papier mériterait un peu de correction. »

Il persiste, de plus en plus, dans une autre lettre, à poursuivre judiciairement le calomniateur : « Il est très permis, dit-il, au nommé Fréron

---

[1] *Mémoires historiques* de Marmontel, chap. VIII.

[2] *Le Remouleur d'amour*, espèce d'opéra-comique donné, en 1722, aux Marionnettes.

de critiquer, tant qu'il voudra, des vers et de la prose, mais il ne lui est permis ni d'attaquer une dame, veuve d'un gentilhomme mort au service du roi, ni une demoiselle alliée aux plus grandes maisons du royaume, et qui porte un nom plus grand que ses alliances, ni même le sieur l'Écluse, qui peut avoir joué autrefois la comédie, mais qui est chirurgien du roi de Pologne, et auquel le reproche d'avoir été acteur peut faire un très grand tort dans sa profession. Ces trois diffamations réunies forment un corps de délit dont il est nécessaire de demander justice. »

Quelques jours après, il annonce à d'Argental qu'à l'exception de la procuration de Corneille, toutes les pièces sont prêtes : « L'Écluse, *qui n'est point celui de l'Opéra-comique*, mais chirurgien du roi de Pologne, a donné sa procuration et demande justice. Mᵐᵉ Denis a envoyé son certificat. » Un gentilhomme bourguignon, qui voulait épouser Mˡˡᵉ Corneille, s'est prudemment retiré, en apprenant, par la feuille de Fréron, que sa future était « fille d'un paysan qui subsistait d'un emploi de cinquante livres par mois, à la poste de deux sous. » Dès lors, plus d'hésitation pour exiger une rétractation formelle du « coquin. » Il aura à demander pardon au public « d'avoir outragé un nom respectable, en disant que Mˡˡᵉ Corneille avait quitté le couvent, pour aller recevoir une nouvelle éducation du sieur l'Écluse, acteur de l'Opéra-comique... » Voltaire eut beau se remuer en tous sens, pour réclamer le châtiment du misérable folliculaire ; il n'eut affaire qu'à des sourds, et le tout se sera borné apparemment, chez dame Justice, à une sévère réprimande.

LE MAURE (Mˡˡᵉ), chanteuse de l'Opéra, citée déjà [1] par Voltaire. « On dit, écrit-il à d'Argental en 1741, que, sans la voix de la Lemaure et le Canard de Vaucanson, vous n'auriez rien qui fît ressouvenir de la gloire de la France. » Jean-Jacques Rousseau en fait aussi un bel éloge, dans cette phrase interrogative : « Toutes les folies de Mondonville m'attendriront-elles comme deux sons de la voix de Mˡˡᵉ Lemaure [2]? »

Un trait de l'existence de l'artiste est à recueillir, dans une lettre de Voltaire à de Richelieu : « Je vous avoue que je suis flatté de ma statue posée aux pieds de la vôtre, plus que Mˡˡᵉ Lemaure ne l'était d'être dans le carosse de Mᵐᵉ la dauphine. Le carosse et les chevaux ne sont plus ; « votre statue durera... » 11 juillet 1770.

[1] Voy. *Profession de foi*, etc. et *l'Opéra, ad finem.*

[2] *Dictionnaire de musique*, au mot *son.* Voy. aussi Castil-Blaze, *Théâtre italien*, p. 225; *Académie royale de musique*, p. 289, et le livre du président de Brosses, etc.

LENCLOS (Ninon), célèbre courtisane. « Elle donnait souvent des concerts. On y venait admirer son luth, son clavecin et sa beauté. » Voilà ce que dit Voltaire, dans ses *Mélanges historiques*, de la fameuse « princesse. » Pour compléter cette ligne concise, ajoutons que Ninon Lenclos, fille d'un joueur de luth qui l'éleva pour servir aux plaisirs du cardinal de Richelieu, était une excellente musicienne, et passait pour avoir l'oreille très fine et très délicate en musique. L'abbé de Châteauneuf fut, dit-on, son dernier amant. Prenons qu'il fut son ami. Parrain de Voltaire, il colporta l'éloge de celui-ci, encore écolier, dans le boudoir de la vieille coquette. Il est l'auteur du *Dialogue sur la musique des anciens*, ouvrage faible et superficiel.

Dans la préface d'une de ses comédies, Voltaire appelle ce *Dialogue* un ouvrage savant et agréable. Savant, non pas; agréable, comme un chapitre de *Clélie*, soit! Il le consultait encore, en 1769, pour certains articles de l'*Encyclopédie* d'une rare insignifiance : « Tâchez, écrit-il le 5 mai de l'année susdite à Thiriot, de me faire avoir le petit livre de l'abbé de Châteauneuf sur la musique des anciens; vous savez que j'en ai besoin. » Après avoir dépeint Ninon Lenclos écoutant un joueur de luth, l'abbé de Châteauneuf conclut ainsi : « Elle trouvait l'expression où nous ne trouvons que l'harmonie, et l'on eût dit que chaque son était pour elle un sentiment. » Si Ninon avait pu infuser un peu de ce sentiment dans l'âme de son panégyriste !

Castil-Blaze met un théorbe aux mains de Ninon. Il est possible que cet instrument, qui n'était, en définitive, que la basse du luth, ait été joué par elle. Mais, le luth a dû, selon moi, avoir la préférence, comme étant moins difficile à manier. Les vers de Montplaisir à Mlle Lenclos « jouant du luth, » corroborent notre hypothèse, de même que les mots de Voltaire reproduits plus haut.

LOUIS XIV, roi de France. « Croiriez-vous, milord, que Louis XIV a réformé sa Cour en plus d'un genre ? Il choisit Lulli pour son musicien et ôta le privilége à Cambert, parce que Cambert était un homme médiocre, et Lulli un homme supérieur. Il savait distinguer l'esprit du génie; il donnait à Quinault les sujets de ses opéras [1]. » A milord Harvez, garde des sceaux d'Angleterre (juillet 1740).

« Il (Louis XIV) continua toujours à répandre ses bienfaits sur les lettres

---

[1] Voy., quant aux perfectionnements de la musique sous Louis XIV, l'art. LULLI, dans les présentes *Notes biographiques*.

et sur les arts. Des gratifications particulières d'environ quatre mille louis à Racine, la fortune de Despréaux, celle de Quinault, surtout celle de Lulli, et de tous les artistes qui lui consacrèrent leurs travaux, en sont des preuves. » *Siècle de Louis XIV.*

Voilà pour l'influence qu'exerça le souverain de France sur l'art musical. Voici pour son talent de virtuose et de danseur :

« Il était né avec un esprit juste et sage ; mais on ne lui apprit qu'à danser et à jouer de la guitare. » Au prince royal de Prusse (mars 1737).

« Parmi ses autres talents singuliers, (il) a cultivé avec un très grand soin celui de la musique. » *Siècle de Louis XIV.*

« Louis XIII n'avait dansé qu'une fois, dans un ballet en 1625 ; et ce ballet était d'un goût grossier, qui n'annonçait pas ce que les arts furent en France, trente ans après. Louis XIV excellait dans les danses graves, qui convenaient à la majesté de sa figure, et qui ne blessaient pas celle de son rang [1]. » Même *Siècle.*

« Les Anglais ont établi une fête annuelle en l'honneur du fameux comédien-poëte Shakespeare. Nous n'avons pas encore parmi nous la fête de Molière. Louis XIV, au comble de la grandeur, dansa avec les danseuses de l'Opéra devant tout Paris, en revenant de la fameuse campagne de 1672. Si l'archevêque de Paris avait voulu en faire autant, il n'aurait pas été si bien accueilli, quand même il eût été le premier homme de l'Europe pour le menuet. » A Mlle Clairon (1765).

LUBERT (le président). « Je les brûlerais toutes (les tragédies), si je pouvais ; et cependant, j'ai encore la sottise d'en faire, comme le président Lubert jouait du violon à soixante-dix ans, quoiqu'il en jouât fort mal, et qu'il fût cependant le meilleur violon du Parlement. » Voltaire à l'abbé de Voisenon, le 23 février 1763.

La noblesse et la magistrature se piquaient de virtuosité, on l'a vu. Le président Lubert bravait, à ce qu'il semble, ces préventions attachées à l'instrument, dit « des laquais. »

Sa fille cultivait avec succès les beaux-arts, le chant surtout. Voltaire, qui l'appelait « Muse et Grâce, » lui adressa deux *Épîtres*, dont la pre-

---

[1] « Le cardinal de Richelieu avait déjà donné des ballets ; mais ils étaient sans goût, comme tout ce qu'on avait eu de spectacle avant lui. Les Français, qui ont aujourd'hui porté la danse à la perfection, n'avaient, dans la jeunesse de Louis XIV, que des danses espagnoles, comme la sarabande, la pavane, etc. » Note de Voltaire. Dans son *Molière musicien* (t. I, p. 399), Castil-Blaze rectifie une erreur de Voltaire, au sujet de Louis XIV dansant.

mière a pour objet de l'exhorter à aimer. La conclusion en est charmante :

> Un faux préjugé nous abuse.
> Chantez, et, s'il le faut, rimez :
> Ayez tout l'esprit d'une Muse ;
> Mais, si vous êtes Grâce, aimez.

LULLI (Jean-Baptiste), « né à Florence en 1633, amené en France à l'âge de quatorze ans, et ne sachant encore que jouer du violon, fut, dit Voltaire dans *le Siècle de Louis XIV*, le père de la vraie musique en France. Il sut accomoder son art au génie de la langue ; c'était l'unique moyen de réussir. Il est à remarquer qu'alors la musique italienne ne s'éloignait pas de la gravité et de la noble simplicité que nous admirons encore dans les récitatifs de Lulli.

« Rien ne ressemble à ces récitatifs que le fameux motet de Luigi [1], chanté en Italie avec tant de succès, dans le dix-septième siècle, et qui commence ainsi :

> Sunt breves mundi rosæ,
> Sunt fugitivi flores...

« Il faut bien observer que, dans cette musique de pure déclamation, qui est la mélopée des anciens, c'est principalement la beauté naturelle des paroles qui produit la beauté du chant : on ne peut bien déclamer que ce qui mérite de l'être. C'est à quoi on se méprit beaucoup, du temps de Quinault et de Lulli. Les poëtes étaient jaloux du poëte, et ne l'étaient pas du musicien. Boileau reproche à Quinault :

> .... ces lieux communs de morale lubrique,
> Que Lulli réchauffa des sons de sa musique.

« Les passions tendres, que Quinault exprimait si bien, étaient, sous sa plume, la peinture vraie du cœur humain, bien plus qu'une morale lubrique. Quinault, par sa diction, échauffait encore plus la musique que l'art de Lulli n'échauffait ses paroles. Il fallait ces deux hommes et des acteurs, pour faire de quelques scènes d'*Atis*, d'*Armide* et de *Roland*, un spectacle tel que ni l'antiquité ni aucun peuple contemporain n'en

---

[1] Ce motet favori de Voltaire, on l'a déjà fait remarquer, est attribué à Carissimi. Voy. *Profession de Foi*, etc.

connut. Les airs détachés , les ariettes ne répondirent pas à la perfection de ces grandes scènes. Ces airs, ces petites chansons étaient dans le goût de nos noëls ; ils ressemblaient aux barcarolles de Venise ; c'était tout ce qu'on voulait alors. Plus cette musique était faible , plus on la retenait aisément ; mais, le récitatif est si beau , que Rameau n'a jamais pu l'éga-der. Il me faut des chanteurs, disait-il, et à Lulli des acteurs. Rameau a enchanté les oreilles , Lulli enchantait l'âme ; c'est un des grands avan-tages du siècle de Louis XIV, que Lulli ait rencontré un Quinault. »

Voilà ce qu'on peut lire, dans la nomenclature des *Artistes célèbres du Siècle de Louis XIV*. A un autre endroit du même livre [1], se trouve un éloge de Lulli qui mérite d'être reproduit :

« La musique était au berceau : quelques chansons languissantes, quel-ques airs de violon , de guitare et de théorbe, la plupart même composés en Espagne, étaient tout ce qu'on connaissait. Lulli étonna par son goût et par sa science. Il fut le premier, en France, qui fit des basses, des milieux et des fugues. On avait d'abord quelque peine à exécuter ses compositions , qui paraissent aujourd'hui si simples et si aisées. Il y a, de nos jours, mille personnes qui savent la musique, pour une qui la savait du temps de Louis XIII ; et l'art s'est perfectionné dans cette progression. Il n'y a point de grande ville qui n'ait des concerts publics, et Paris même alors n'en avait pas. Vingt-quatre violons du roi étaient alors toute la musique de la France.

« Les connaisseurs qui appartiennent à la musique et aux arts qui en dépendent, ont fait tant de progrès, que, sur la fin du règne de Louis XIV, on a inventé l'art de noter la danse ; de sorte qu'aujourd'hui il est vrai de dire qu'on danse à livre ouvert. »

Ces mots : « des basses, des milieux et des fugues, » pourront sembler quelque peu suspects, sous la plume de Voltaire. Il est vrai qu'il n'a fait qu'abréger les lignes que Perrault consacre au même objet, d'une façon bien plus lucide : « Avant luy (Lulli), on ne considéroit que le chant du dessus, dans les pièces de violon ; la basse et les parties du milieu n'estoient qu'un simple accompagnement et un gros contrepoint, que ceux qui jouaient ces parties composoient le plus souvent comme ils l'en-tendoient, rien n'étant plus aisé qu'une semblable composition ; mais M. Lully a fait chanter toutes les parties presque aussi agréablement que le dessus; il y a introduit des fugues admirables, et surtout des mouve-

---

[1] Au chapitre XXXIII.

ments tout nouveaux, et jusques-là presque inconnus à tous les maistres [1]. »

En parlant, dans ses *Mélanges littéraires*, de la comédie-ballet de *Pourceaugnac* [2], Voltaire fournit encore quelques renseignements sur Lulli :

« Ce fut à la représentation de cette comédie que la troupe de Molière prit, pour la première fois, le titre de *la Troupe du roi*. *Pourceaugnac* est une farce ; mais il y a, dans toutes les farces de Molière, des scènes dignes de la haute comédie. Un homme supérieur, quand il badine, ne peut s'empêcher de badiner avec esprit. Lulli, qui n'avait point encore le privilége de l'Opéra, fit la musique du ballet de *Pourceaugnac* : il y dansa, il y chanta, il y joua du violon. Tous les grands talents étaient employés au divertissement du roi, et tout ce qui avait rapport aux beaux-arts était honorable. »

A propos des rigueurs exercées par le clergé contre les comédiens, Voltaire cite, entre autres, Lulli, comme ayant été excepté de la loi commune :

« Je suis sûr, dit-il, du salut de Jean-Baptiste Lulli, violon de Mademoiselle, musicien du roi, surintendant de la musique du roi, secrétaire du roi, qui joua dans *Cariselli* [3] et dans *Pourceaugnac*, et qui, de plus, était Florentin ; celui-là est monté au ciel comme j'y monterai : cela est clair, car, il a un beau tombeau de marbre aux Petits-Pères... Quand on a chanté, à Saint-Jean de Latran ou à Saint-Pierre, une belle messe à grands chœurs et à quatre parties, et que vingt châtrés ont fredonné un motet, tout est dit ; on va prendre, le soir, du chocolat à l'Opéra de Saint-Ambroise, et personne ne s'avise d'y trouver à redire. On se garde bien d'excommunier la signora Cuzzoni, la signora Faustina, la signora Barberini, encore moins le signor Farinelli, chevalier de Calatrava, et l'acteur de l'Opéra, qui a des diamants gros comme mon pouce [4]. »

MONDONVILLE (Jean-Joseph **Cassanea de**), compositeur. Voltaire écrit, en mars 1758, à l'abbé de Voisenon, qu'il appelle « l'évêque de Montrouge, » parce qu'il était souvent au château du duc de La Vallière à Montrouge, les lignes suivantes, à l'occasion de l'envoi, fait par ledit

---

[1] *Les Hommes illustres de France*, etc., article LULLI.

[2] Voir, pour les autres pièces de ce genre, au chapitre *l'Opéra*.

[3] Divertissement qui fut autrefois joué à la Cour, et qu'on intercala, an 1702, dans le ballet intitulé *les Fragments de Lulli*.

[4] *Dialogues et entretiens philosophiques. Conversation de M. l'intendant des Menus en exercice, avec M. l'abbé Grizel.*

abbé, de ce qu'il nommait son « motet » français : *Les Israélites sur la montagne d'Oreb* : « Franchement, votre petit ouvrage est très bien fait et très lyrique. Mondonville doit vous avoir beaucoup d'obligation. » Il s'agit, au fond, d'un véritable oratorio modelé sur ceux d'Italie.

On sait déjà [1] que *Samson* était, au début, indifféremment destiné à Mondonville ou à Rameau.

Mondonville contribua, par le succès de son opéra français *Titon et l'Aurore*, au départ des Bouffons. Que l'on me permette, à ce sujet, deux lignes extraites d'une lettre de d'Alembert à Mme du Deffand (Paris, 17 janvier 1753) : « La musique française prend actuellement le dessus sur la musique italienne ; car l'opéra nouveau de Mondonville, quoique très médiocre, réussit beaucoup. »

Voltaire, pour le coup, n'écrivait plus à sa nièce : « Vous êtes seuls contre toute l'Europe. »

NOVERRE (Jean-George), célèbre chorégraphe. Voltaire lui a adressé trois lettres. La première, datée du 11 octobre 1763 [2], concerne les *Lettres sur la Danse et sur les Ballets*. Elle débute ainsi : « J'ai lu, monsieur, votre ouvrage de génie ; mes remercîments égalent mon estime. Votre titre n'annonce que la danse, et vous donnez de grandes lumières sur tous les arts. Votre style est aussi éloquent que vos ballets ont d'imagination. Vous me paraissez si supérieur dans votre genre, que je ne suis point du tout étonné que vous ayez essuyé des dégoûts qui vous ont fait porter ailleurs vos talents. Vous êtes auprès d'un prince qui en sent tout le prix... »

L'adresse : « à M. Noverre, pensionnaire du roi, maître des ballets de l'Empereur » rectifie deux assertions inexactes de Fétis. D'abord, Noverre ne fut point pensionné comme chorégraphe du roi de France, en 1780 ; ensuite, il fut attaché à l'empereur d'Autriche, avant 1770.

La deuxième lettre, écrite le 26 avril 1764, roule, à peu de choses près, sur le même sujet. La troisième épître, du 2 avril 1765, accuse réception de deux *Lettres sur Garrick*, dédiées, par le célèbre chorégraphe francais, au patriarche de Ferney [3]. On y voit, sur les diverses résidences de Noverre, quelques informations peu connues, je pense :

---

[1] Voy. au chapitre *Ramisme*.

[2] Une édition de la *Correspondance générale* de Voltaire, que j'ai sous les yeux, assigne à cette lettre l'année 1760.

[3] Ces deux lettres renferment quelques renseignements sur Mlles Clairon, Dangeville, etc.

« Je reçois à l'instant une lettre de notre ministre à la Cour de Bavière ; il me dit que Garrick y est aussi , que l'électeur le fête et le comble de distinction... Notre ministre m'assure que Garrick court après vous , qu'il dirige sa route vers Louisbourg ; au nom de l'amitié , conduisez-le à Ferney, qu'il vienne y voir le vieux malade : le duc vous aime et m'estime. Il ne vous refusera pas un congé. Le plaisir de rassembler, en mon ermitage, le Roscius et le Pylade moderne, me rajeunira et fera disparaître mes infirmités. »

ORPHÉE. Il est assez curieux de connaître l'opinion de Voltaire, au sujet de ce personnage si discuté comme mythe ou comme réalité. L'auteur de l'*Essai sur les mœurs et l'esprit des nations* penche pour cette dernière hypothèse :

« Orphée est un personnage aussi réel que Minos ; il est vrai que les marbres de Paros n'en font point mention : c'est probablement parcequ'il n'était pas né dans la Grèce proprement dite , mais dans la Thrace. Quelques uns ont douté de l'existence du premier Orphée, sur un passage de Cicéron , dans son excellent livre *de la Nature des Dieux*. Cotta , un des interlocuteurs, prétend qu'Aristote ne croyait pas que cet Orphée eût été chez les Grecs ; mais Aristote n'en parle pas dans les ouvrages que nous avons de lui. L'opinion de Cotta n'est pas d'ailleurs celle de Cicéron. Cent auteurs parlent d'Orphée ; les mystères qui portent son nom lui rendaient témoignage. Pausanias, l'auteur le plus exact qu'aient jamais eu les Grecs , dit que ses vers étaient chantés dans les cérémonies religieuses, de préférence à ceux d'Homère , qui ne vint que longtemps après lui. On sait bien qu'il ne descendit pas aux enfers ; mais cette fable même prouve que les enfers étaient un point de la théologie de ces temps reculés. »

En 1766 , il écrit à Servan , avocat-général du Parlement de Grenoble : « Orphée, dites-vous, n'amollissait pas les pierres qu'il faisait danser, non ; mais il adoucissait les tigres : *Mulcentem tigres et agentem carmine quercus* (VIRGILE). »

Voy. aussi plus loin, à l'article RAMEAU.

PARFAICT (Claude), chronologiste théâtral, que Voltaire félicite au sujet d'un livre en voie d'impression, dont l'auteur lui avait adressé les premiers tomes. « Je vois que vous avez déterré trente mille pièces de théâtre , dit-il , sans compter celles qui paraîtront et disparaîtront avant que votre ouvrage soit achevé d'imprimer. Votre livre sera également utile aux amateurs des anciens et des modernes. On dira peut-être que, parmi environ quarante mille ouvrages dramatiques, il n'y en a pas cent de véritablement bons ; mais il faut que le bon soit rare. Peut-être, dans quarante mille tableaux, n'y a-t-il pas plus de cent chef-d'œuvres.. [1] »

PELLEMBERG (baron de), amateur de musique. Voltaire à l'impératrice de Russie, le 21 août 1772 : « Je vous annonce aujourd'hui un gentilhomme flamand, jeune, brave, instruit, sachant plusieurs langues, voulant absolument apprendre le russe, et être à votre service ; de plus, bon musicien. Il s'appelle le baron de Pellemberg. »

Il y revient le 11 décembre suivant : « Étant né trop tôt et ne pouvant être témoin de tout ce que fait ma grande impératrice, j'ai saisi l'occasion de lui envoyer ce jeune baron de Pellemberg, qui est un tiers d'allemand, un tiers de flamand et un tiers d'espagnol, et qui voulait changer ces trois tiers pour une totalité russe. »

Catherine lui répond, peu de temps après, par cette laconique information : « Votre baron de Pellemberg est à l'armée. »

Pour appeler son protégé « bon musicien, » Voltaire l'aura entendu, à son passage à Ferney, chanter quelque ariette en vogue, ou jouer quelque sonate préférée.

PÉLISSIER (Mlle), chanteuse de l'Opéra dont il a été question, au chapitre : *Profession de foi*, etc. On sait que, grâce aux libéralités du juif portugais Lopez, cette artiste avait acheté les joyaux de Mlle Le Couvreur. Pour assurer les succès de sa protégée à la scène, le juif lui prêta encore la meilleure part de ses diamants ; mais elle ne les rendit pas. De là procès. Le musicien Francœur avait déjà troublé, par une facétie, l'union des deux amants. Lopez, devant partir pour La Haye, essaya de brûler, au moyen du vitriol, le séduisant visage de la diva. On eut vent du projet, et l'émissaire chargé de l'exécuter fut brûlé vif. Le juif, condamné à la même peine, donnait à La Haye une fête pour célébrer celle qu'on lui faisait à Paris. On y chanta, entre autre couplets, celui-ci, où Voltaire reçoit un souvenir dont il n'avait, je pense, que faire :

> Admirez combien on estime
> Le coup d'archet plus que la rime !
> Que Voltaire soit assommé,
> Thémis se tait, la Cour s'en joue ;
> Que Francœur ne soit qu'alarmé,
> Le seul complot le mène à la roue.

[1] 31 juillet 1773.

PETIT-PAS (Mlle), cantatrice de l'Opéra, où elle débuta, en 1727, dans le rôle de Thisbé. « On ne parle, écrit Voltaire, le 3 novembre 1737, que du rossignol que chante Mlle Petit-Pas. » Il s'agit d'un air d'*Hippolyte et Aricie*, de Rameau, où l'artiste excellait. Toujours la même frivolité, dans le public parisien. Le rossignol de Mlle Petit-Pas, c'était probablement, pour ce public, l'ouvrage tout entier, lequel, en vérité, ne manquait pas de beautés instrumentales et harmoniques d'un genre inconnu jusqu'alors. « Paris, dit Voltaire dans la préface de son *Œdipe*, est plein de gens de bon sens, nés avec des organes insensibles à toute harmonie, et pour qui la musique n'est que du bruit. »

Selon Fétis, le mauvais accueil fait à *Hippolyte et Aricie* fut tel, qu'il fut à peine permis d'achever l'ouvrage. Comment se fait-il qu'ayant été représenté d'abord « le 1er octobre 1733, » on en parlait encore, selon Voltaire qui se trouvait alors à Paris, au commencement du mois suivant. Si la date erronnée de 1732, que donne Fétis pour la première de l'opéra de Rameau, était autre chose qu'une faute d'impression, la contradiction serait plus étonnante encore.

PURCELL (Henri), compositeur anglais, auquel Voltaire attribue dubitativement la musique d'une ode de Dryden : « Le vrai Pindare est Dryden, auteur de cette belle ode intitulée *la Fête d'Alexandre ou Alexandre et Thimothée*. Cette ode mise en musique par Purcell (si je ne me trompe), passe en Angleterre pour le chef-d'œuvre de la poésie la plus sublime et la plus variée, et je vous avoue que, comme je sais mieux l'anglais que le grec, j'aime cent fois mieux cette ode que tout Pindare. » Lettre à de Chabanon, du 9 mars 1772. Purcell, au contraire, jugea l'entreprise impraticable et y renonça résolûment. N'est-ce-pas Haendel que Voltaire devrait rappeler ici ? Il a composé, on le sait, sous le titre de *la Fête d'Alexandre*, une sorte de cantate erronément envisagée comme un oratorio, et qui peut-être n'est autre que l'*Ode* de Dryden. Elle fut mise en musique, par le dit Haendel, en 1742.

« De toutes les odes modernes, dit encore Voltaire, celle où règne le plus grand enthousiasme qui ne s'affaiblit jamais, et qui ne tombe ni dans le faux ni dans l'ampoulé, est le *Thimothée ou la Fête d'Alexandre*, par Dryden ; elle est encore regardée, en Angleterre, comme un chef-d'œuvre inimitable..... Cette ode fut chantée, et si on avait un musicien digne du poëte, ce serait le chef-d'œuvre de la poësie lyrique. »

Voltaire vise probablement, dans les dernières lignes citées, l'essai malheureux fait, en 1711, par Thomas Clayton, et dont Hawkins parle, au chapitre CLVI de son *General History of Music.*

RAMEAU (Jean-Philippe), illustre musicien, au sujet duquel on a pu lire [1] les appréciations diverses formulées par Voltaire. J'aime à croire que les lignes suivantes, extraites du *Siècle de Louis XIV*, renferment l'opinion réfléchie et définitive de Voltaire sur l'auteur de *Castor et Pollux:*

« Après Lulli, tous les musiciens, comme Colasse, Campra, Destouches et les autres, ont été ses imitateurs, jusqu'à ce qu'enfin Rameau est venu, qui s'est élevé au-dessus d'eux par la profondeur de son harmonie, et qui a fait de la musique un art nouveau. »

Ce jugement équitable fera pardonner à Voltaire bien des réticences et bien des allusions perfides, à l'endroit de la musique lyrique de Rameau. A de Chabanon, Voltaire écrit encore ceci, le 2 septembre 1766 : « Je veux croire qu'Orphée était un grand musicien ; mais, s'il revenait parmi nous pour faire un opéra, je lui conseillerais d'aller à l'école de Rameau. »

L'*Épître à un ministre d'État* sur l'encouragement donné aux arts (1748), contenait d'abord :

> Tu sais de Melpomène animer les accents,
> De sa riante sœur chérir les agréments,
> Protéger de Rameau la profonde harmonie.

Dans une version subséquente, Rameau disparaît, pour cause de *Samson* ou de *Pandore* peut-être, et les trois vers se coordonnent ainsi :

> De Melpomène anime les accents,
> De sa riante sœur chéris les agréments,
> Anime le pinceau, le ciseau, l'harmonie.

Voltaire prend la défense de son collaborateur, dans les remarques sur une nouvelle édition de la prosodie [2] : « On dit de la musique du célèbre Rameau, l'honneur de notre siècle, qu'elle *ressemble à la course d'une oie grasse, et au galop d'une vache.* On s'exprime aussi ridiculement que l'on pense : *rem verba sequuntur*, et, à la honte de l'esprit humain, ces impertinences ont eu des partisans. »

S'agit-il ici d'une parente de Rameau ? « Une Mme Rameau, commis-

---

[1] Voir notamment au chapitre : *Ramisme.*
[2] Adressée à l'abbé d'Olivet ; voy. les *Mélanges littéraires.*

sionnaire à Dijon, s'est chargée de vous faire parvenir ce barbouillage. »
Ces mots adressés à d'Argental, font allusion à un portrait en pastel du
vieillard envoyé au bureau des coches à Dijon [1].

REBEL (François), musicien de l'Opéra et compositeur. Voy. BLAMONT
(François COLIN DE).

RICCI (David), ou **RIZZIO**, célèbre luthiste né à Turin en 1540, et
favori de Marie Stuart. « Il jouait bien des instruments, et avait une voix
de basse agréable ; c'est d'ailleurs une preuve que les Italiens avaient
l'empire de la musique, et qu'ils étaient en possession d'exercer leur art
dans les Cours ; toute la musique de la reine d'Écosse était italienne. Une
preuve plus forte que les Cours étrangères se servent de quiconque est en
crédit, c'est que David Rizzio était pensionnaire du pape. Il contribua
beaucoup au mariage de la reine, et ne servit pas moins à l'en dégoûter. »
Rizzio fut tué « aux yeux de la reine, qui se mit en vain devant lui. »
Voltaire est en tout d'accord ici avec les *Memoirs of sir James Melvil*, et
avec la *Rerum scoticarum Historia* de Buchanan. Fétis omet une foule
de particularités puisées, par Hawkins, dans ces deux auteurs estimables.

ROUSSEAU (Jean-Jacques), célèbre écrivain, qui fut aussi compositeur et musicographe. Au nombre des accusations de plagiat dont il fut
l'objet, à l'occasion de son opéra *le Devin de Village*, il faut compter
celle de Voltaire, qui affirme qu'on a trouvé la partition du *Devin* dans
les papiers de Gaulthier, musicien de Marseille. Voltaire peut avoir tenu
ce renseignement d'un des nombreux artistes avec lesquels il fut en relation, et, entr'autres, de Rameau, qui disait hautement que le littérateur
genévois était de tout point incapable d'avoir composé la musique du
Devin, bien qu'elle fût d'une extrême faiblesse et d'une incorrection révol-
tante [2].

En fait de contradictions imputées par Voltaire à Jean-Jacques, bornons-
nous à signaler les suivantes :

[1] « On dit, mande Voltaire, le 8 octobre 1764, que tous les musiciens ont été
à l'enterrement de Rameau, et qu'ils ont fait chanter un très beau *De Profun-
dis*. Quand je mourrai, les poëtes feront contre moi des épigrammes que les
dévots larderont de maudissons. » A Le Clerc de Montmerci. Ailleurs, je lis :
« Celui qui joua le premier du violon, fut regardé comme un demi-dieu, et
Rameau n'a eu que des ennemis. »

[2] *Molière musicien*, t. II, p. 414. L'opinion de Grétry n'est pas moins caracté-
ristique.

> Cet étourdi souvent a barbouillé
> De plats romans, de fades comédies,
> Des opéras, de minces mélodies ;
> Puis, il condamne, en style entortillé,
> Les opéras, les romans, les spectacles [1].

ROYER (Joseph-Nicolas-Pancrace), compositeur. Laugier, dans le *Sentiment d'un Harmoniphile*, consacre à ce musicien, dont Voltaire fit tour à tour l'éloge et la satire, une notice d'où il résulte que ledit musicien eut pour père un gentilhomme de Bourgogne, et non qu'il vit le jour en Bourgogne, comme le veut Fétis. On a encore, entre autres renseignements sur Royer, la note fournie par Durey de Noinville, dans son *Histoire de l'Académie royale de musique*, t. II, p. 45 et 46. Voyez aussi, plus haut, au chapitre VI, p. 115, les informations diverses concernant ce collaborateur de Voltaire.

SALLÉ (Mlle), danseuse de l'Opéra. Voltaire lui consacra plusieurs madrigaux, au nombre desquels je citerai celui-ci :

> De tous les cœurs et du sien la maitresse,
> Elle alluma des feux qui lui sont inconnus ;
> De Diane c'est la prêtresse
> Dansant sous les traits de Vénus.

Castil-Blaze dit, à ce propos, d'après le *Répertoire dramatique* (1811, t. VIII) : « Ce bon M. de Voltaire fut assez ingénu pour croire aux mœurs austères de Mlle Sallé, et pour élever des monuments littéraires à la Diane des coulisses. Ses madrigaux sont restés, et les épigrammes pleines de sel du parti de l'opposition ne sont aujourd'hui connues que des érudits. D'ailleurs, oserait-on citer une pièce de vers qui peut faire douter de la vertu d'une jolie femme, d'une ballérine surtout [2] ? »

J'ai donné, à l'article CAMARGO (Mlle), le parallèle tracé par Voltaire entre la Sallé et la dite Camargo.

---

[1] *La guerre civile de Genève*, IIme chant.

[2] *Académie impériale de musique*, t. I, p. 120, où il renvoie à *Molière musicien*, t. II, p. 32. La Sallé, cantatrice et danseuse, est encore l'objet de quelques lignes, dans ce dernier livre, t. II, p. 381 et 384.

Mlle Sallé était à Londres en novembre 1730. Voltaire l'y fit protéger de son mieux, en la recommandant, entr'autres, à la duchesse de Queensbury « sans contredit la personne la plus capable de lui ameuter une faction considérable. » Cette dame, il est vrai, n'était pas, « trop bien à la Cour. » Mais Mlle Sallé était faite « pour réunir tous les partis. »

Dans la lettre à Thiriot, d'où j'extrais ces particularités, Voltaire s'écrie : « Que ne puis-je être à Londres, cet hiver ! Je n'aurais d'autre occupation que d'y servir les grâces et la vertu. » La Sallé se trouvait encore à Londres, au mois de mai 1731. En adressant à Thiriot son poëme sur la mort d'Adrienne Lecouvreur, où il rend, en même temps, justice à Mlle Sallé, Voltaire ajoute à sa missive : « Recevez mes compliments sur les succès flatteurs de votre héroïne. »

L'admirateur de la Sallé lui consacre encore ces vers :

> Sallé, dont Terpsichore avait conduit les pas,
> Fit sentir la mesure et ne la marqua pas.

Thiriot, l'ami de la Sallé, ayant demandé à Voltaire de faire paraître quelques versiculets, dédiés à la reine de la danse, en même temps que l'*Anti-Puscal*, le poëte s'y refusa, en ces termes : « A l'égard de la petite pièce de vers à Mlle Sallé, je pense qu'il faut sacrifier aussi dans un ouvrage tel que celui-ci, où les choses philosophiques l'emportent beaucoup sur celles d'agrément, et où la littérature n'est traitée que comme un objet d'érudition. De plus, la petite épître à Mlle Sallé, ayant déjà été imprimée, pourquoi la donner encore dans un ouvrage qui n'est pas fait pour elle ? »

La voici intégralement, à raison des renseignements biographiques qu'elle renferme :

A Mlle SALLÉ. — 1738.

> Les Amours, pleurant votre absence,
> Loin de nous s'étaient envolés ;
> Enfin les voilà rappelés
> Dans le séjour de leur naissance.
> Je les vis ces enfants ailés
> Voler en foule sur la scène.
> Pour y voir triompher leur reine,
> Les états furent assemblés.
> Tout avait déserté Cythère,
> Le jour, le plus beau de vos jours,
> Où vous reçûtes de leur mère
> Et la ceinture et les atours.

> Dieux ! quel fut l'aimable concours
> Des Jeux qui, marchant sur vos traces
> Apprirent de vous pour toujours
> Ces pas mesurés par les Grâces,
> Et composés par les Amours !
> Des Ris l'essaim vif et folâtre
> Avait occupé le théâtre
> Sous les formes de mille amants ;
> Vénus et ses nymphes, parées
> De modernes habillements,
> Des loges s'étaient emparées.
> Un tas de vains perturbateurs,
> Soulevant les flots du parterre,
> A vous, à vos admirateurs
> Vint aussi déclarer la guerre.
> Je vis leur parti frémissant,
> Forcé de changer de langage,
> Vous rendre, en pestant, leur hommage,
> Et jurer en applaudissant.
> Restez, fille de Terpsicore ;
> L'Amour est las de voltiger ;
> Laissez soupirer l'étranger,
> Brûlant de vous revoir encore.
> Je sais que, pour vous attirer,
> Le solide Anglais récompense
> Le mérite errant que la France
> Ne fait tout au plus qu'admirer.
> Par sa généreuse industrie,
> Il veut en vain vous rappeler ;
> Est-il rien qui doive égaler
> Le suffrage de sa patrie ?

TOURON. S'agit-il, dans ces lignes, datées de Lausanne le 25 octobre 1757, d'un poëte-musicien réel ou imaginaire ?

« Dans un de mes rêves, je soupais avec M. Touron, qui faisait les paroles et la musique des vers qu'il nous chantait. Je lui fis ces quatre vers dans mon songe :

> Mon cher Touron, que tu m'enchantes
> Par la douceur de tes accents !
> Que tes vers sont doux et coulants !
> Tu les fais comme tu les chantes [1]. »

A part la rencontre de *doux* et de *douceur*, on a encore la dissonance affreuse de *chan* et *cen* à la fin des deux premiers vers. Mais, ce n'est

[1] *Dictionnaire philosophique ;* SOMNAMBULE, section IV.

pas comme modèle de poésie que je cite ce quatrain. Mon but est de provoquer, sur l'inconnu Touron, l'attention des biographes spéciaux.

TRAETTA (Thomas), compositeur italien, qui séjourna à la Cour de Catherine II, impératrice de Russie. Dans la correspondance de cette souveraine avec Voltaire, je remarque, à la date du 2-13 décembre 1770, quelques lignes relatives à un divertissement à quatre orchestres composé par Traetta, à l'occasion d'une mascarade des *Quatre Saisons* et des *Douze Mois* de l'année :

« Sur les niches (de la salle), dit-elle, on avait pratiqué une galerie qui régnait autour de la salle, et sur laquelle il y avait, outre la foule des masques, quatre orchestres. Lorsqu'on fut à table, les Quatre Saisons, qui avaient suivi Apollon, se mirent à danser un ballet avec leur suite ; puis, arriva Diane avec ses nymphes. Lorsque le ballet fut fini, la musique, composée par Traïetto pour cette fête, se fit entendre, et les masques entrèrent... » Cet ouvrage de Traetta a-t-il été imprimé ?

TRAVENOL (Louis), musicien de l'Opéra, qui lança contre Voltaire deux écrits violents, l'un en prose : *Discours prononcé à la porte de l'Académie, par M. le directeur à M****, l'autre en vers : *Triomphe poétique*. Avec sa légèreté habituelle, Voltaire s'en prit à la fois à Travenol père et fils, et eut à soutenir un procès en dommages-intérêts intenté par le père du coupable, qui, ayant été appréhendé au corps, subit plusieurs jours de détention au For-l'Évêque, et finit par obtenir du Parlement, la réparation du mal qui lui avait été occasionné injustement. Les mémoires publiés et les discours prononcés devant les tribunaux et le Parlement en faveur de Travenol père et fils, en cette occasion, ne remplissent pas moins de 150 pages des *Volteriana*. Les pamphlets de Louis Travenol sont soigneusement décrits, au tome IX de la *France littéraire* de Quérard.

Cette dernière note, ainsi que deux autres, ont simplement rapport avec Voltaire. J'ai tenu à ne pas les séparer des informations émanant de l'écrivain lui-même, pour obtenir une série aussi complète que possible de faits constituant en quelque sorte l'atmosphère musical où il se mouvait. Peut-être s'y rattacheront-elles un jour plus directement, grâce à la découverte de quelque écrit nouveau du célèbre polygraphe.

<hr>

XIV. — **Esprit et raison**.

« Esprit et raison ! « c'est bien le titre que réclamait ce paragraphe final. Voltaire a laissé, en effet, de nombreuses pièces de prose et de poésie, où, tout en se livrant à un aimable badinage, il parle au bon sens du lecteur et l'amène, en quelque sorte, à bafouer avec lui l'abus dénoncé sous forme de plaisanterie. *Castigat ridendo*. Quelques-unes touchent, de près ou de loin, à la musique.

Le contingent fourni à la légende ou à l'histoire propre-ment dite, est assez mince. Il ne comprend, tout au plus, que des faits compilés dans des livres peu accrédités. Voici, par exemple, ce que Voltaire rapporte de la fameuse *chanson de Roland :* « Les anciennes chroniques nous apprennent qu'au premier rang de l'armée normande, un écuyer, nommé Taillefer, monté sur un cheval armé, chanta la *chanson de Roland*, qui fut si longtemps dans la bouche des Français, sans qu'il en soit resté le moindre fragment. Ce Taillefer, après avoir entonné la chanson que les soldats répétaient,

se jeta le premier parmi les Anglais, et fut tué [1]. » Puis,
c'est tout.

.La fête, dite *de l'Ane*, ne lui suggère que les lignes in-
signifiantes ci-après : « La fête de Vérone s'établit ; elle
passa de Vérone dans les autres pays ; elle fut surtout célébrée en France ; on chanta la prose de l'Ane à la messe :

> Orientis partibus
> Aventabit asinus
> Pulcher et fortissimus.

« Une fille, représentant la sainte Vierge allant en Égypte,
montait sur un âne, et, tenant un enfant entre ses bras,
conduisait une longue procession. Le prêtre, à la fin de la
messe, au lieu de dire : *Ite, missa est*, se mettait à braire
trois fois de toute sa force, et le peuple répondait en chœur.

« Nous avons des livres sur la fête de l'Ane et sur celles
des Fous ; il peuvent servir à l'histoire universelle de l'esprit
humain [2]. »

[1] *Essai sur les mœurs et l'esprit des nations. Conquête de l'Angleterre*,
chapitre XLII. Un exemple encore, emprunté au chapitre XVIII du même ouvrage,
et relatif à la musique religieuse en France au temps de Charlemagne :
« Il y avait des chantres dans les églises de France, et, ce qui est à remarquer,
c'est qu'ils s'appelaient *chantres gaulois*. La race des conquérants francs n'avait
cultivé aucun art. Ces Gaulois prétendaient, comme aujourd'hui, disputer du chant
avec les Romains. La musique grégorienne, qu'on attribue à saint Grégoire, sur-
nommé *le Grand*, n'était pas sans mérite, et avait quelque dignité dans sa simplicité. Les chantres gaulois, qui n'avaient point l'usage des anciennes notes alphabé-
tiques, avaient corrompu ce chant, et prétendaient l'avoir embelli. Charlemagne,
dans un de ses voyages en Italie, les obligea de se conformer à la musique de
leurs maîtres. Le pape Adrien leur donna des livres de chant notés, et deux
musiciens italiens furent établis pour enseigner la note alphabétique, l'un dans
Metz, l'autre dans Soissons. Il fallut encore envoyer des orgues de Rome. » Voyez,
sur cette intéressante question à peine effleurée ici, le curieux document contemporain que Rousseau publie, avec une traduction, dans son *Dictionnaire de
musique*, à l'article PLAIN-CHANT.

[2] *Dictionnaire philosophique*, au mot ANE. *De l'Ane de Vérone.*

Pour les facéties, pures et simples, un seul spécimen suffira. Il est emprunté à la jeunesse de Voltaire, logé, en 1733, à Paris, dans une ruelle étroite et sale, appelée « rue du Long-Pont, » chez un marchand de grain, vis-à-vis du portail de Saint-Gervais. Il avait écrit à de Cideville : « Je suis enfin vis-à-vis ce beau portail, dans le plus vilain quartier de Paris, dans la plus vilaine maison, plus étourdi du bruit des cloches qu'un sacristain ; mais, je ferai tant de bruit avec ma lyre, que le bruit des cloches ne sera plus rien pour moi. »

Sa lyre lui inspira quatre vers, imités du latin de Santeuil, et qui eurent une grande vogue, à leur apparition :

> Persécuteurs du genre humain,
> Qui sonnez sans miséricorde,
> Que n'avez-vous au cou la corde
> Que vous tenez en votre main [1].

Je remarquerai ici que ce quatrain a été supprimé, j'ignore pourquoi, dans la plupart des éditions. Je lui préfère de beaucoup les épigrammes du genre de celle que Voltaire décocha contre Fréron.

La tragédie de *Tancrède* fut, on le sait, un des plus grands succès du poëte. Ce succès effaroucha son ennemi impitoyable, qui fit, à cette occasion, une interminable élégie, où, en critiquant l'auteur et ses interprêtes, il déplorait avec amertume la décadence de l'art dramatique. Voltaire riposta par une saillie des plus mordantes. Il fit imprimer *Tancrède* avec une estampe, où l'on voit un

---

[1] Dans ses *Adieux à la vie* (1778), il se ressouvient des timbres d'église :

> Vainement, en cérémonie,
> Avec sa clochette arrivait
> L'attirail de la sacristie....

âne braire devant une lyre suspendue à un arbre, et,
sous cette estampe, on lit :

> — Que veut dire
> Cette lyre ?
> — C'est Melpomène ou Clairon.
> — Et ce monsieur qui soupire
> Et fait rire,
> N'est-ce pas Martin Fréron ?

Et la jolie, la célèbre épigramme à l'adresse des grands?
Grétry avait fait représenter sans succès son opéra *le Jugement de Midas*, devant une nombreuse assemblée de seigneurs. La pièce fut très applaudie, quelques jours après,
sur le théâtre de Paris. Pour consoler Grétry de la déci-
sion des gens de Cour, qui s'étaient opposés à ce que son
ouvrage fût joué à Versailles, Voltaire lui fit remettre,
par Mme Denis, le quatrain suivant :

> La Cour a sifflé tes talents,
> Paris applaudit tes merveilles ;
> Grétry, les oreilles des grands
> Sont souvent de grandes oreilles.

Il en existe une variante, ainsi conçue :

> La Cour a dénigré tes chants,
> Dont Paris a dit des merveilles ;
> Grétry, les oreilles des grands
> Sont souvent de grandes oreilles.

Ces deux pièces comportent, au fond, un enseignement,
elles visent à un but. Ce but est plus apparent, dans les
contes qu'on va lire. Il ressort de chaque ligne, il touche
même à de hautes questions morales ou sociales. Il s'agit
de deux épisodes de *Zadig*. Voici le premier :

« Il venait, tous les jours, des plaintes à la Cour contre l'itimadoulet de Médie, nommé Irax. C'était un grand seigneur dont le fond n'était pas mauvais, mais qui était corrompu par la vanité et par la volupté. Il souffrait rarement qu'on lui parlât, et jamais qu'on l'osât contredire. Les paons ne sont pas plus vains, les colombes ne sont pas plus voluptueuses, les tortues ont moins de paresse; il ne respirait que la fausse gloire et les faux plaisirs. Zadig entreprit de le corriger.

« Il lui envoya, de la part du roi, un maître de musique avec douze voix et vingt-quatre violons, un maître d'hôtel avec six cuisiniers et quatre chambellans, qui ne devaient pas le quitter. L'ordre du roi portait que l'étiquette suivante serait inviolablement observée, et voici comment les choses se passèrent :

« Le premier jour, dès que le voluptueux Irax fut éveillé, le maître de musique entra, suivi des voix et des violons; on chanta une cantate qui dura deux heures, et, de trois minutes en trois minutes, le refrain était :

> Son mérite est extrême.
> Que de grâces, que de grandeur !
> Ah ! combien monseigneur
> Doit être content de lui-même !

« Après l'exécution de la cantate, un chambellan lui fit une harangue de trois quarts d'heure, dans laquelle on le louait expressément de toutes les bonnes qualités qui lui manquaient. La harangue finie, on le conduisait à table au son des instruments. Le dîner dura trois heures ; dès qu'il ouvrit la bouche pour parler, le premier chambellan dit : il aura raison. A peine eut-il prononcé quatre paroles, que le second chambellan s'écria : il a raison. Les deux autres chambellans firent de grands éclats de rire des bons mots qu'Irax avait dits ou qu'il avait dû dire. Après dîner, on lui répéta la cantate.

« Cette première journée lui parut délicieuse : il crut que le roi des rois l'honorait selon ses mérites ; la seconde lui parut moins agréable ; la troisième fut gênante ; la quatrième fut insupportable ; la cinquième fut un supplice. Enfin, outré d'entendre toujours chanter : Ah ! combien monseigneur doit être content de lui-même ! d'entendre toujours dire qu'il avait raison, et d'être harangué chaque jour à la même heure, il écrivit en Cour pour supplier le roi qu'il daignât rappeler ses chambellans, ses musiciens, son maître d'hôtel ; il promit d'être désormais moins vain et plus appliqué ; il se fit moins encenser, eut moins de fêtes, et fut plus heureux ; car, comme dit Sadder, toujours du plaisir n'est pas du plaisir. »

C'est, entre autres, la condamnation de la musique officielle, des cantates officielles, et de toute la kyrielle des vivats salariés qui retentissent encore dans certains palais, comme si les habitants des Cours n'avaient pas fait un centimètre de progrès, depuis tantôt un siècle que le charmant conte oriental de *Zadig* a été écrit. L'autre épisode tend à faire envisager la musique, ou mieux la danse, comme servant à démasquer certains fonctionnaires malhonnêtes, puisant à pleines mains dans les caisses de l'État, comme dans leur propre bourse. Cela est gai, vif, original.

« Le roi Nabussan confia sa peine au sage Zadig. Vous qui savez tant de belles choses, lui dit-il, ne sauriez-vous point le moyen de me faire trouver un trésorier qui ne me vole point ? Assurément, répondit Zadig, je sais une façon infaillible de vous donner un homme qui ait les mains nettes. Le roi charmé lui demande, en l'embrassant, comment il faillait s'y prendre. Il n'y a , dit Zadig , qu'à faire danser tous ceux qui se présenteront pour la dignité de trésorier, et celui qui dansera avec le plus de légèreté sera infailliblement le plus honnête homme. Vous vous moquez, dit le roi ; voilà une plaisante façon de choisir un receveur de mes finances. Quoi ! vous prétendez que celui qui fera le mieux un entrechat, sera le financier le plus intègre et le plus habile ? Je ne vous réponds pas qu'il sera le plus habile , répondit Zadig , mais , je vous assure que ce sera indubitablement le plus honnête homme....

« Le jour même, il fit publier, au nom du roi, que tous ceux qui prétendaient à l'emploi de haut receveur des deniers de sa grâcieuse majesté Nabussan, fils de Nussanab, eussent à se rendre, en habit de soie légère, le premier de la lune du crocodile, dans l'antichambre du roi. Il s'y rendirent au nombre de soixante et quatre. On avait fait venir des violons dans un salon voisin ; tout était préparé pour le bal ; mais la porte de ce salon était fermée, et il fallait, pour y entrer, passer par une petite galerie assez obscure. Un huissier vint chercher et introduire chaque candidat , l'un après l'autre, par ce passage dans lequel on le laissait seul quelques minutes. Le roi, qui avait le mot, avait étalé tous ses trésors dans cette galerie.

« Lorsque tous les prétendants furent arrivés dans le salon, sa Majesté ordonna qu'on les fît danser. Jamais on ne dansa plus pesamment et avec moins de grâce ; ils avaient tous la tête baissée, les reins courbés, les mains collées à leurs côtés. Quels fripons ! disait tout bas Zadig. Un seul d'entre eux formait des pas avec agilité, la tête haute, le regard assuré , les bras étendus, le corps droit, le jarret ferme. Ah ! l'honnête homme , le brave homme ! disait Zadig. Le roi embrassa ce bon danseur, le déclara trésorier, et tous les autres furent punis et taxés avec la plus grande justice du monde, car chacun avait rempli ses poches, et pouvait à peine marcher. Le roi fut fâché, pour la nature humaine, que de ces soixante et quatre danseurs, il y eût soixante et trois filous. »

Quel esprit incisif et gausseur dans ces simples lignes de l'*Homme aux quarante écus* : « Un autre proposa, — à l'audience de M. le contrôleur général — d'établir l'impôt unique sur les chansons et sur le rire, attendu que la nation était la plus gaie du monde, et qu'une chanson la consolait de tout. Mais, le ministre observa que, depuis quelques temps, on ne faisait plus guère de chansons plaisantes, et il craignit que, pour échapper à la taxe, on ne devînt trop sérieux. »

Et ces versiculets allégoriques, où, pour emprunter une des expressions favorites de Voltaire, « la raison parle avec harmonie ? » Ils sont adressés à un certain Clément de Montpellier, pour l'exhorter à ne pas abandonner la poësie pour la physique :

> Un certain chantre abandonnait sa lyre ;
> Nouveau Képler, un télescope en main,
> Lorgnant le ciel, il prétendit y lire,
> Et décider sur le vide et le plein.
> Un rossignol, du fond d'un bois voisin,
> Interrompit son morne et froid délire ;
> Ses doux accents l'éveillèrent soudain,
> (A la nature il faut qu'on se soumette)
> Et l'astronome, entonnant un refrain,
> Reprit sa lyre et brisa sa lunette.

Et cette autre petite pièce symbolique, non moins piquante, non moins imagée ? Je l'emprunte aux *Deux siècles*, que tout le monde devrait savoir par cœur :

> Jadis, en sa volière, un riche curieux
> Rassembla des oiseaux le peuple harmonieux.
> Le chantre de la nuit, le serin, la fauvette,
> De leurs sons enchanteurs égayaient sa retraite ;
> Il eut soin d'écarter les lézards et les rats ;
> Ils n'osaient approcher : ce temps ne dura pas.
> Un nouveau maître vint ; ses gens se négligèrent,
> La volière tomba, les rois s'en emparèrent ;
> Ils dirent aux lézards : illustres compagnons,
> Les oiseaux ne sont plus, et c'est nous qui régnons.

Recueillons, en passant, une drôlerie qui ne sera point déplacée ici. Voltaire avait cru, un instant, à la nouvelle de la mort de son ami Formont, vrai chantre mélodieux celui-là, amateur de musique, poëte distingué et philosophe aimable. Vite il lui consacre un sixain mi-plaintif mi-badin, sorte d'épitaphe-épigramme, qu'il adressa, de Cirey, à de Cideville, précédée de ces mots : « Nous [1] n'avons point entendu parler de Formont depuis qu'il est à la suite de Plutus :

> Il est mort, le pauvre Formont :
> Il a quitté le double mont.
> Musique, vers, philosophie,
> Plutus lui a fait tout renier.
> Pleurez, Erato, Polymnie,
> Chapelle [2] s'est fait sous-fermier. »

Un post-scriptum explique tout : « Nous recevons, dans le moment, une lettre de lui ; ainsi, nous nous rétractons. Elle est datée de la campagne :

> Quand cette lettre fut écrite
> D'un style si vif et si doux,
> Sans doute il était près de vous ;
> Il a repris tout son mérite. »

---

[1] C'est-à-dire Mme du Châtelet et Voltaire.
[2] Poëte galant d'un talent médiocre.

Que dites-vous de l'idylle madrigalesque adressée à
de Cideville, en réponse à l'envoi d'un libretto d'opéra :
Daphnis et Chloé [1], facturé par ce dernier ? Cela est d'une
finesse de touche incomparable ; cela est rempli de ce qu'on
pourrait appeler les pattes de mouches de la pensée, et
de ce que Voltaire créait en se jouant :

> Lorsque la divine Émilie
> A l'ombre des bois entendit
> Cette élégante bergerie,
> Où l'ignorant Daphnis languit
> Près de son innocente amie,
> Où le dieu d'amour s'applaudit
> De leur naïve sympathie,
> Où des Jeux la troupe choisie
> Danse avec eux et leur sourit,
> Où sans art, sans coquetterie,
> Le sentiment règne et bannit
> Ce qu'on nomme galanterie,
> Où ce qu'on pense et ce qu'on dit
> Est rendu sans afféterie ;
> Alors notre belle Émilie
> Soupira tendrement et dit :
> « Si les innocents que conduit
> La nature simple et sauvage
> Ont tant de tendresse en partage,
> Que feront donc les gens d'esprit ? »

Je veux laisser suivre quelques anecdotes exclusivement
musicales, avant d'en arriver à l'apologue où Voltaire, sans
le savoir peut-être, s'élève à des considérations philosophiques très remarquables, et qui forment, en quelque sorte,
la conclusion morale de ce livre. Voltaire affectionnait
l'anecdote. Il en a parsemé ses ouvrages. Grâce à un mer-

---

[1] Voy. *Notes biographiques*, au nom BLAVET.

veilleux esprit d'observation, il avait meublé sa mémoire
d'une foule de petits faits amusants et instructifs, que tant
d'autres écrivains négligent ou dédaignent. Il savait les
raconter avec un charme irrésistible. Pour cela, quelques
mots lui suffisaient.

En voici une : « J'ai oüï dire, au cardinal de Fleury,
que Louis XIV lui avait un jour demandé ce qu'était le prince
Quemadmodum, mot sur lequel un musicien, dans un
motet [1], avait prodigué, selon leur (?) coutume, beaucoup
de travail. Le roi avoua, à cette occasion, qu'il n'avait
presque jamais rien su de cette langue (le latin). »

Une autre : « La Fontaine, qui a tant embelli la vérité
dans plusieurs de ses fables, fit de très mauvais vers contre
Furetière, qui le lui rendit bien. Il en fit de fort médiocres
contre Lulli, qui n'avait jamais voulu mettre en musique
son détestable opéra de *Daphné*, et qui se moqua de son
opéra et de sa satire : « J'aimerais mieux, dit-il, mettre
en musique sa satire que son opéra. »

Une troisième, toute brève : « Lulli dit un jour à un page,
pendant qu'il tonnait : Mon ami, fais le signe de la croix,
car tu vois bien que j'ai les deux mains occupées. »

Une dernière : « Moghières, riche banquier à Paris,
ayant été chargé de faire composer une marche pour un
des régiments de Charles XII, s'adressa au musicien
Mouret [2]. La marche fut exécutée chez le banquier, en
présence de ses amis, tous grands connaisseurs. La musique
fut trouvée détestable. Mouret remporta sa marche, et
l'inséra dans un opéra qu'il fit jouer. Le banquier et ses
amis allèrent à son opéra : la marche fut très applaudie.

[1] Plusieurs motets du temps ont été adaptés à ces paroles : « Quemadmodum
desiderat cervus ad fontes aquarum. »

Voy. *Notes biographiques*.

Eh ! voilà ce que nous voulions, dirent-ils à Mouret ; que ne nous donniez-vous une pièce dans ce goût-là ? — Messieurs, c'est la même. »

Voltaire avait dit, à diverses reprises : apprenez la musique ; c'est un élément de civilisation. « *Panem et circenses*, écrit-il notamment dans son *Dictionnaire philosophique*, est la devise de tous les peuples. Au lieu de tuer tous les Caraïbes, il fallait peut-être les séduire par des spectacles, par des funambules, des tours de gibecière et de la musique. On les eût aisément subjugués [1]. » Il développe et complète cette idée, dans le dialogue suivant, qu'il place à Siam :

« André Destouches était un musicien très agréable dans le beau siècle de Louis XIV [2], avant que la musique eût été perfectionnée par Rameau, et gâtée par ceux qui préfèrent la difficulté surmontée au naturel et aux grâces.

« Avant d'avoir exercé ses talents, il avait été mousquetaire, et, avant d'être mousquetaire, il fit, en 1688, le voyage de Siam avec le jésuite Tachard, qui lui donna beaucoup de marques particulières de tendresse, pour avoir un amusement sur le vaisseau ; et Destouches parla toujours avec admiration du père Tachard, le reste de sa vie.

« Il fit connaissance à Siam avec un premier commis du Barcalon. Ce premier commis s'appelait Croutef. Et il mit

[1] De là cette sanglante satire dans *Candide* : « L'exempt expliqua de quoi il s'agissait. Ah ! les monstres ! s'écria Candide. Quoi de telles horreurs chez un peuple qui danse et qui chante? Ne pourrai-je sortir au plus vite de ce pays où des singes agacent des tigres ? » Que signifie, après cela, l'assertion de Grétry : « J'ai vu Voltaire de près. Aimait-il la musique? Assez ; mais ce n'était ni comme poëte, ni comme historien, ni comme philosophe qu'il l'aimait; c'était avec ce qui lui restait d'instinct. » Comme philosophe, bien certainement.

[2] A part quelques variantes, ces détails de la vie d'André Destouches sont conformes à ceux qui donnent les biographes. Voy. *Notes biographiques*.

par écrit la plupart des questions qu'il avait faites à Croutef, avec les réponses de ce Siamois. Les voici telles qu'on les a trouvées dans ses papiers :

« ANDRÉ DESTOUCHES. Combien avez-vous de soldats..?»

A cette demande succèdent d'autres questions sur les talapoins, les finances, la jurisprudence, la torture, etc., questions qui vont admirablement à leur adresse, et qui sont suivies de réponses piquantes ; celle-ci, par exemple :

« CROUTEF. Les peuples de Lao, nos voisins, n'admettent ni la question, ni les peines arbitraires, ni les coutumes différentes, ni les horribles supplices qui sont parmi nous en usage ; mais aussi nous les regardons comme des barbares qui n'ont aucune idée d'un bon gouvernement. Toute l'Asie convient que nous dansons beaucoup mieux qu'eux, et que, par conséquent, il est impossible qu'ils approchent de nous en jurisprudence, en commerce, en finances, et surtout dans l'état militaire...

« André Destouches, qui était un peu distrait, comme le sont tous les musiciens, répondit au Siamois que la plupart des airs qu'il venait de chanter lui paraissaient un peu discordants, et voulut s'informer à fond de la musique siamoise ; mais Croutef, plein de son sujet, et passionné pour son pays, continua en ces termes :

« Il importe peu que nos voisins, qui habitent par delà nos montagnes, aient de meilleure musique que nous et de meilleurs tableaux, pourvu que nous ayons toujours des lois sages et humaines. C'est dans cette partie que nous excellons:

« Par exemple... Si un homme a volé adroitement trois ou quatre cents pièces d'or, nous le respectons et nous allons dîner chez lui ; mais, si une pauvre servante s'approprie maladroitement trois ou quatre pièces de cuivre qui étaient dans la cassette de sa maîtresse, nous ne manquons pas de tuer cette servante en place publique...

« André Destouches. Voilà ce qui est tout à fait harmonieux, cela fait un bon concert.

Croutef. Pour faire connaître notre profonde sagesse, sachez que notre base fondamentale consiste à reconnaître pour notre souverain, à plusieurs égards, un étranger tondu qui demeure à neuf cent mille pas de nous.... Où est le temps, l'heureux temps où ce tondu faisait égorger une moitié de la nation par l'autre, pour décider si Sammonodocon avait joué au cerf-volant ou au trou-madame, s'il s'était déguisé en éléphant ou en vache, s'il avait dormi trois cent quatre-vingt-dix jours sur le côté droit ou sur le gauche? Ces grandes questions, qui tiennent si essentiellement à la morale, agitaient alors tous les esprits ; elles ébranlaient le monde ; le sang coulait pour elles ; on massacrait les femmes sur les corps de leurs maris ; on écrasait leurs petits enfants sur la pierre, avec une dévotion, une onction, une componction angélique. Malheur à nous, enfants dégénérés de nos pieux ancêtres, qui ne faisons plus ces saints sacrifices ! Mais, au moins, il nous reste, grâces au ciel, quelques bonnes âmes qui les imiteraient, si on les laissait faire.

« André Destouches. Dites-moi, je vous prie, monsieur, si vous divisez à Siam le ton majeur en deux comma et deux semi-comma, et si le progrès du son fondamental se fait par 1, 3 et 9.

« Croutef. Par Sammonocodom, vous vous moquez de moi. Vous n'avez point de tenue ; vous m'avez interrogé sur la forme de notre gouvernement, et vous me parlez de musique.

« André Destouches. La musique tient à tout ; elle était

le fondement de toute la politique des Grecs. Mais, pardon ; puisque vous avez l'oreille dure, revenons à notre propos. Vous disiez donc que pour faire un accord parfait...

« CROUTEF. Je vous disais qu'autrefois le Tartare tondu prétendait disposer de tous les royaumes de l'Asie, ce qui était fort loin de l'accord parfait ; mais, il en résultait un grand bien ; on était plus dévot à Sammonodocon et à son éléphant que de nos jours, où tout le monde se mêle de prétendre au sens commun avec une indiscrétion qui fait pitié. Cependant tout va ; on se réjouit, on danse, on joue, on dîne, on soupe, on fait l'amour : cela fait frémir tous ceux qui ont de bonnes intentions.

« ANDRÉ DESTOUCHES. Et que voulez-vous de plus ? Il ne vous manque qu'une bonne musique. Quand vous l'aurez, vous pourrez hardiment vous dire la plus heureuse nation de la terre. »

Cet entretien doit être de 1766, où son auteur se démenait pour le procès Calas et Sirven. Le sens vrai, je crois, en est : « Pour avoir un bon gouvernement, un gouvernement humain, faites fleurir la musique, qui, dans l'antiquité, formait la base de toute la politique des Grecs. On immole, à Siam, des gens pour des vétilles. La musique, art essentiellement civilisateur, adoucira vos mœurs. »

Un poëte allemand l'affirme :

Boese Menschen haben keine Lieder.

C'est-à-dire : « L'homme pervers ne chante point. » Terpandre, dans *la Vie de Lycurgue*, le remarque aussi :

C'est où fleurit musicale harmonïe,
Où règne aussi justice plantureuse.

Et Molière, cet observateur si sagace, ne met-il pas dans la bouche du maître de musique de son *Bourgeois Gentilhomme*, ces mots : « Il n'y a rien qui soit si utile dans un État que la musique ? »

Un panégyriste plus autorisé encore de la musique considérée comme le plus bienfaisant des arts, c'est Shakespeare, qui, à ce sujet, s'exprime ainsi, par l'intermédiaire de Lorenzo, dans *le Marchand de Venise* : « L'homme qui n'a en lui-même aucune musique, et qui n'est pas ému par le doux accord des sons, est propre aux trahisons, aux perfidies, aux rapines ; les mouvements de son âme sont mornes comme la nuit, et ses penchants ténébreux comme l'Érèbe. Ne vous fiez pas à un tel homme [1]. »

Ces maximes mériteraient d'être burinées dans l'airain, pour l'éternelle édification des gouvernements. Oui, la musique civilise, oui la musique rend meilleur, oui elle apporte un bien-être inappréciable aux populations qui fréquentent cette compagne fidèle de l'existence, outre qu'elle fait le charme indéfinissable des âmes tendres et sensibles.

Quant aux réflexions de Voltaire, elles le ramènent à la vraie philosophie, et le font planer radieusement au-dessus des mesquines considérations de parti, d'intérêt ou de vanité.

[1] Acte V, scène 1re.

FIN.

TABLE ALPHABÉTIQUE

DES MUSICIENS CITÉS DANS CE LIVRE.